Cécile Koch

Wessen Moral?

Eine Autobiografie zum Thema:
Erwachsene Kinder suchtkranker Eltern

ACABUS | Verlag

Koch, Cécile: Wessen Moral? Eine Autobiografie zum
Thema: Erwachsene Kinder suchtkranker Eltern, Hamburg,
ACABUS Verlag 2010

1. Auflage
ISBN: 978-3-941404-35-9

Die eBook-Ausgabe dieses Titels trägt die ISBN 978-3-941404-38-0
und kann über den Handel oder den Verlag bezogen werden.

Lektorat: Miriam Tröndle, ACABUS Verlag
Umschlaggestaltung: Daniela Sechtig, ACABUS Verlag
Umschlagsmotiv: © mhp - Fotolia.com
Autorenfoto: ©YC-Fotografie

Der ACABUS Verlag ist ein Imprint der Diplomica Verlag GmbH,
Hermannstal 119k, 22119 Hamburg.

**Bibliografische Information der Deutschen
Nationalbibliothek**
Die Deutsche Nationalbibliothek verzeichnet diese Publikation in der
Deutschen Nationalbibliografie; detaillierte bibliografische Daten sind
im Internet über http://dnb.d-nb.de abrufbar.

Für meine Mutter

Was bringt die Zeit

Sag was bringt die Zeit,
während sie weiterläuft,
während Du Dein Leben lebst
ob Du's trinkst,
oder ob Du's säufst.

Sag was bringt die Zeit,
während sie weitergeht,
wenn Du lachst,
wenn Du weinst,
oder neben Dir stehst.

Sag was bringt die Zeit,
während sie verrinnt,
während ich frage,
oder schreie
oder frei bin
wie ein Kind.

Sag was bringt die Zeit –
sie wird weitergehen
und ich kann fragen,
ich kann bohren,
kann versuchen zu verstehen.

Sag mir nur –
dass es weitergeht,
sag mir nur –
dass die Zeit nie steht,
sag mir nur –
dass es aufhört weh zu tun,
denn auch die schlechten Dinge
werden einmal ruhen.

Sag was bringt die Zeit,
während Du älter wirst,
während Du Wege suchst
und findest
oder Dich verirrst.

Sag was bringt die Zeit,
während wir weitergehen,
während wir laufen
oder stolpern
oder auch mal stehen.

Sag was bringt die Zeit,
jeden Tag,
jede Nacht,
viele Ängste,
viele Träume,
Stärke oder Macht.

Sag was bringt die Zeit –
sie wird weitergehen
und ich kann fragen,
ich kann bohren,
kann versuchen zu verstehen.

Sag mir nur –
dass es weitergeht,
sag mir nur –
dass die Zeit nie steht,
sag mir nur –
dass es aufhört weh zu tun,
denn auch die schlechten Dinge
werden einmal ruhen.

Prolog

In einem alten Film hörte ich einmal die Worte „... man ist so lange nicht tot, so lange man noch eine Geschichte zu erzählen hat ...". Dies ist meine Geschichte.

Jeder Mensch trägt seine Geschichte in sich, seine Ängste, seine Zweifel, die Steine, auf denen das Fundament gebaut wurde. Manchmal lehne ich mich zurück und starre an die Decke, bin völlig gedankenleer, starre durch sie hindurch, weit an den Wolken, dem Mond und den Sternen vorbei, starre ins Irgendwo, in ein imaginäres Irgendetwas, und manchmal, in diesen kurzen, kleinen Momenten frage ich mich: **„Wessen Moral?"**

Meine Geschichte fängt – wie jede Geschichte – vor meiner Geschichte an, denn wie jede Geschichte ist auch meine nur ein Ausschnitt aus einer anderen, die unter einem anderen Blickwinkel betrachtet, wieder eine ganz andere ist, und vielleicht glaubt der eine oder andere im Vorbeigehen, im flüchtigen Draufschauen auch, dass beide nichts miteinander zu tun haben.

Ich glaube, dass jeder Mensch eine Ur-Angst in sich trägt, sei es der pubertierende Wille, niemals wie die Eltern zu werden oder die Angst davor verlassen zu werden, die Angst Verantwortung zu übernehmen, oder die Angst, das zu sagen, was man wirklich denkt. Ich hatte immer Angst vor den Menschen die Angst haben. Angst zwingt zur Lüge, zwingt einen zum Fortlaufen, zum Flüchten. Wer verängstigt ist, zieht eine Maske hoch, hinter der er sich verstecken kann. Eine in oft mühseliger, lebenslanger Arbeit erschaffene Mauer, hinter der irgendwann jegliches Gefühl der Angst und der Bitterkeit weicht.

Mit meinem eigenen Bestreben, die Ängste von mir abzuschütteln, eine offene und ehrliche Persönlichkeit zu werden, schien ich ein

Magnet für all diese Menschen geworden zu sein, die in scheinbarer Glückseligkeit unantastbar für tiefere Emotionen oder Bindungen lebten.

In jeder Geschichte gibt es eine Geschichte der Liebe, doch meine ist eine einzige Liebesgeschichte, eine Liebeserklärung an das Leben, dessen Lebendigkeit ich in all seinen Facetten und Erscheinungen lieben gelernt habe, zum Beispiel im Lachen der Sonne, im Blinzeln des Mondes, in Momenten der Tiefe und Schwere. Das Leben und ich führten eine zerfleischende, tief emotionale Liebesbeziehung, aber ab dem Punkt, ab dem wir keine Angst mehr voreinander hatten, von da an, wurde es schön.

Doch bevor dieser Punkt erreicht wurde, ist viel Blut die Arme hinuntergetropft, sind viele Spiegel zerschlagen worden. Die Strecke vor dem Zieleinlauf war lang, und viele Menschen, Erinnerungen, viele Träume und Hoffnungen wurden auf diesem Weg beerdigt.

Wie oft musste ich Abschied nehmen, sowohl von anderen, als auch von mir. War allein. Um mich herum absolute Stille. In diesen Momenten hörte ich nur das Rauschen des Blutes in meinen Ohren, das Klopfen meines Pulses viel zu laut in die Stille des Abschieds hinein.

Man verliert irgendwann die Angst davor alleine zu sein, wenn man einsieht, dass man im Ist- Zustand, im hier und jetzt, in dem Moment, in dem man einatmet und vielleicht gerade denkt, dass man nicht alleine sein möchte, dass man in diesem Moment allein ist.

Ich bin nie mit Diktiergeräten in der Hand durch Städte gelaufen und habe die Menschen nach ihren größten Ängsten befragt, aber ich glaube fest daran, dass die Angst des Verletzt-, Verlassen-, Allein-Gelassen-Werdens, die größte innere Angst ist, die wir als Menschen unser Leben lang in uns tragen.

Ich besitze manchmal die Frechheit zu sagen: „Ich habe keine Familie." Rein genetisch ist das eine Lüge, denn wie jeder Mensch, bin auch ich nur ein Glied in einer langen Familienkette. Ich habe – heute noch – einen Vater und eine Schwester, die ich beide über alles liebe. Doch unsere Wege liefen oft getrennt voneinander, und viele Situationen musste jeder von uns alleine durchleben. Wahr ist, dass ich nicht weiß, wie sich das anfühlt: Familie. Weil es nie stimmte, nie passte und vielleicht auch nie da war. Ich hatte viele Lieben in meinem Leben, mit denen ich oft diesen Augenblick der Geborgenheit erlebte, und ich habe Freunde, die sich manchmal wie Familie anfühlen.

Was ich damit sagen möchte, ist, dass ich meine Wurzeln niemals negieren möchte, ich habe sie nur nie gefühlt.

Auch erzähle ich diese Geschichte aus meinen Augen, und aus meiner Erinnerung. Es mag sein, dass sie aus manchem Munde anders klingt und manche Augen es anders gesehen haben.

Erstes Kapitel

Ich weiß nicht, wie viele unzählige Male ich aus der schweren Eichentür in die Sonne geblinzelt habe, mit dem Entschluss nie wieder zurückzukehren. Ich bin immer wieder nach Hause zurückgekehrt. Auch wenn sie mich nicht schlafen ließen, die Geräusche in der Nacht, die Schreie meiner Mutter, das Zerschlagen von Glas auf dem Küchenfußboden – es war etwas Vertrautes. Mit dem Selbsterhaltungstrieb eines Kindes lernte ich, in einem Scherbenhaufen zu laufen. So, wie ich mich heute oft in meine Kindheit zurückwünsche, immer noch den Traum in mir trage, einen einzigen Tag Kind einer heilen Welt zu sein, mit gesundem Herzen lachen und mit begeisterten Augen sehen zu können, so sehr und noch viel stärker wünschte ich mir damals, ganz schnell erwachsen zu werden, um endlich frei sein zu können. Der Begriff „erwachsen" bedeutete für mich mit den Augen eines Kindes betrachtet nur eins: Freiheit.

Doch so sehr ich mir die Freiheit wünschte, war ich oft selbst diejenige, die sich im letzten Augenblick hinter ihrer Mutter versteckte, und einem perfekt einstudiertem Theaterstück gleich mit vollkommener Überzeugung verkündete, dass sie hier glücklich sei. Mit dem Instinkt einer Katze erkannte meine Mutter die Tage, an denen das Jugendamt seine Routinebesuche bei uns absolvierte, und wenn ich ehrlich bin, zählen sie zu den Tagen meiner Kindheit, an die ich mich gerne zurückerinnere. Ich mochte diesen beschwingten, souveränen Klang in der Stimme meiner Mutter und ich mochte die Schönheit, die sie in diesen Tagen ausstrahlte. Ich mochte den intensiven Scheuermilchgeruch in unserem Haus – auch wenn es manchmal eine Nacht mit wenig Schlaf war, die ich dafür aufbringen musste. Und wie ein Akku auf der Ladestation genoss ich jedes demonstrative Kopfstreicheln, ihre Anreden, wenn sie mich laut „Stups" oder „Fusselkopf" nannte. Nur für dieses kleine Theater, für einen kurzen Bühnenakt „heile Welt", ließ ich meine Akte lange beim Jugendamt liegen und die Betreuer glauben, dass nichts für mich getan werden musste.

Nach all den Jahren ist das Gesicht meiner Mutter verschwommen, und immer wieder ertappe ich mich dabei, dass ich ihr zwei Gesichter aufsetze. So wie ich sie auch wahrgenommen habe: wunderschön und sanft, Dämonen zerfressen und schwer. Ich hatte nicht eine Mutter, ich hatte zwei. Heute weiß ich, dass die Frau mit einer tiefgründigen Wissensbildung und einem tadellosen Geist, dem akkuraten Make-up und dem grazilen Gang, dass die Dame mit den lackierten Fingernägeln, dem wunderschönen Lachen und dem makellosen Körper, dass diese Frau, von der ich mir manchmal einbilde, ihre Berührung in meinem Nacken zu spüren, dass sie schon vor meiner Geburt ausgezogen ist. Anfangs war sie noch gut mit der anderen befreundet, die sich gehen ließ, die an nichts außer ihren Untergang glaubte, die in ihrer eigenen Welt verschwand, doch im Laufe unserer Jahre wurden ihre Besuche weniger.

Als ich damals an ihrem Bett stand, begleitet von dem monotonen Piepen ihres Herzschlag-Überprüfungs-Gerätes, da waren sie beide bereits gegangen. Unter diesem weißen Haar, der eingefallenen Haut, der Vaseline in den Augen, „piep, piep, piep" ... ich konnte sie nicht berühren, hatte keinen Bezug zu diesem „Etwas", was dort steril, klinisch rein, auf den Tod vorbereitet wurde. Ich habe mit meinen Fingern Muster auf ihrem Laken gezogen und konnte nicht sprechen. Unwirkliche Wirklichkeit schlug mit dem Vorschlaghammer auf mich ein, und wenn ich ehrlich bin, ich wäre am liebsten fortgerannt. In dem Moment, in dem ich den Anruf bekam, dass meine Mutter im Krankenhaus im Koma lag, in dem Moment wusste ich, dass ich ihr Lachen nie wieder hören werde. Und ich stand da vor ihrem Bett und starrte auf den einzigen Fleck Wand zwischen all den Geräten hinter ihrem Kopf, und bat sie sich zu entscheiden, ob sie leben oder sterben möchte. Noch in derselben Nacht ist sie gestorben.

Ich war 19 Jahre alt, und sie ist 45 geworden.

Wein' noch einmal deine Tränen
und ich wisch sie weg,
mag sein,
dass ich heute stärker bin.
Sprich noch einmal deine Zweifel
und ich halt Dich fest,
mag sein,
dass ich heute stärker bin.
Zeig noch einmal deine Angst
und ich nehm sie dir,
mag sein,
dass ich heute stärker bin.
Halt noch einmal meine Hand
und ich drück Dir Deine,
mag sein,
dass ich heute stärker bin.

Mit welcher Kraft geht ein Mensch durchs Leben? Wie wichtig sind die Wurzeln, aus denen wir wachsen? Ich habe die Geschichte meiner Mutter nie begriffen. Sie war so von Schwere überladen, angsterfüllt, und alle Figuren aus ihrer Vergangenheit waren Dämonen gleichgesetzt. Ich weiß nur, dass sie immer gerannt ist, so lange, bis sie irgendwann ihren Atem und sich selbst verlor. In einem strengkatholischen Elternhaus wurde meine Mutter als erstes von zwei Kindern geboren. Ihre Eltern wollten weder die Kinder noch ihre eigene Ehe. Doch als meine Großeltern nach einer versoffenen Nacht nach einem Kirmesfest zusammen in den Büschen verschwanden und meine Großmutter daraufhin schwanger wurde, verlangten es der Anstand und die gute Sitte, dass sie heirateten. Meine Großmutter war eine sehr strenge, herrische Frau, die alles unter ihrer Kontrolle hatte und mit Brutalität ihre Unterweisungen durchsetzte. Meine Mutter lebte in panischer Angst vor ihrer Mutter, die sie schlug, oder sie von ihrem Ehemann schlagen ließ. Brav wurde jeden Sonntag in die Kirche gegangen, der Familienfrieden durfte nicht kaputt gemacht werden. Immer brav sein, immer still sein, was sollen sonst die Leute denken.

Meine Mutter flüchtete sich oft zu ihren Großeltern, sang im Kirchenchor, und hatte ihren Lieblingsplatz bei den alten Gräbern auf dem jüdischen Friedhof in der Nähe ihres Dorfes.

Als sie 14 Jahre alt war, wurde sie über mehrere Jahre lang von ihrem Religions- und Gesangslehrer, der gleichzeitig Küster der Kirche war, sexuell missbraucht. Als sie mit sechzehn endlich den Mut fasste, ihrer Mutter alles zu erzählen, wurde sie von ihr brutal verprügelt und über mehrere Wochen zu Hause eingesperrt. Mein Großvater negierte es genauso wie meine Großmutter. So etwas gibt es nicht. Was sollen denn die Leute denken? Wehe, du sprichst mit jemanden darüber!

Die erste Chance, die meine Mutter hatte, ihr Elternhaus zu verlassen, nutzte sie. Sie floh, fand Halt in einer Hippie-WG auf einem alten Bauernhof, machte ihr Abitur zu Ende, fand Kraft durch Alkohol und heiratete bald darauf den Vater meiner Schwester. Meine Mutter knallte sich zu, mit Studium – welches sie in Rekordzeit als eine der besten Absolventinnen beendete, politischen Aktivitäten, Kabarett und Gesang, mit Alkohol und bald darauf mit der Mutter-Rolle. Die Ehe hatte keine Chance. Meine Mutter verbuddelte sich in Arbeit und machte sich unersetzlich in allem was sie tat. Meine Schwester immer unter dem Arm gab es nichts, an dem sie nicht interessiert war, außer ihrem Mann. Und als die beiden irgendwann voreinander standen und sich nichts mehr zu sagen hatten, haben sie sich getrennt.

So oder so ähnlich wird es wohl gewesen sein.

Vor einigen Jahren fasste ich den Mut, Kontakt zu meinem Großvater aufzunehmen, doch um Licht in das Dunkel der Vergangenheit zu bringen, war es schon zu spät. Mein Großvater war nach seinem zweiten Schlaganfall halbseitig gelähmt und seine Erinnerungen fanden keine Worte mehr. Seine Zunge konnte der Lähmung nicht mehr widersprechen. Mir blieben ein paar wenige Momente mit ihm. Mit seinem Begräbnis wurde ein weiteres Kapitel beendet, und als ich brav meine Erde auf seine Asche schaufelte, fragte ich mich, wo ich jemals Klarheit finden werde. Auf der Beerdigung meiner Mutter hatte ich meinen Großvater zum ersten Mal seit über zehn Jahren wiedergesehen. Wer erklärt mir all den Zorn?

Dieses Gefühl ist nicht zu beschreiben, das da irgendwo zwischen Magen und Herzen krampfhaft entsteht. Meine ganze Kindheit lang haben mich Sätze wie „meine Oma hat", „mein Onkel macht", „mein Papa sagt", verletzt und eifersüchtig gemacht. Eifersucht ist eines der prägendsten Gefühle meiner Kindheit. Dieses ewige Gefühl vernachlässigt zu werden, hat auch immer bedeutet, dass ich mit dem Hier und Jetzt niemals zufrieden war, ganz egal wie schön es war und wie viel Mühe es gekostet hatte. Es blieb dieses Grundgefühl, dass es anderen viel besser ging. Damit habe ich mir immer selbst im Weg gestanden. Wenn mir heute jemand nach einen netten Abend sagt, dass es ein schöner Abend war, schaue ich immer noch verschämt zu Boden, und denke, dass es mit jemand anderem, nicht mit mir, bestimmt netter gewesen wäre.

Narben bleiben, Selbstzweifel auch.

Ich besitze nur ein einziges Bild, auf dem meine Mutter gemeinsam mit meinem Vater abgebildet ist. Wenn man dieses Bild neutral betrachtet, ist es schrecklich: ein Hippiepaar vor einer 70er Jahre Mandala-Tapete, mein Vater unvorteilhaft im Moment des Trinkens getroffen, meine Mutter schaut müde auf ihr Glas. Aber sie halten sich an den Händen. Und das ist mir unglaublich wichtig, zu wissen, dass sie sich und somit mich geliebt haben.

Ich kenne die Geschichten der Trennung, ich weiß, dass diese Liebe schon vor meiner Geburt beendet war und in meinem ersten Lebensjahr einen zweiten verzweifelten Versuch erlitt. Ich weiß, dass sie sich am Ende zerfleischt haben, nicht zusammen gepasst haben, und doch nicht voneinander lassen konnten. Dennoch macht es mich unglaublich glücklich zu wissen, dass es einen Moment gab, in dem sie mich beide wollten.

Ich habe mir meinen Vater oft gewünscht, noch heute habe ich Schwierigkeiten, ihn so wie er ist anzunehmen. Träume schaffen neue Bilder.

Als ich geboren wurde, hat man es, glaube ich, gut mit mir gemeint. Mein Leben ist bis heute von einer unerschütterlichen Hoffnung geprägt, die, wenn auch mit einigen Einschnitten, nie zu sterben drohte, und mich am Leben hielt. Es waren meine Träume und die Hoffnung, die mir immer wieder Kraft gaben, und mich wieder aufrichteten, wenn ich am Boden lag.

~ ~ ~

Ich erinnere mich an so viele Morgen, die alle den gleichen, monotonen angsterfüllten Rhythmus hatten. Ich werde wach und weiß nicht wie spät es ist, aber es ist schon hell. Meine Schwester ist schon lange gegangen, und ich höre keine Geräusche in der Wohnung. Mit dem Traum sind auch die Seifenblasen gegangen, mit müden Augen starre ich in unser Kinderzimmer. Ich fühle mich wie gelähmt. Jede Nacht ist es der gleiche Traum, dass mich eine Hand sanft wach rüttelt, dass ich von den Klappern der Teller in der Küche wach werde. Einfach das Gefühl zu haben, dass jemand den Morgen mit mir teilen möchte.

Es ist zu spät, zu spät um jetzt loszugehen. Ich weiß nicht, was ich anziehen soll, stehe mit nackten Füßen auf dem ungesaugten Fußboden, liegengelassene Krümel bohren sich in meine Sohlen. Mein Blick fällt auf einen Haufen Kleider, ich nehme mir ein paar heraus. Ich habe Hunger, ich habe Durst. Ich will jetzt nicht zur Schule gehen, will nicht an allen Kindern vorbeigehen, die mich auslachen, sich die Nase zu halten, und in der Pause nicht mit mir spielen.

Mama schläft, ich bin sechs und seit einem halben Jahr in der Schule. Meine Schwester ist zehn, sie kann schon alleine aufstehen, sie weckt mich nie, ich habe keinen Wecker. Ich habe gefroren heute Nacht, und ein bisschen friere ich immer noch. Ich bin traurig, ich bin wütend, irgendetwas in mir sagt mir, dass dies nicht richtig ist, dass es falsch ist. Ich finde es ungerecht. Ich ziehe mich zornig an, viel zu hastig versuche ich in meinen Pullover zu schlüpfen. Der Ärmel ist verdreht und zwickt mich in den Oberarm, ich habe mich in meinem eigenen Pullover verlaufen und ich bin so unglaublich wütend darüber. Wütend auch auf die Kälte, die mich so zittern und meine Zähne so laut klappern lässt, wütend auf die Krümel unter meinen Fußsohlen, die mich zwacken und wütend auf die doofe Schule. Zornige Tränen laufen hektisch über meine Wangen. Böse schmeiße ich den Pullover weg und meckere ihn an, ich trample mit den Füßen auf der Stelle und balle meine Hände zu Fäusten. Erst als alle Wut aus mir draußen ist, fange ich von Neuem an mich anzuziehen.

Ich schleiche mich in die Küche, mit der trotzigen Traurigkeit aber auch Angst, denn wenn Mama jetzt wach werden würde, wäre ich Schuld, denn es gibt für sie keinen erklärbaren Grund, warum ich nicht in der Schule bin. Ich weiß, dass das ungerecht ist, vielleicht weiß sie das auch irgendwo, aber ihr Zorn ist schlimmer: ich, das Kind, das sie die Haare raufen lässt. Meine wunderschöne Mutter, wie oft hab ich um sie geweint. Ich schnappe mir meine Sachen und gehe raus, ich werde einfach so lange spielen, bis ich die anderen Kinder aus der Schule kommen sehe, und morgen muss ich dann den Zorn der Lehrerin aushalten. In meinen Spielen vergesse ich die Welt, ich buddele in der Erde und erforsche neugierig meine Umgebung.

Erinnerung kann verwischen mit den Jahren, und kann einen Geschichten glauben lassen. Man kann vergessen mit den Jahren, doch irgendwann holt einen die Erinnerung ein. Ich bin alt geworden.

Ich habe mir immer einen Freund gewünscht, einen besten, so wie im Bonbon-Lied, und ich hätte so gerne jemanden gehabt, der mit mir händchenhaltend und mit dem Kopf wackelnd durch Neo-Kitsch-Gärten hüpfte. Ich hatte keinen. Doch in meinem Kopf, da gab es ihn, den starken, großen Jungen, der immer auf mich aufpasste, dem ich alles erzählen konnte. Ein steter Begleiter an meiner Seite. Die Kinder lachten so oder so über mich, weil ich stank, weil ich unmoderne Klamotten trug, weil ich nie Sportzeug mithatte, meine Mutter nie zu Elternabenden oder Ähnlichem kam, und weil ich zu naiv war, um ihre Gemeinheiten zu durchschauen. Sie lachten auch, weil ich – in ihren Augen – mit mir selber sprach. Doch auch genau dann, wenn ich nicht alleine war, wenn mein „großer Freund" neben mir stand, dann war mir das alles egal. Sollten sie doch lachen, ich wusste, dass ich eines Tages über sie lachen würde.

Als wir in das Haus gegenüber von dem Friedhof zogen, auf dem meine Mutter heute beerdigt ist, war ich drei Jahre alt. Meine Mutter machte ihr Referendariat an einem Gymnasium und meine Schwester war gerade eingeschult wurden. Das Haus war ironischerweise eine alte Schnapsbrennerei und nach einer Komplettsanierung bezogen wir es im Erstbezug. Die ersten Wochen waren wir drei und unsere beiden Katzen auch tatsächlich die einzigen in diesem Haus. Nach und nach zogen dann Nachbarn über, neben und unter uns ein. Altbau, hohe Decken, ein riesiges Treppenhaus mit einer uralten Wendel-treppe, es war ein bisschen wie ein Palast. Meine Mutter freundete sich schnell mit allen Nachbarn an. Man tauschte Butter und passte abwechselnd auf die Kinder auf. Es war eine Idylle, die zeigte, wie einfach das Leben sein konnte. Ich ging in eine evangelische Kindergruppe, das war eine alternative Form des Kindergartens. Die Kinder wurden hier länger betreut, als in der herkömmlichen Form des Kindergartens, außerdem war es kostenlos und man bekam gleich noch die christliche Werterziehung für seine Kinder gratis dazu.

Es war eine sehr engagierte Gruppe, die oft Aufführungen machte, Kinderfeste, Kindergottesdienste, das ganze Programm. Eines der Mädchen aus unserem Haus ging auch in die Gruppe. Sie hieß Cindy und war die erste Freundin, die ich hatte. Wir gingen gemeinsam dort hin oder wurden abwechselnd von unseren Müttern gebracht und abgeholt. Wir verstanden uns, die Mütter verstanden sich, alles war so einfach.

Manchmal, in heißen Sommernächten, erlaubten uns unsere Eltern im Garten zu zelten. Dann stellten wir das Zelt auf und meine Schwester Rebecca, Cindy und ich übernachteten im Garten. Das war immer besonders aufregend, ein bisschen Urlaub mitten im Leben. Für meine Schwester war die ganze Konstellation eher belastend als erfüllend. Sie fühlte sich zu alt, um an unseren Spielen teilzuhaben und so wurde sie stillschweigend der Babysitter für Cindys jüngeren Bruder.

Ein Spiel, das wir alle gleichermaßen liebten, war das Treppenrutschspiel. Man lehnte sich mit dem Oberkörper über das Geländer, hielt sich mit beiden Armen am Geländer fest, zog die Knie an, so dass man schwebte, und rutschte.

Als ich sechs Jahre alt war, spielte ich dieses Spiel zum letzten Mal. Ich war hoch in Cindys Stockwerk gegangen und hatte geklingelt, aber es hat niemand aufgemacht. Also rutschte ich die Treppe runter. Als ich ein Drittel der Strecke hinter mir hatte, riss Cindy die Tür auf und schrie: „Hallo, Cécile …", und ich riss die Arme hoch um ihr zuzuwinken. Ich verlor das Gleichgewicht und flog.

Ich kann mich an den Flug nicht mehr erinnern. Offenbar kam ich auf der letzten Holzstufe der Treppe auf, danach wäre, dem Palast entsprechend, der Marmorfußboden gefolgt. Ich brach mir den Schädel, und trage heute noch eine Narbe über der linken Augenbraue. Meine Nieren waren durch eine gebrochene Rippe gequetscht und ich hatte innere Blutungen.

Ich hatte verdammt viel Glück. Meine Erinnerung setzte in der Notaufnahme des Klinikums wieder ein. Ich öffnete die Augen, sah verschwommen Menschen um mich herum, die ich nicht zu ordnen konnte, drehte mich zur Seite und spuckte von der Trage. Dann wusste ich wieder lange Zeit nichts mehr.

Über drei Wochen lang lag ich im Krankenhaus und trotz meines anfangs kritischen Zustands war es eine verdammt schöne Zeit für mich. Ich mochte den besorgten Gesichtsausdruck an meiner Mutter, mochte die liebevolle Art, wie sich meine Schwester um mich kümmerte. Mochte es, dass meine Mutter und mein Vater gemeinsam an meinem Bett standen und mir vorlasen. Sie gaben mir das Gefühl, dass alles wieder gut würde, wenn ich nur gesund werde.

Ich wurde gesund.

Aber nichts wurde gut.

Nichts wurde besser.

~ ~ ~

Ich war sieben Jahre alt, als mir meine Mutter verkündete, dass sie heiraten würde. Den Mann, der bis zu ihrem Tod mein Stiefvater sein würde, hatte ich vorher mehrmals als Patient bei uns gesehen. Meine Mutter hatte nach ihrem Studium als Oberstufenlehrerin für Germanistik und Politik eine Ausbildung zur Gesprächstherapeutin absolviert. Täglich gingen fremde Menschen bei uns aus und ein, und wenn sich hinter ihnen die Tür schloss, durfte meine Mutter nicht gestört werden. Udo war einer von ihnen. Damals begriff ich nicht, wie fatal diese Ausgangssituation war. Meine Schwester nahm die Nachricht von der Hochzeit mit wenig Freude entgegen. Vielleicht gaben ihr die vier Jahre, die sie älter war als ich, den Weitblick, die Konsequenzen abzusehen. Ich fand es großartig und klammerte mich an die Vorstellung, endlich einen Vater zu haben. Mir wurden abends Geschichten vorgelesen und es war jemand da, der mit mir spielte und mich fragte, wie es mir ging. Wir besuchten manchmal seine Eltern und ich hatte dann für kurze Momente das Gefühl in einer richtigen Familie zu sein, Oma und Opa zu haben.

Die Nacht vor ihrer Hochzeit war die erste Nacht der Schreie. Ich weiß nicht mehr, worum es ging, erinnere mich nur noch daran, wie ich das Kissen auf meinen Kopf drückte, und in der Dunkelheit das Gesicht meiner Schwester suchte und es nicht fand. Sie schrien und heulten, und sie bewarfen sich mit Gläsern und Flaschen. Es steigerte sich und wurde immer lauter und lauter, bis es irgendwann ruhiger wurde, und die Wand neben mir rhythmisch angestoßen wurde, dann wurde es noch einmal ganz laut, bis es ruhig war, bis zum nächsten Morgen.

Am nächsten Morgen hatte ich Angst, die Tür zu öffnen. Mein Stiefvater hockte schwitzend im Flur und sammelte die Scherben in einen Eimer, er lächelte, irgendetwas war in seinem Blick, aber ich konnte es nicht verstehen. Er arbeitete eifrig, wischte, schrubbte, saugte, verwischte die Spuren der Nacht. Es wurde nichts erklärt.

Meine Mutter war an diesem Tag wunderschön. Vielleicht war es das Strahlen in ihren Augen, vielleicht war es ihr Kostüm. Sie hatte ein rosa-creme-farbenes Kostüm an, Rock, Bluse und Jacke, es sah edel aus an ihr, ihre Nägel waren akkurat lackiert. Sie lächelte die ganze Zeit. In diesem Moment hat sie wirklich an die Liebe geglaubt. Wir sind zum Standesamt gefahren und trafen da mit den Trauzeugen zusammen.

Ich habe mich geschämt an diesem Tag, als sie von ihren Freunden Geschenke überreicht bekommen haben. Also habe ich mich aus dem Trubel geschlichen und habe mir zusammengesucht, was ich finden konnte, ich weiß es noch heute: zwei leere Weinflaschen, das rosafarbene Papier vom Schlachter, eine leere Zigarettenschachtel und ein Stift. Daraus bastelte ich dann ein Brautpaar, was ich stolz als Dekorationsgeschenk präsentierte. Meine Mutter stellte es auf die Anrichte, zu den anderen Geschenken. Ich habe immer wieder hingeguckt in der Hoffnung, dass irgendjemand meinem Blick folgen würde und mich loben würde. Ich wollte, dass jemand darin nicht unsere Armut erkannte. In meiner Fantasie waren es zwei teuer gestaltete Puppen, und ich hoffte, irgendjemand würde es genauso sehen.

Am nächsten Tag war die kirchliche Trauung. Ich streute Blumen und fand es großartig. Es war eine richtige Feier. Wir gingen in ein Gasthaus, es gab Musik und leckeres Essen, und es waren andere Kinder da, mit denen ich spielen und tanzen konnte. Ich hatte den Schrecken vergessen und genoss den Moment. Eine Schutzreaktion, die mich mein Leben lang begleitet.

Es wurde nichts besser, es wurde nichts einfacher. Ehrlich gesagt, von diesem Augenblick an ging es steil bergab, und ich kam langsam in das Alter, in dem ich anfing, die Welt zu realisieren. Doch ich wollte die

Welt, wie sie ist, nicht sehen und flüchtete mich in Träume, floh in eine mir eigene Welt, die mich lachen ließ und in der ich etwas Besonderes war.

Als ich am nächsten Tag zur Schule ging, wusste ich, dass meine Mutter gemeinsam mit meiner Schwester und meinem neuen Stiefvater weg sein würde. Ich spielte auf dem Heimweg mit einem Jungen, und wir beschlossen, nachmittags weiter zu spielen. Zu Hause waren noch letzte Reste von den Festen. Ungespülte Teller stapelten sich im Waschbecken, vollgerauchte Aschenbecher standen in eingetrockneten Weinflecken auf den Tischen, die Katzen schliefen satt und glücklich zusammengerollt inmitten des Drecks. Anscheinend hatten sie die Teller ein bisschen vorgespült und sich die leckersten Reste von ihnen geklaut. Die Styroporkisten vom Partyservice stapelten sich in der Küche. Mir war ihr Wert nicht bekannt. Als der Junge nachmittags zum Spielen kam, spielten wir Zoo. Wir nahmen die Kisten als Käfige, hauten Löcher hinein, damit die Tiere atmen konnten, und reihten sie alle hübsch säuberlich auf. Den ganzen Tag spielten wir. Als er ging, ging ich ins Bett, die anderen waren noch nicht zurück und ich hatte nicht zu Abend gegessen.

Ich wurde wach, vom hysterischen Schimpfen meiner Mutter: „Dieses Kind …“ Es ist komisch, aber in meiner Erinnerung war ich immer „dieses Kind“, irgendetwas Nicht-Zugehöriges, was zufällig mal da war. Meine Schwester war immer „meine Tochter“. Sie war ihre ganze Kindheit lang ein Traumkind, so ruhig, so unauffällig, dass sie an meinem Leben irgendwie total vorbeigegangen ist.

Es gab nie etwas gemeinsames, etwas, das uns verbunden hätte. Als kleine Einzelkämpferinnen buhlten wir, eine jede auf ihre Art, um die Liebe unserer Mutter und fanden dabei nicht zueinander.

So still wie sie war, so laut war ich. Ich war immer weg, in mir tobte es, ich fand mein Leben ungerecht, und das habe ich immer lautstark von mir gegeben. Heute weine ich leise.

Ich hatte Angst, als die Tür aufging, denn ich wusste, dass mich niemand fragen würde, wie mein Tag war, ob ich was gegessen hatte, ob es mir gut ging. Ich wurde von einer rauen, starken Hand am Nacken gepackt und an den Haaren aus dem Bett gezogen. Mein Stiefvater schleifte mich ins Wohnzimmer.

Meine Schwester saß still auf ihrem Stuhl und träumte sich in eine andere Welt. Ich weiß nicht, ob sie je auch nur ein bisschen von meiner Art zu leben verstanden hat. Definitiv hat sie immer verstanden, dass ich schwierig bin, und dass ich unserer Mutter viele Sorgen bereitete. Manchmal frage ich mich sogar, ob so mancher böser Gedanke durch ihren Kopf geht, wenn sie über den frühen Tod unserer Mutter nachdenkt.

Meine Mutter stand erst mit dem Rücken zu mir. Sie drehte sich schwer atmend um. Ein leicht alkoholischer Geruch strömte von ihr und meinem Stiefvater auf mich ein. Sie rauchte. Ihre Mimik war einer Theatermaske gleich zwanzig Jahre gealtert, ihre Figur war eine absonderliche Mischung aus graziler Dame und zerschlagener Frau. Sie sprach mit schwerer Stimme, sie schrie nicht, sie weinte schwermütig und hielt mir eine Predigt, die nicht enden wollte, und die – wie immer – allumfassend war. Die Wut über meinen Vater tauchte darin auf, über mein generelles Ich und überhaupt alles an mir. Immer wieder schaute sie meine Schwester und meinen Stiefvater bedeutungsschwanger an, als ob sie dem noch schwerwiegendere Aspekte hinzufügen wollte. Sie beendete ihren Vortrag mit dem Satz: „Aber nun haben wir ja wieder einen Mann im Haus", sie nickte meinem Stiefvater zu.

Er schob mich zurück in unser Kinderzimmer und legte mich über einen Stuhl. Ich weiß nicht mehr, ob es seine Hand oder sein Gürtel war, es erschien mir auf jeden Fall unendlich, und die Schmerzen zogen durch den ganzen Körper. Ich konnte so laut gar nicht schreien und weinen. Und ich weiß auch nicht mehr, was mehr wehtat, die Schläge oder dieses Gefühl des Alleinseins.

Ich war sieben Jahre alt. Heute glaube ich, dass das Alleinsein am stärksten schmerzte, neben dem Wissen, dass der Mann im Haus nicht für mich und somit auch nicht für mein Vertrauen da war.

Es war nie jemand da, der mir sagte, tu dies nicht, tu das nicht, hier ist dein Essen, wie war dein Tag. Unsere Mutter ist nie morgens mit uns aufgestanden und hat uns Frühstück gemacht, wir hatten auch keine Brote dabei oder eine Mark, von der wir uns was kaufen konnten. Bis zu meinem vierzehnten Lebensjahr aß ich nur, wenn mir etwas gegeben wurde. Dies bedeutete, dass ich an der Ganztagsschule mein Mittagessen bekam, und wenn meine Mutter gekocht hatte (das war abhängig von ihrer Stimmung und unserer finanziellen Situation) abends eine weitere Mahlzeit. Ich konnte Tage ohne Essen verbringen oder aber fressen wie ein Scheunendrescher. Als ich vierzehn Jahre alt war, wurden die Lehrer darauf aufmerksam, dass ich unterernährt war. Zu dieser Zeit grassierte an unserer Schule eine Welle von Bulimie und Magersucht. Ihnen lag die Vermutung nahe, dass auch ich magersüchtig sei. Eine wirkliche Magersucht hatte ich nie. Es war nur Protest. Wenn ich den einen oder anderen Tag zu schwer oder zu ausweglos empfand, er mich wortwörtlich angekotzt hat, kam es vor, dass ich eine Nacht über der Toilettenschüssel verbrachte und spuckte. Der Grund lag nie in einem Schönheitsideal. Vielmehr war es ein Signal, meine Art, die Außenwelt auf meine Innenwelt aufmerksam zu machen. Der Schönheitswahn und die harte Kritik mir selbst gegenüber kamen erst viele Jahre später. Dennoch ertappe ich mich heute noch dabei, dass ich mir wünsche abzunehmen, wenn es mir nicht gut geht. Das Gesicht kann man überschminken, eine schlackernde Hose bleibt sichtbar. Ich fühle mich verstanden, wenn jemand seine Hand vor den Mund schlägt und sagt: „Mein Gott, bist du dürr geworden."

~ ~ ~

Meine Schwester und ich sind so unterschiedlich, wie zwei Menschen nur sein können. Rückblickend war meine Schwester immer still und zurückhaltend. Sie konnte Tage in ihrem Zimmer verbringen, ein Buch lesen oder die Wand anstarren, sie war sehr in sich gekehrt. Von klein auf hatte sie einen absonderlichen Drang zu Reinheit und Sauberkeit. Ihr Zimmer war immer akkurat aufgeräumt und makellos waren alle Flächen geputzt. Nie lag irgendwo Staub rum, ihr Zimmer war so klinisch rein, dass es mir fast unbelebt vorkam. Wenn ich ehrlich bin, kann ich mich nicht daran erinnern, jemals lang in ihrem Zimmer gewesen zu sein, geschweige denn mit ihr gesprochen zu haben.

Mein Zimmer war immer ein einziges Chaos, ein Drecksloch sozusagen oder ein Handgranatenwurfstand, wie meine Mutter zu sagen pflegte. Und ich glaube, ich war unglaublich dreckig als Kind. Ich wurde in der Schule immer von allen gemieden, weil ich stank, weil ich blöd war, weil ich komisch gekleidet war, und weil ich mir die Realitäten so erfand, wie sie für mich erträglich waren. Und ehrlich,

ich kann mich auch nicht daran erinnern, mich sonderlich oft gewaschen zu haben.

Dennoch gab es immer Engel in meinem Leben, Menschen, die es gut mit mir meinten und, die für mich da waren. Menschen, die mich wie kleine Inseln umgaben, mich all die Jahre über einen kleinen Schritt weiter brachten, kleine Wunder aus dem Nichts, die sich zu mir herunterbeugten und mir ihre Hände reichten.

Habe ich mich je richtig bedankt?

Einer dieser Engel war Frau Krüger, eine alte Dame, die wir schon aus der Referendariatszeit meiner Mutter kannten, in der sie für meine Schwester und mich die Tagesmutter war.

Frau Krüger hatte grau-weiß gelocktes Haar, war ein wenig rundlich und hatte dieses milde, wissende Lächeln, so, als wenn sie nichts aus der Ruhe bringen könnte. So, wie eine richtige Oma.

Als sie noch unsere Tagesmutter war, lebte sie in einem riesigen Haus, mit einem riesigen Garten, in dem wir Kinder spielen konnten. Und manchmal übernachteten wir in dem Zimmer direkt unter dem Dach. Und ich liebte es, in dem alten, riesigen Bett zu schlafen und den Regentropfen zuzuhören, wie sie donnernd und drohend oder fröhlich und tanzend auf das Dach prasselten. Ich liebte es, dem Knacken des alten Holzes zuzuhören, nachts, wenn das Haus müde atmete, und ich versank voll Glück in der alten ausgelegen Matratze, die mich fast ganz verschluckte.

Noch bevor ich in die Grundschule kam, zog Frau Krüger in eine kleine Wohnung näher an der Innenstadt. Vielleicht wurde ihr die Arbeit in dem großen Haus zuviel, vielleicht fühlte sie sich aber auch einfach nur einsam. Nachdem ihr Mann verstorben war und ihre Kinder ausgezogen waren, fühlte sich vielleicht erdrückt von den Erinnerungen des alten Hauses.

Ich war in der zweiten Klasse und wurde zum Direktor gerufen. Während die anderen Kinder Religionsunterricht hatten, saß ich auf dem Stuhl vor dem Sekretariat und überlegte, wie ich meine Hände halten sollte, so dass man den Dreck unter den Fingernägeln nicht sah. Immer, wenn keiner schaute, schob ich eine Kante eines Fingernagels vorsichtig über meine spitzen Eckzähne, doch so sehr ich mich auch bemühte, die Arbeit war vergebens.

Ich saß ziemlich lange auf dem Stuhl, hatte schon mehrmals die weißen und die schwarzen Fliesen gezählt, hatte die Bilder betrachtet, die Schiffe, die Vögel, die Bäume gezählt, hatte die Namen der malenden Kinder gelesen und wusste, dass in der Vitrine getöpferte Sachen ausgestellt waren. Ich hatte meine Hände unter den Pobacken versteckt, schlackerte mit den Füßen und zählte die Lampen an der Decke.

Dann ging die Tür auf und ich wurde hereingebeten.

Der in meiner Fantasie böse Direktor war eine Frau, die mich freundlich anlächelte und mir einen Platz ihr gegenüber anbot. Ein Erwachsenenstuhl, auf dem ich ein wenig verloren saß und sie fragend ansah.

„Kannst du dir vorstellen, warum ich dich zu mir gebeten habe?", fragte sie mich und lächelte. Ich zog die Schultern hoch.

„Deine Lehrerin, Frau Spatz ... das ist doch deine Lehrerin?" Sie sah mich kurz an, und ich nickte. Irgendetwas machte mir Angst, aber ich konnte es nicht benennen. Ich ließ meine Schuhspitzen nach außen und nach innen klappen und nahm mir vor, nie wieder woanders hinzuschauen als auf meine Fußspitzen. Vielleicht passierte dann nichts Schlimmes.

„Nun, Frau Spatz hat mir erzählt, dass sie ein wenig hilflos sei, da du seit Wochen keine ordentlichen Schulsachen dabei hast."

Ich versuchte nur auf die Fußspitzen zu sehen und ihr gar nicht zuzuhören, doch die Fußspitzen fingen langsam an zu verschwimmen. Meine Augen füllten sich immer weiter mit Tränen und legten bunte Regenbogenstreifen um meine Schuhe. Ich wollte hier nicht mehr sein.

Die Direktorin sprach weiter: „Frau Spatz hat mir auch erzählt, dass sie schon mehrmals mit dir gesprochen hätte und auch schon versucht hätte Kontakt zu deiner Mutter aufzunehmen. Nur leider ohne Erfolg."

Nur auf die Fußspitzen schauen …

„Um in die Schule zu gehen brauchst du Sportzeug, also Turnschuhe, du brauchst Hefte, Bücher, Stifte … all dies hast du aber nie dabei. Nun sag mir, Cécile, liegt das daran, weil du immer vergisst es mitzunehmen, oder hast du es einfach nicht?"

Nun waren die Fußspitzen völlig hinter einer dicken, tropfenden Nebelwand verschwunden. Ich weinte. Natürlich könnte ich sagen, dass ich dies tatsächlich nicht besaß, natürlich könnte ich meiner Mutter in den Rücken fallen und sagen, dass sie darauf nicht achtete und dass wir kein Geld für so was hatten. Doch ich konnte das nicht sagen. Ich hätte nie etwas gegen meine Mutter gesagt. Also saß ich da, die Augen heulend an meinen Füßen klebend, und sprach bildlich Bände, doch ich sagte nur: „Ich weiß nicht."

Ich bekam einen Brief mit, den ich meiner Mutter geben sollte, und durfte wieder in den Unterricht gehen. Als ich die Tür öffnete, grinsten mich die anderen Kinder an, vielleicht dachten sie, ich wäre von der Schule geschmissen worden. Ich war mir sicher, dass sie sich das wünschten. Von allen Seiten kam dieses Gefühl, nicht gewollt zu sein und nicht dazuzugehören.

Ich setzte mich auf meinen Platz und malte die Arche Noah auf ein Stück Papier, genau, wie alle anderen Kinder auch.

Die Miene meiner Mutter verfinsterte sich deutlich, als ich ihr den Brief in die Hand drückte. Sie las ihn, legte ihn beiseite und sah mich ernst an.

„Kannst du mir das mal erklären, Frollein?"

Während ich vor anderen oft „dieses Kind" war, war ich in der direkten Anrede von ihr oft die hessische Variante der von ihr verhassten Anrede Fräulein.

Es gab nur wenige Worte, in denen ihre hessische Wurzel zum Ausdruck kam, neben den Worten Kirsche, Kirche, Tisch und Fisch, die aus ihrem Mund die Kirsche und die Kirche vertauschten und aus dem Tisch einen Tich machten, sprach sie dialektfrei.

Sie hielt mir den Brief entgegen und in ihren Augen spiegelte sich blank und deutlich ihre Enttäuschung. Und auch wenn ich ihr so gerne erzählt hätte, wie ich empfand und wie die Geschichte aus meiner Sicht aussah, spürte ich diese Schwere, die mich runterzog, die mir sprachlos die Tränen in die Augen trieb und ich hörte, wie es in meinem Kopf hämmerte *„Du bist ein schlechter Mensch! Keiner will dich! Du machst alles kaputt!"*

Doch parallel dazu, war da auch meine Wahrheit …

Kurz vor den ersten großen Sommerferien hatte ich einen Joghurt mit zur Schule genommen. Ich hatte den Becher einfach in meinen Ranzen getan. Durch das Ruckeln auf den Weg zur Schule war der Becher geplatzt.

Ich weiß noch, wie ich die Schnappverschlüsse geöffnet habe und eine weiße, klebrige Hand aus meinem Ranzen hervorholte. Ich hatte mich wahnsinnig erschrocken und entsetzt „igitt" gerufen. Die Kinder lachten. Die Lehrerin wies mich an, die Sachen aus dem Ranzen zu nehmen und ihn auszuwaschen. Die Hefte waren nicht zu retten und wurden weggeworfen. Die Bücher wurden abgewischt, Seite für Seite, und auf der Heizung zum Trocknen ausgelegt. Der Ranzen wurde, so gut es ging, ausgewaschen.

Zu Hause bekam ich riesigen Ärger, wie ich denn auf die Idee kommen könnte, mir einen Joghurt mit zur Schule zu nehmen, das wäre doch logisch, dass der auslaufen würde.

Dabei war ich so stolz auf meinen Weg zur Schule. So stolz, dass ich morgens alleine in den Kühlschrank geschaut hatte, dass ich mir einen Becher Joghurt heraus genommen hatte und – genau wie alle anderen Kinder auch – in der Pause etwas zu essen haben würde. Ich bin glücklich, euphorisch zur Schule gehüpft (was den Joghurt wohl zum Platzen brachte). Denn an diesem Tag würde ich dazu gehören, ich würde wie alle anderen Kinder auch in der Pause in meinen Ranzen greifen und mein Essen rausholen.

Aber alles was blieb war ein riesiger Fleck in meinem Ranzen.

Da der Fleck nach dem Not-Wasch-Manöver in der Schule nie wieder behandelt wurde, wurde er im Laufe der Zeit immer größer und dunkler. Er wurde zu einem magischen Fleck, und alles was man in diesen Ranzen legte, wurde zwangsweise dreckig und süffig und fing an zu stinken.

Irgendwann später wurden für meine Schwester Hefte gekauft. Ich klaute mir eins. Ich bekam nicht nur Ärger von meiner Mutter und meiner Schwester, weil ich sie bestohlen hatte, sondern auch von meiner Lehrerin, weil das Heft die falsche Linienführung hatte.

Von da an gab ich die Eigeninitiative diesbezüglich auf.

Vielleicht hätte ich einfach nur so clever wie meine Schwester sein müssen und mich artikulieren müssen, aber irgendwie wartete ich darauf, dass man sich um mich kümmerte.

Und wenn es keiner tat, dann tat ich es auch nicht.

Als das „Frollein" gefragt wurde, hätte ich das sagen können. Aber ich sagte nichts. Ich sah sie an, schaute zu Boden und nuschelte: „Ich habe keine Hefte, Mama."

Meine Mutter zählte mir auf, was ich alles zur Einschulung bekommen hatte: „Von deinem Vater hast du ein Federmäppchen bekommen mit Buntstiften und Filzstiften, kannst du mir bitte mal sagen, wo das ist?"

Ich wusste es nicht. Irgendwann hatte ich in meinem Zimmer gesessen und gemalt und dann hatte ich etwas anderes gespielt und die Stifte waren irgendwie weg. Wahrscheinlich, wenn man diesen riesigen Berg aus dreckiger Kleidung und Müll und vermeintlichem Spielzeug einmal aufräumen würde, dann würde man wahrscheinlich zumindest einen Teil des Federmäppchens wiederfinden.

„Und die Hefte und Blöcke, die wir dir zur Einschulung geschenkt haben, wo sind die?"

Ich schaute auf den Boden und sagte leise zu meinen Fußspitzen: „Aufgebraucht."

„Aufgebraucht? Das kann gar nicht sein. Ich sage dir mal was, Frollein. Ich bin nicht dafür verantwortlich, wenn du nicht auf deine Sachen aufpassen kannst."

Irgendetwas in mir schrie ganz laut: *„Bist du doch!"*, aber das war nur in mir, und ich blieb stumm.

„Du kannst dich an Frau Krüger wenden, schreib ihr einen Brief oder so."

Meine Mutter zündete sich eine Zigarette an und sah lange dem Qualm hinterher. Sie legte ihren Kopf in den Nacken und schloss die Augen. Mein Verhalten machte sie krank, und in ihrem wunderschönen Gesicht lagen Zornesfalten. Ihre schlanken Finger umgriffen ihre Zigarette und ihre Fingernägel glitzerten durch meine regenbogenverschmierten Tränenaugen.

„Alles, was man dir in die Hand gibt, geht kaputt. Vielleicht hast du ja Glück und Frau Krüger hat Lust, dir noch mal zu helfen."

Ich schämte mich so. Als ich in meinem Zimmer saß und den Brief schrieb, als ich die drei Kilometer von uns zu ihr lief, als ich den Brief in ihren Briefkasten schmiss und betete, dass sie mich nicht sah. Ich schämte mich so unglaublich. Ich wollte nicht, dass sie das für mich tat, ich wollte, dass meine Mutter – so wie alle anderen Mütter auch – darauf achtete.

Jeden Dienstag war mein Tag, an dem ich Frau Krüger in ihrer kleinen neuen Wohnung besuchte. Und an diesem Dienstag gingen wir in das kleine Schreibwarengeschäft an der Straßenecke und kauften die ganze lange Liste ein, mit allem, was ich für die Schule brauchte.

Und der Stolz über den Besitz übertraf die Scham. Mit hoch erhobenem Kopf öffnete ich am nächsten Tag meinen Schulranzen und legte demonstrativ alle neuen Dinge auf meinen Platz. Alle Hefte neben einander, alle Mappen, das Mäppchen, das Lineal. Ich war so stolz.

Selbst die Lehrerin lächelte.

~ ~ ~

Als ich zehn Jahre alt war, zogen wir auf ein kleines Dorf, nahe der deutsch-deutschen Grenze, ziemlich am Ende der Welt, 20 Kilometer von der Stadt entfernt. Eine Kleinstadt, ja, aber irgendwie halt doch eine Stadt. Wir sind in ihr aufgewachsen, meine Mutter hatte dort studiert und die Bewegung des Kommunistischen Bundes Westdeutschlands begleitet. Meine Kindheit war geprägt mit „Wacht auf, Verdammte dieser Erde" und „Europa hatte zweimal Krieg"-Parolen. Ich konnte sie alle auswendig mitsingen. Gruppen wie N'Sync und ähnliche blieben mir stattdessen fern. Ich kannte auch kein Krisskross, und ohne Fernseher erzogen lernte ich erst Jahre später, was ET, Nightrider oder Baywatch für eine Bedeutung hatten. Wir zogen also auf dieses Dorf, eine kleine 500 Seelen-Gemeinde, in der alle irgendwie miteinander verwandt waren und seit Ewigkeiten friedlich nebeneinander her lebten. Wir waren Neudazugezogene, die kritisch beäugt wurden, und denen man vorsichtig ‚Guten Tag' sagte, und über die man alles erfahren wollte. Das Bauernhaus, in das wir zogen, war alt, und total verkommen. Es wurde mit Öl beheizt, welches immer knapp war. Auch der Badeofen war ein Ölofen. Um baden oder duschen zu können, musste man ihn füllen, zünden und ziemlich lange warten. In meiner Erinnerung ist er immer aus.

Die Umzugskisten waren kaum ausgepackt, da wurde ich krank, Meningitis, die erste von dreien, die ich in meiner Kindheit erleben sollte. Generell wurde ich ständig krank, und wenn ich nicht wirklich krank wurde, dachte ich mir etwas aus. Ich übte mein schauspielerisches Talent, bis sie mich ins Auto setzten und mich in die Stadt ins Krankenhaus fuhren. „Dieses Kind ..."

Ich wollte weg, ich wollte raus, überall war es schöner als da, in diesem versifften Haus, in dem meine Mutter langsam, aber sicher, immer tiefer den Hang runter stolperte, sich selbst und uns verlor, in dem sie vergaß, wofür sie gelebt und gekämpft hatte.

Ich hasste es, morgens noch früher aufstehen zu müssen. Das Zimmer meiner Schwester und meins waren miteinander verbunden, oder anders gesagt, mein Zimmer war das Durchgangszimmer, das in das Zimmer meiner Schwester führte. Jeden Morgen, wenn meine Schwester die quietschende Schiebetür aufschob, die unsere Zimmer miteinander verband, wurde ich wach. Das zu spät zur Schule kommen hatte ein Ende. Der Bus, den wir erreichen mussten, fuhr um zehn vor sieben. Genau wissend, dass der nächste Bus erst zwei Stunden später fuhr, standen wir jeden Morgen pünktlich an der Haltestelle. Das letzte Jahr der Grundschule verbrachte ich zehn Kilometer von unserem Dorf entfernt auf einer Gesamtgrundschule, in die alle Kinder der umliegenden Dörfer gingen. Die meisten mussten, um zur Schule zu kommen, wie Rebecca und ich jeden Morgen mit dem Bus fahren. Unterwürfig, klein und demütig stieg ich jeden Morgen ein, denn die Kinder setzten sich auf die äußeren Sitze und ließen mich nicht zu ihnen setzen und sie tuschelten über mich und bewarfen mich mit Papierschnipseln. Ich hatte keine richtige Schultasche, sondern nur einen Jutebeutel. Die Kinder lachten darüber, entrissen ihn mir oft und leerten ihn auf den Weg zur Schule.

In diesem Jahr arbeitete meine Mutter in einer Arbeitsbeschaffungsmaßnahme für das jüdische Museum. Es handelte sich hierbei um ein Forschungsprojekt über Bestattungsrituale der Juden in Deutschland zur Jahrhundertwende. Ihre Liebe zu Israel und ihr Interesse an fremden Religionen und Kulturen waren ihr dabei eine große Hilfe. Doch meine Mutter konnte ihre Arbeit von zu Hause erledigen, und sich ihre Zeit frei einteilen. Das wurde zu ihrem Verhängnis. Die permanente Präsenz meines Stiefvaters, der von ihr beschäftigt werden wollte, ließ sie ihre Arbeit schnell vergessen. Nach dem morgendlichen Kaffee folgte schnell der morgendliche Rotwein. Sie trank schon, bevor ich aus der Schule kam, und auf ihrem Schreibtisch sammelte sich langsam Staub an. Ich weiß nicht, ob sie ihre Arbeit je im Sinne des Forschungsprojektes beendet hat. Eines Tages lagen die Bücher nicht mehr auf ihrem Schreibtisch. Meine Mutter wurde immer schwermütiger, ihre Stimme immer kehliger, der Glanz in ihren Augen immer seltener. Stück für Stück verlor sie sich. Ich nahm das damals nicht so bewusst wahr, für mich war das mein Leben, das war meine Welt. Ich fühlte mich einfach nur nicht wohl in ihr.

Ich bin nie gerne nach Hause gegangen, habe immer getrödelt, Umwege eingelegt, bin ein Dorf früher ausgestiegen und die restlichen drei Kilometer gelaufen, ganze Tage verbrachte ich am Steinbruch und starrte in das Dorf hinab. In den meisten Fällen fiel es nicht auf. Es gab keine Regeln, keine Konstante, an die man sich halten konnte. Ich konnte einen ganzen Tag von zu Hause fern bleiben, und niemand merkte es, ich konnte fünf Minuten zu spät kommen, und dafür zwei Wochen Stubenarrest bekommen. Es gab keinen Sinn, auch wenn mir in nächtelangen Predigten dieser zu vermitteln versucht wurde. Es hatte keinen Sinn, kein System.

Bis zu meinem sechsten Lebensjahr war mir der Kontakt zu meinem leiblichen Vater verboten. Als ich den Kontakt dann endlich aufnehmen durfte, war seine Häufigkeit und Regelmäßigkeit von den Launen meiner Mutter abhängig. Generell glaube ich, dass mein Vater mit mir schlichtweg überfordert war.

Ich kannte keine Grenzen und keine Regeln, ich lief permanent in total verdreckten und abgetragenen Klamotten bei ihm auf, konnte hemmungslos und maßlos lachen und Krach machen und in der nächsten Minute ganz still und traurig sein. Versuche, mit mir darüber zu sprechen, wie es mir ging, endeten meistens damit, dass ich anfing, hysterisch rumzuschreien, meinen Kopf unter einem Kissen verbarg, mich versteckte oder mir die Ohren zuhielt. Wie eine kleine Löwin warf ich mich dann schützend vor meine Mutter, beteuerte, dass es mir gut ging, dass alles in Ordnung sei zu Hause, dass es meine Schuld sei, dass ich so dreckig sei, etc. Mein Vater reagierte schnell. Er kaufte mir Klamotten, die er bei sich behielt, er kaufte mir eigenes Waschzeug, eine Zahnbürste und ähnliches. So musste er mit mir nicht darüber diskutieren, ob ich es vergessen hatte, oder meine Mutter, oder ob es das alles vielleicht gar nicht gab.

Ich hasste das Bauernhaus, ich hasste die Ölöfen, ich hasste die Kälte, den Dreck, das Knarren der Dielen unter den Füßen und dieses Gefühl, am Ende der Welt eingesperrt zu sein.

Ich versuchte mich wegzudenken. Während ich die Kinder draußen auf der Straße spielen hörte, robbte ich auf allen Vieren mit dem Schrubber durchs Haus und putzte. Ich erinnere mich noch an die Getränkekiste, die unter meinen Füßen stand, damit ich bis zum Waschbecken reichte. Ich erinnere mich an die nicht enden wollenden Abwaschberge, und daran, dass ich heulend am Becken stand und mich so unglaublich müde fühlte. Meine Mutter sagte immer, ich solle mich nicht beschweren, dass ich so spät ins Bett kommen würde, schließlich habe ich erst nach dem Abendessen angefangen, und es wäre nicht ihre Schuld, wenn ich mich permanent in eine andere Welt träumte und trödelte. Eine andere Welt ... meine andere

Welt ... meine heile Welt, irgendwo in meinen Gedankengängen ein kleiner Schatz, der nur mir alleine gehörte, meine Welt in die kein anderer hineinkam, ein goldenes Tor, hinter dem alles anders war. Die Spülmittelblasen auf der Wasseroberfläche waren kleine Schiffchen, die mich, die Prinzessin, mitnahmen. Sie überquerten gefährliche Tiefen und entgingen schweren Strömungen. Ich stand einfach nur da und starrte auf das Wasser. Ich vergaß die Spülbürste und den Teller in meiner Hand, ich vergaß, dass meine Mutter hinter mir stand und mich auslachte. Ich war in meiner Welt, meiner Galaxie. Meinen kleinen Schatz konnte mir keiner nehmen.

Ich hatte keinen Vater, keine Mutter. Ich war schon erwachsen, ich regierte ein Königreich.

Kurz bevor die Sommerferien endlich das Ende der Grundschulzeit einläuteten, wurde ich nachts von dem Schreien und Heulen meiner Mutter geweckt. Lang anhaltend, wie ein verhungerter Hund, hallte ihr Schluchzen durch das Haus. Manchmal hörte ich Sätze wie: „Versuch mich doch bitte zu verstehen ...", doch die meisten Sätze wurden von dem Taschentuch vorm Gesicht, dem Rotwein, der schwer im Körper wütete, oder der Wand, die zwischen mir und ihnen war, verschluckt. Müdigkeit und Hellwachsein stritten sich für einen kurzen Moment wütend in meinem Körper. Ich setzte mich auf und war mit meiner Mama traurig. „Warum weint sie nur so doll?", fragte ich mich.

Durch mein Fenster sah ich die Wolken vom Mond beleuchtet über den nachbarlichen Bauernhof ziehen. Sein Licht hüllte mein Zimmer in Dämmerlicht, so dass ich im schummerigen Schein alles sehen konnte. Die Schiebetür zum Zimmer meiner Schwester war verschlossen, hat sie es auch gehört? Etwas fiel zu Boden, ich hörte meinen Stiefvater schreien: „Verdammt noch mal", dann ein weiteres Krachen, anders diesmal, und das Heulen meiner Mutter war für einen kurzen Moment ein spitzer Schrei, auf den lautes Schluchzen folgte. Ich ließ meine Fersen kreisen und zusammen baumeln und lauschte in die Dunkelheit. Warum hört das nicht auf? Was kann ich nur tun? Was habe ich nur falsch gemacht, dass sie so traurig ist? Auf der Bettkante sitzend, machten meine Füße kleine Ballerinaschritte auf den Dielen. Meine Hände lagen unter meinen Oberschenkeln, ich drückte die Schulterblätter so weit vor, als wenn ich wollte, dass sich die linke und die rechte Schulter unter meinem Kinn berührten. In einer eigenen Sprache, die ich mir selbst ausgedacht hatte, und die auch nur ich kannte, sang ich ein Lied. Ich sang leise, presste den Kopf auf meine Brust und sang in mich hinein.

Meine Mutter heulte erneut laut auf und holte mich zurück aus meinem Lied. Immer noch waren die Geräusche da. Die Schiebetür zum Zimmer meiner Schwester war immer noch zu. Sie hörte alles. Sie musste es doch hören! Doch nichts passierte. Die Füße versuchten wieder in den Takt zu kommen, ich versuchte das Lied zurückzuholen. Ich hatte es vergessen. In meiner Quatsch-Sprache, deren Bedeutung ich nicht kannte, sagte ich etwas vor mich hin. Ich sprach mir selber Mut zu, dann stand ich auf.

Während ich den Riegel von meiner Zimmertür zurückschob, schaute ich noch einmal zu der Tür meiner Schwester. Die Tür war immer noch zu.

Der Flur war dunkel und alle Zimmertüren waren verschlossen. Aus dem Spalt unter der Küchentür leuchtete Licht hervor. Um Zeit zu gewinnen ging ich als erstes geradeaus an der Küche vorbei ins Badezimmer. Ich verschloss die Tür, setzte mich auf die Toilette und versuchte zu pinkeln. Es klappte nicht. Ich musste nicht.

„Marlies, es reicht", dröhnte es drohend aus der Küche. Meine Ellenbogen bohrten sich spitz in meine Oberschenkel, ich hielt mir die Ohren zu. Aber was ich auch versuchte, die Geräusche gingen nicht weg.

Ich wusch mir viel zu lange die Hände. Nachdem ich gespült hatte, lehnte ich meinen Kopf gegen das Waschbecken. Es hörte immer noch nicht auf.

Ich löschte das Licht im Bad und stand im Dunkeln im Rahmen der Badezimmertür. Von hier aus musste ich nur meinen Arm ausstrecken. Ich ging einen Schritt vor, noch einen, dann stand ich im Rahmen der Küchentür, die Hand an der Klinke, das Ohr an das kalte Holz der Tür gepresst. Für einen kurzen Moment war es ruhig. Ich hörte das aufgebrachte Schnaufen meines Stiefvaters, hörte wie ein Glas hoch genommen, aus ihm getrunken und unsicher wieder abgestellt wurde. Hörte das Klicken des Feuerzeuges, meine Mutter zündete sich eine Zigarette an. Dann krachte es wieder und meine Mutter fing von Neuem an zu weinen.

Ich drückte die Klinke hinunter. Zigarettenqualm lag schwer im Raum und Rauchschwaden tanzten Ringelrein um die Küchenlampe. Mein Stiefvater hielt einen Teller in der Hand und schob sich unbeholfen mit seinen bloßen Fingern ein Stück Fleisch in den Mund. Es war ekelhaft. Sein Gesicht, seine Finger, sein Unterhemd, alles war mit roten und braunen Essensresten verschmiert. Ich musste würgen. Er grunzte und ich nahm das als Zeichen wahr, dass er registriert hatte, dass ich den Raum betreten hatte. Meine Mutter saß am Küchentisch, der Bademantel war geöffnet und hing ungeschickt an ihr. Für einen kurzen Moment ekelte ich mich vor ihr und ihren nackten, dünnen, weißen Beinen. Sie hatte das Gesicht in ihren Händen verborgen. Eine bis auf den Filter verglühte Zigarette, die einen langen Aschestab bildete, stand seitlich von ihrer linken Hand ab. Sie war so still, stiller als still, wie tot. Ich ging an meinem Stiefvater vorbei. Stand seitlich neben ihr. Streichelte ihren Kopf. Keine Reaktion. Tränen schossen in meine Augen. Was war nur passiert? Der Bademantel löste sich und entblößte ihre schlaffe, weiße Brust. Ich griff in die Innenseite des Bademantels, um die Brust wieder zu bedecken. Meine Mutter erschrak fürchterlich, der Aschestab fiel ungebremst in ihren Schoß. Ihre Augen rotgeweint. Sie sah mich fassungslos an. Für einen kurzen Moment hatte ich das Gefühl, dass sie nicht wusste, wer ich war. Ich griff überkreuzt nach meinen Schultern, schob den rechten Fuß auf den linken, presste meine Oberschenkel aneinander, ich wollte verschwinden.

Ich war so unglaublich traurig und ich war so wütend auf ihr verquollenes, verheultes Gesicht. Ich war wütend auf den Gestank von nicht geleerten Aschenbechern, Katzenpisse, Alkohol und Unhygiene und ich stand mitten drin, war ein Teil davon und konnte es nicht ändern.

„Mama", versuchte ich sie anzusprechen, „Mama, was ist denn los?"

Meine Mutter schien sich immer noch nicht so ganz sicher zu sein, wer vor ihr stand.

Mein Stiefvater leckte schmatzend und grunzend seine Finger ab, ich hatte ihn für einen kurzen Moment vergessen. Instinktiv ging ich einen Schritt zurück, presste mich an die Wand. Fragte ihn: „Udo, was ist denn los?"

Er lachte. Schüttelte den Kopf, lachte und öffnete den Kühlschrank. Er starrte in den Kühlschrank hinein, sprach mit sich selbst in den Kühlschrank, furzte laut. Ich war mir sicher, er hat mich, meine Anwesenheit und meine Frage vergessen. Ich sah nur die Kühlschranktür unter der seine dicken, roten Beine hervorguckten, von denen sich trockene Haut in großen Schuppen löste. Die Strümpfe, in denen er steckte, waren fast schwarz an ihren Sohlen, kurz vor der Tennissockenbestreifung schafften sie es annähernd wieder an ein Weiß.

Ich wandte angewidert meinen Blick von ihm und sah wieder zu meiner Mutter. Diese hat sich umständlich eine Zigarette angemacht, ihren Bademantel zurecht gezogen, und versuchte aufzustehen. Die Zigarette in ihrer Hand zitterte. Sie griff mit der einen Hand nach der Lehne des Stuhls, die andere Hand lag auf der Tischplatte. Sie versuchte sich hochzudrücken. Sie schien nicht zu registrieren, dass der Stuhl zu weit unter dem Tisch stand, dass Tisch- und Stuhlbeine ihre eigenen Beine einklemmten. Sie versuchte sich zu drehen und wankte dabei Besorgnis erregend. Ich hatte Angst um sie, sie drohte das Gleichgewicht zu verlieren.

Ich stützte sie an der Schulter, sagte: „Nein, Mama, so geht das nicht", aber ich war zu spät. Sie fiel. Stürzte samt Stuhl auf mich drauf. Meine Mutter schrie: „Au, au, au ..." und rieb sich an ihren Beinen und fing lauthals an zu weinen, sie war unfähig, ihre Arme und Beine zu koordinieren. Ich biss mir auf die Lippen und ignorierte den Schmerz, den der Aufschlag des Stuhles und ihres Körpers verursacht hatte. Ich krabbelte unter meiner Mutter hervor und versuchte ihr zu helfen. Doch sie schrie mich an: „Geh weg, verschwinde, meinst du ich lass mir noch mal von dir wehtun? Hau ab. Du bist ja gemeingefährlich."

Ich stand wie gelähmt da, rieb meinen Arm, auf dem die meiste Last gelandet war und starrte sie an. Ich war wie vor den Kopf geschlagen, völlig perplex. Tränen liefen meine Wangen herab und ich verstand die Welt nicht, die sich unaufhörlich weiter drehte. Warum kann diese Welt nicht für einen ganz kurzen Moment einmal anhalten, damit ich Luft holen kann?

„Ich habe dir doch gar nichts getan", weinte ich verbittert bettelnd. Der Stuhl stand wieder und meine Mutter stützte sich schwankend mit beiden Händen auf die Lehne. Sie wechselte auf die Tischplatte. Ohne mich zu beachten schob sie sich vorsichtig um den Tisch herum, um sich mit der Rotweinflasche von der Anrichte zurückzukämpfen. Zitternd versuchte sie, ihr Glas zu treffen. Die Scherben auf dem Boden verrieten mir, was zuvor so laut gescheppert hatte.

Mein Stiefvater nahm ächzend einen tiefen Schluck aus seiner Bierflasche und stellte sie viel zu laut ab. Ich zuckte zusammen. Er sah mich an. „Abmarsch jetzt", sagt er, „es ist Schlafenszeit."

Ich sah den zitternden Körper meiner Mutter, wie sie, mittlerweile mit beiden Händen, krampfhaft versuchte, die Flasche zu heben. Alles was sie interessierte war, neuer Wein in ihrem Glas. Ich sah, wie viel Kraft sie das Stehen kostete.

Ich ignorierte die Warnung, ich ignorierte meinen Stiefvater. Ich konnte sie so nicht sehen. Sie tat mir so unglaublich Leid.

Ich ging zu ihr, stützte sie und fragte: „Soll ich dich ins Bett bringen?"

Sie hatte nicht viel Kraft in ihrem unterernährten, vergifteten Körper, doch sie nahm alle, die sie noch hatte, zusammen, um mich wegzuschubsen.

„Ich habe dir doch gesagt, du sollst mich in Ruhe lassen."

Ich ging ein paar Schritte zurück, ließ sie zwei Mal, drei Mal Luft holen. Dann ging ich wieder zu ihr und half ihr, sich auf den Stuhl zu setzen. Tat so, als wenn ich nicht gehört habe, was sie gerade gesagt hatte und als wenn es die vorherige Szene nicht gegeben hätte. Während ich ihr ein wenig Wein ins Glas goss, fragte ich noch einmal: „Soll ich dich ins Bett bringen?"

Ihre dünne, kleine Faust ballte sich. Wütend traten ihre müden Adern über den Knochen hervor, doch der von ihr erwünschte Knall blieb aus, als sie die Faust viel zu müde und viel zu schlaff auf die Tischplatte knallen ließ.

„Verdammt noch mal, ich habe dir gesagt, du sollst mich in Ruhe lassen! Hörst du nicht?" Ihr dünner, langer Zeigefinger deutete zitternd auf die Tür: „Geh jetzt, geh!"

Mein Stiefvater nahm einen neuen tiefen Schluck aus seiner Bierflasche. Ich hörte, wie das Bier laut gluckernd seine Kehle runter rann. Er grinste spöttisch an dem Flaschenhals vorbei.

Ich kniete mich neben meine Mutter. Sie musste mich doch verstehen, ich wollte ihr doch nichts Böses, liebte nichts mehr als sie, wollte nur, dass sie schlafen konnte. Ich legte meinen Kopf in ihren Schoß und meine Arme um ihre Hüfte. Nur für einen kurzen Moment wollte ich Wärme spüren. Ich weinte in ihren Schoß. Ihre spitzen Fingernägel bohrten sich in meine Hände, als sie sich grob aus meiner Umklammerung löste und mich wegschubste.

„Ein für alle mal, du sollst verschwinden!"

Ich kniete immer noch. Neben mir eine Pfütze Rotwein und Scherben zerbrochener Gläser; heruntergefallene Asche und vollgeweinte Taschentücher hatten Teile des Weines aufgesaugt. Eine kleine Scherbe bohrte sich biestig in mein Knie. Ich legte meine Hand auf ihren Unterarm, jetzt selber völlig verheult weinte ich, bettelte ich: „Mama …"

Ihr Arm schoss hoch, kraftlos, aber eindeutig ein Signal. „Es ist jetzt Schluss." Sie sah zu meinem Stiefvater. „Udo …"

Er kam auf mich zu, packte meinen Arm und riss mich unsanft hoch. „Du hast gehört, was deine Mutter gesagt hat", fuhr er mich an, während er mich wie einen schlaffen Sandsack einfach hinter sich her schleifte. Er öffnete die Küchentür und schubste mich in den Flur. „Verschwinde jetzt."

Jetzt war mir alles egal, ich hatte nichts mehr zu verlieren. Ich drehte mich um und schrie ihn an:

„Du bist nicht mein Vater, und du wirst auch nie mein Vater sein."

Die Augen meines Stiefvaters verengten sich zu kleinen Schlitzen, dieser Gesichtsausdruck von absoluter Kälte und Berechnung, die gleiche Mimik, mit der er jungen Katzen den Hals umdrehte, meine Mutter bewusstlos schlug. Dieser Blick … messerscharfe Stiche, die dir das Blut in den Adern gefrieren lassen. In dem Moment weißt du ganz genau, noch ein Wort, und er bringt dich um. Eine falsche Bewegung und er wird dich am Genick packen, durchs ganze Haus schleifen, dich im Bad auf die Kacheln klatschen lassen, dich in die Wanne schmeißen. Er wird das eiskalte Wasser anmachen, dich abduschen, deinen Kopf immer wieder in den Wasserstrahl drücken, er wird lachen. Dieses eiskalte, hysterische, berechnende Lachen, das Freude empfindet am Schmerz eines anderen.

Ich war still. Ich hörte das Puckern meines Blutes im Ohr, spürte, wie mir ganz kalt wurde, biss mir auf die Lippe, um den Schrei zu unterdrücken, der in mir steckte. Mein Blick suchte das Gesicht meiner Mutter. Strafend schaute sie von oben nach unten an mir herab. Ich hatte ihren Mann verletzt, ihr Baby.

„Dann bringen wir sie halt zu ihrem Vater …", sagte meine Mutter und zündete sich eine Zigarette an.

„Was soll das heißen, was soll das?", fragte ich sie, und merkte, wie sich der Boden unter mir drehte. Ich war eingestellt auf die kalte

Dusche, auf eine Nacht auf diesem Spinnenweben verhangenen Dachboden. Ich war eingestellt auf Missachtung, Ignoranz, eine Woche lang, von mir aus. Aber was sollte das?

„Pack deine Sachen", sagt sie klar, eindeutig und berechnend. Ich schmiss mich auf den Boden und wollte auf sie zu.

„Ich will meine Sachen nicht packen, ich will hier nicht weg …"

„Es ist doch überall besser, als bei uns. Udo ist nicht dein Vater, du fühlst dich vernachlässigt, keiner mag dich … also los, pack deine Plünnen[1]und wir bringen dich zu deinem Supervater. Soll er doch sehen, wie er mit dir fertig wird. Aber ich bin fertig mit dir."

Ich lag auf den Boden, spürte wie meine Haare in meinem verheulten und verrotzten Gesicht klebten.

„Nein!", heulte ich in das versiffte Linoleum. „Nein, nein, nein!"

Ich starrte lieber an die blauen Flecken an den Beinen meiner Mutter, starrte lieber auf die Brandlöcher von fallengelassenen Zigaretten auf dem Fußboden. Ich wollte meinen Kopf nicht heben, wollte für immer dort liegen bleiben, hatte Angst, dass sie mich verstieß. Ich war doch für sie aufgestanden, wollte sie retten, und nun verstieß sie mich. Ich konnte meine Sachen nicht packen. Das wäre Verrat.

Heute weiß ich, dass es ihr nur darum ging, ihre Macht zu demonstrieren.

„Gut, dann gehen wir halt erstmal so, wenn Mademoiselle sich nicht in der Lage sieht, ihre Sachen zu packen. Dann kannst du halt morgen nicht in die Schule gehen. Aber das soll nicht mehr mein Problem sein, da kann sich dann dein Vater mit rumärgern. Ich hab mir lange Zeit genug den Arsch für dich aufgerissen, und wenn das deine Art ist, es uns zu danken, dann bitte schön."

---

[1] Norddeutsch für (alte) Kleidung

Sie waren beide betrunken …

Es dämmerte schon. Mein heißer Kopf beschlug die kalte Fensterscheibe, und im angehauchten Glas verzog sich die ganze Welt da draußen zu unwirklichen Fratzen. Alles erschien mir unwirklich. Mir war schlecht, mein Kopf war heiß. Ich hätte so gerne mit ihr gesprochen, hätte mich so gerne an sie gekuschelt. Ich versuchte die Situation zu rekonstruieren, wollte mich erinnern, was ich getan hatte, dass sie mich verstieß. Aber ich sah immer nur die kalten, berechnenden Augen meines Stiefvaters im Rückspiegel, und ich lehnte meinen Kopf an die Scheibe und schloss die Augen. „Bitte, lieber Gott, lass mich bei ihr bleiben, bitte lieber Gott, lass alles gut ausgehen …" Ich betete, achtzehn Kilometer lang.

Die Lichter der Stadt zogen verzerrte Bilder auf der Fensterscheibe. Ich zählte die Kreuzungen. Wusste mit jeder Sekunde, dass sie es sich nicht anders überlegen würde. Spürte diesen riesigen Kloß im Hals. Ich hoffte, dass ich jetzt in diesen Moment einschlafen und nie wieder wach werden würde. Wir näherten uns der Straße meines Vaters, ab jetzt lief die Zeit in Zeitlupe, minutenlang bogen wir um die Straßenecke, der Blinker klickte eine Stunde lang, Zeit und Raum verschoben sich, nichts war mehr wirklich. Vor der Toreinfahrt hielt der Wagen. Meine Mutter stieg aus. Klingelte, sprach etwas in die Gegensprechanlage, ihre Stimme war kalt. Sie öffnete meine Autotür. „Steig aus", sagte sie zu mir. Mein Vater erschien in der Toreinfahrt. Er war verschlafen. Notdürftig war er in eine Hose und ein Hemd gesprungen, seine Haare klebten verschlafen in seinem Gesicht.

„Marlies, was soll das? Warum lässt du die Kleine nicht schlafen, was willst du mitten in der Nacht hier?"

Meine Mutter lachte ihn an und zerrte mich aus dem Auto.

„Ich bringe dir deine Tochter. Sie meint, dass es ihr bei dir besser gehen würde. Also bitte schön, nimm sie …"

Mir liefen Tränen über das Gesicht. Ich versteckte mich hinter meiner Mutter, wollte mich an ihr festklammern, als wenn er, mein Vater, ein böser Mensch wäre. Wollte sie nie mehr loslassen. Sagte immer wieder: „Nein, nein, ich will das nicht, ich will nicht zu Papa, ich will bei dir bleiben, bei dir bin ich zu Hause."

Mein Vater versuchte die Situation zu erfassen, versuchte zu verstehen, was da los war mitten in der Nacht. Fühlte sich wahrscheinlich wie auf einem Hochseil, und wusste nicht, wie er jetzt den Salto schlagen sollte, ohne sich oder mich zu gefährden.

„Marlies, ich bin darauf überhaupt gar nicht eingestellt, und ich hab auch gar nichts da für die Kleine. Klar kann sie heute Nacht erstmal hier bleiben, aber morgen müssen wir dann noch mal reden. Ich … du weißt, dass das nicht von heute auf morgen geht, ich hab nur eine kleine Butze, sie hätte ja noch nicht mal ein eigenes Zimmer."

„Siehste …", sagte meine Mutter. „Dein Vater will dich gar nicht, und nun? Welchen Plan hat Madame jetzt? Sollen wir vielleicht noch beim Kinderheim vorbei fahren? Auch da ist es bestimmt besser, oder?"

Mein Vater machte eine hilflose, sich erklären wollende Geste. „Das hab ich so gar nicht gesagt. Willst du heute Nacht erstmal hier bleiben, Kleine?" Ich drückte mich näher an das Auto und schüttelte den Kopf.

„Nein, ich möchte nirgendwo hin, ich möchte einfach nur nach Hause. Ich möchte bei Mama bleiben, da wo ich hingehöre."

Ich begriff nicht, dass ich mit diesen Worten meinen Vater verletzte, und die Verwirrung, die meine Mutter gestiftet hatte, damit noch verstärkte. Mir war damals gar nicht bewusst, was mein Vater in diesem Moment fühlen oder denken konnte. Es lag mir fern, ihn zu verletzen. Ich fühlte mich nur selbst verletzt. Wollte nach Hause, wollte nicht abgeschoben werden. In dieser Nacht vergaß ich, dass ich so viele Male davon geträumt hatte, einfach von zu Hause abzuhauen. Auch der Traum, dass mein Vater mich da eines Tages rausholen würde, war in dieser Nacht vergessen.

Auf der Rückfahrt nach Hause lehnte ich meinen Kopf an die kühle Scheibe und schlief ein. Ich hörte noch verschwommen, wie die beiden sich unterhielten, über Stubenarrest, und härtere Konsequenzen. Mit diesem Kind konnte es so nicht weiter gehen.

Irgendwie lief die Zeit weiter. Irgendwie verziehen sie mir. Ich schaffte es, ab und an meinen Vater zu besuchen, und kam so gar manchmal nachmittags nach der Schule heimlich bei ihm vorbei. Ich liebte meinen Vater und hatte dennoch das Gefühl, dass er mich nie richtig verstand. Aber wie sollte er das auch? Ich wurde ihm in Bröckchen zugeschmissen, und jeder Kontakt mit mir war ein riesiger Akt gepaart mit Streitereien und Auseinandersetzungen mit meiner Mutter.

Als er mir kurz nach meinem zehnten Geburtstag eröffnete, dass er nach Berlin ziehen werde, traf mich das wie ein Schlag ins Gesicht. Ich weiß nicht, wie ich das erklären soll, aber ich fühlte mich irgendwie belogen. In mir war diese heimliche Vorstellung gewachsen, dass mein Vater mich da eines Tages rausholen würde, dass ich irgendwann ein anderes Leben mit ihm und einer seiner vielen tollen Frauen beginnen würde. Aber er ging. Ich hatte versucht, ihm zu vertrauen, hatte in den wenigen Jahren sogar manchmal zugegeben, dass ich unglücklich war, hatte manchmal sogar geweint, und gesagt, dass ich nicht nach Hause zurück wollte. Und er ging.

Ich stand draußen auf dem Hof, es war soweit, mein Vater war gekommen um sich zu verabschieden. Ich hatte keine Ahnung, wie weit Berlin weg ist, aber ich spürte, dass es ganz weit war. Ich würde alleine zurückbleiben. Durch den Regenbogen meiner Augen sah ich zu meiner Linken das Bauernhaus, zu meiner Rechten den Kleinwagen seiner Freundin und die Straße. Ich wollte ihn nicht umarmen und klammerte mich gleichzeitig an ihm fest. Ich weinte, weinte leise, weil meine Mutter sich schon über meine Theatralik lustig machte. Ich wartete, mein Herz klopfte. Obwohl der Verstand schon lange gesagt hatte, dass dies die Realität sei, wartete ich, dass er mich bat einzusteigen, dass er mich mitnahm. Er stieg stumm ein, schlug die Tür zu. Seine Freundin stieg hinters Steuer, beide winkten, sie fuhren los ... Ich blieb wie angewurzelt stehen. Die anderen waren schon lange wieder im Haus, da starrte ich immer noch auf den Fleck, an dem das Auto gestanden hatte. Dieses Wort Vertrauen wurde in dem Moment aus meinem Kopf gelöscht. Ich fühlte mich allein und war so unglaublich wütend auf ihn.

In meinem Kopf schrie eine Stimme: „Nimm mich mit, nimm mich mit, nimm mich mit."

Die Stimme hörte nicht auf zu schreien, war so laut, dass ich gar nicht verstehen konnte, was tatsächlich gesprochen wurde. Alle Verabschiedungsklauseln rauschten durch mich hindurch, wurden von der Stimme in mir überschrien, ich bekam sie nicht stumm. Ich hatte darauf vertraut, dass er mich mitnahm. Er musste mich doch mitnehmen, ich war doch seine Tochter.

„Papa!"

Vielleicht wollte er eine andere Tochter. Ich hatte ihm vertraut, dass er mich lieb hat, ich hab ihn doch lieb.

„Bitte, hab mich lieb, Papa!"

Vertrauen liegt irgendwo in diesem alten Bauernhaus …

Ein Spiel, dessen Regeln ich nie begriff, begann ab da seinen Lauf zu nehmen. Jedes Mal, wenn es auf die Ferien zuging, fieberte ich darauf, mich in den Zug zu setzen und nach Berlin zu fahren. Doch von all den geplanten Reisen fanden nur wenige statt. Es waren oft banale Gründe, die mich zurückließen und heute weiß ich, dass es mit mir nichts zu tun hatte. Manchmal war der alleinige Grund, dass das Geld für die Bahnfahrt nicht vorhanden war. Aber dies wurde so natürlich nie gesagt. Meist war es mein Verhalten, dem eine Strafe folgen musste. Hilflosigkeit ist ein Begriff, der meine Kindheit geprägt hat.

Zweites Kapitel

Nachdem ich die Grundschule verlassen hatte und jeden Morgen mit einem anderen Bus in die Stadt zur Schule fuhr, sah ich die meisten Kinder aus meiner alten Klasse nicht wieder. Wenn sich unsere Wege im Dorf kreuzten, sah ich verschämt zu Boden und sagte nichts. Manchmal grüßte ich leise und manchmal nickte mir einer hastig zu.

Wie ich es von meinen Katzen gelernt hatte, drückte ich mich an den Häuserwänden lang, um so wenig wie möglich gesehen zu werden und um von zumindest einer Seite sicher und geschützt zu sein.

Seitdem mein Vater nach Berlin gezogen war, erschienen mir die Wochenenden noch länger und wenn andere Kinder den ersten Ferientag freudig herbei sehnten, wünschte ich mir, ich könnte weiter jeden Tag zur Schule gehen. Auch wenn die anderen Kinder mich hänselten und schubsten, auch wenn beim Tipp Topp im Sportunterricht mich keiner in seine Mannschaft wählen wollte, alles war besser als zu Hause.

Zuhause, das war ein klebriger, harter Klumpen im Bauch, der verdammt weh tat und den ich manchmal kaum aushalten konnte.

Die Herbstferien näherten sich, die ersten großen Herbststürme hatten die Blätter von den Bäumen gefegt und die Straßen waren mit gelben, roten und braunen Blättern und heruntergerissenen Ästen bedeckt.

Meine Mutter lief seit dem ersten Ferientag an Krücken. Sie sagte mir, dass sie im nassen Laub ausgerutscht sei. Ich glaubte ihr nicht. Für mich gab es nur zwei Möglichkeiten: Entweder mein blöder Stiefvater hatte sie die Treppe hinuntergeschmissen oder sie war betrunken irgendwo gestürzt. Vermutlich auf ihrem Weg vom Bauernhof zum Gasthaus „Deppe", der einzige Weg, den die beiden seit

Jahren täglich machten. Aber was genau passiert war, wusste ich nicht. Als ich tags zuvor aus der Schule kam, stand das Auto nicht auf dem Hof und beide waren nicht da, und als sie wieder kamen, lief Mama an Krücken und erzählte mir diese „Nasses-Laub-Geschichte".

Deswegen fiel mir auch das Laub so auf, an diesem Tag, an dem ich durch das Dorf zum Steinbruch lief. Ich wollte meiner Mutter glauben. Ich versuchte mir vorzustellen, wie man auf nassem Laub ausrutschen kann, aber ich traute mich nicht es zu testen, denn dafür hätte ich die sichere Wand zu meiner Rechten aufgeben müssen.

Weiter oben im Dorf floss der Bach viel kräftiger als unten bei uns, und die Brücke, auf der ich stand, war viel größer als die, die auf unseren Hof führte. Ich schaute ein bisschen dem Wasser zu, wie es schäumend an die Steine klatschte, beobachtete die Blätter und Äste, die haltlos auf der Wasseroberfläche trieben und mit dem Strom nur wenige Sekunden später an unserem Bauernhof vorbeirauschen würden. Der Baum über mir schüttelte sich im Wind und ließ ein paar große, kalte Tropfen auf mich fallen. Ich schaute in den Himmel und sah, dass die Wolken immer dunkler wurden.

„Bis zum Steinbruch werde ich es schaffen", dachte ich, „der Wald wird mich vor dem Regen schützen."

Als ich die Straße hinaufschaute, sah ich, dass ein Junge aus meiner ehemaligen Grundschulklasse auf der Mauer saß, auf die ich direkt zu ging. Er rauchte. Ich erinnerte mich, ihn dort manchmal auf dem Hof gehend gesehen zu haben, und schlussfolgerte somit, dass er dort wohnte. Hans-Jörg war fast vier Jahre älter als ich. Er war zweimal sitzengeblieben.

Seine Jeansjacke endete weit über den Handgelenken, seine Hose ließ seine weißen Socken frei, weit über den Knöcheln sitzend. Er sah so wahnsinnig dünn, unförmig, ungesund aus. Umso näher ich kam, desto mehr drehten sich meine Gedanken um ihn. Er hatte mir nie etwas getan. Hatte auch nie etwas für mich getan. Ich glaube, er war damals heilfroh, als ich in die Klasse kam, denn die Meute hatte in mir ein noch besseres Opfer als in ihn gefunden. Denn wenn ich ihn so ansah, dann war er, genau wie ich, ein gefundenes Fressen für die Lästerattacken der wohl situierten Dorfkinder.

Ich lief weiter, geradeaus auf die Mauer zu. Als ich näher kam, konnte ich hören, wie er laut den Rauch paffte, und konnte sehen, dass er einen kleinen, dünnen, blonden Flaum auf der Oberlippe hatte. Ich war zu nah, um unauffällig die Straßenseite wechseln zu können, um so zu tun, als hätte ich ihn nicht gesehen. Er hatte mich schon erblickt, zog sein linkes Knie hoch und gab über seinen Socken seine kalkigen dünnen Waden frei. Hans-Jörg legte den Ellenbogen auf das Knie und zog die Zigarette lässig laut paffend aus dem Mund, dabei grinste er mich an. Zwei seiner oberen Vorderzähne fehlten, doch es schien ihn nicht zu stören, er grinste breit und selbstsicher. Ich versuchte, auf meine Fußspitzen zu schauen.

Hans-Jörg sprach mich an: „Hey Cécile!", rief er fröhlich im vertrauten Ton, so als wenn wir immer schon Freunde gewesen wären. Und er hatte mir ja nie etwas getan, und er wollte mir bestimmt nichts Böses, und hier war eine Chance einen kurzen Moment mit jemand anderen zu teilen. Gespielt lässig ließ ich meine rechte Hand hochschnellen, um einen kurzen Winkgruß von mir zu geben. Hans-Jörg setzte seine Handflächen auf die Mauer, drückte sich mit den Füßen ab und landete mit einem Satz ungefähr zwei Meter von mir entfernt. Er nahm seine Zigarette aus dem Mundwinkel, schmiss sie zu Boden und trat sie mit seinen riesigen Turnschuhen aus. Viel zu tief steckte er seine Hände in seine Hosentaschen, so dass er ganz schief vor mir stand und mich immer noch angrinste.

„Na", fragte er. „Was machste?"

Er stand mir mitten im Weg, ich konnte gar nicht an ihm vorbei.

„Ich lauf so rum", verriet ich der Straße und traute mich nicht hoch zu gucken.

„Wenn du magst, lad ich dich ein, wir können bei mir im Zimmer Musikkassetten hören, oder wir trinken was an unserer Bar."

Ich war mir nicht ganz sicher, ob er mich auf den Arm nehmen wollte. Ich schaute mich vorsichtig um, hatte Angst, dass gleich die anderen Kinder aus ihren Verstecken kommen und wie Indianer um mich tanzen würden

„Reingefallen, reingefallen, glaubst du wirklich irgendjemand will mit dir spielen?"

Und auf der anderen Seite stieg überschäumend und kribbelnd ein schwindelig machendes Glücksgefühl in mir auf, denn noch nie hatte mich ein Kind aus dem Dorf zu sich nach Hause eingeladen.

„Hast du Lust?", fragte er mich noch einmal, und ich nickte mit hochroten Wangen. Ich war total aufgeregt und lief ihm wie ferngesteuert hinterher.

Der Hof seiner Eltern war in eine Autoreparaturwerkstatt umgebaut worden. Dort wo früher die Tiere standen, befand sich jetzt eine Hebebühne auf der ein Opel aufgebockt war, und zwei Männer in Blaumännern arbeiteten daran.

Hans-Jörg ging geradeaus daran vorbei, ohne groß von irgendjemand Notiz zu nehmen. Er stieg die Stufen der Treppe, die zum Wohnhaus führte, hinauf und schloss die Haustür auf.

Das Treppenhaus war schlicht und einfach, ein paar Wandteller mit weißblauem Zwiebelmuster hingen an den Wänden, zwei Milchkannen mit getrockneten Sträußen säumten die Treppe, und an den Rändern der Stufen lagen Ährensträuße, Kürbisse und Zucchini. Das Jahr näherte sich dem Erntedankfest.

Hans-Jörg stieg die Treppe empor. Vorbei an drei milchigen Glastüren, die verschlossen waren, ging er nun die letzte Treppe hinauf. Unter dem Dach angekommen standen wir vor einer Tür, die über und über mit Stickern beklebt war. Ein riesiger Alf-Kopf klebte an der Tür und aus seinem Mund ploppte eine Sprechblase auf, auf der ‚Null Problemo‘ stand. Ich musste lachen. Ich mochte diesen kleinen plüschigen Außerirdischen vom Planeten Melmack, mit der viel zu großen Nase, der in einer amerikanischen Serie eine Familie, in der er lebte, durch jede Menge Blödsinn ganz schön auf Trab hielt. Alf war wirklich lustig.

Hans-Jörg machte seine Zimmertür auf. Rechts unter den Dachschrägen stand das Bett, daneben ein Schreibtisch, an den geraden Wänden ein paar Regale. In den grauen Teppich war schon die eine oder andere Flüssigkeit eingezogen. Unter den linken Dachschrägen waren kleine Türen sichtbar, die vermutlich Einbauschränke waren. Auch diese waren über und über mit Aufklebern übersät. Ein alter Fernseher stand in der Ecke gegenüber vom Schreibtisch. Der Kassettenrekorder lag mitten im Raum, sein Kabel war von herumliegenden Blättern verdeckt. Stifte waren über den Fußboden verteilt, manche waren offen und hatten ihre Farbe an den Teppich abgegeben. In der Nähe des Bettes lagen ein paar Socken und ein dreckiges T-Shirt.

Ich seufzte erleichtert. Hans-Jörg schien keines von den Kindern zu sein, die immer alles neu bekamen und deren Zimmer aussah wie in einem Möbelhauskatalog. Ich war noch nie in so einem Zimmer, aber bei so manchen Mädchen in meiner Klasse stellte ich sie mir genauso vor.

„Magst du Alf?", fragte er mich und hielt eine Hörspielkassette hoch. „Wir können Alf hören, wenn du magst."

Ich nickte und setzte mich im Schneidersitz auf den Fußboden, während er sich, auf dem Fußboden sitzend, an sein Bett lehnte. Das Hörspiel lief und ich fuhr manchmal mit meinen Fingern die Rillen meiner Schuhe nach, meine ganze Konzentration galt der laufenden Kassette. Ich tauchte ganz in die Alf-Geschichte ein, sah Alf eindeutig vor mir, das Haus in dem die Geschichte erzählt wurde, ich sah die Küche, die Schwingtür, die Kinder, alles vor meinem inneren Auge. Ich lachte glücklich und laut über die Witze und puhlte verlegen an meinem Schuh rum.

Mittlerweile hatte der angedrohte Regen eingesetzt und prasselte laut auf das Dachfenster. Hans-Jörg musste den Kassettenrekorder lauter stellen, damit wir alles verstanden. Er beugte sich im Sitzen vor, machte den Rücken ganz krumm und erreichte, wenn auch mit Mühe, mit seinem rechten Zeigefinger den Lautstärkeregler. Während er sich, nachdem er lauter gestellt hatte, erleichtert wieder zurück ans Bett fallen ließ, griff er mit seiner rechten Hand nach einem etwas länglichen Metallstab, der ein Stückchen vor dem Kassettenrekorder zwischen ein paar Tennissocken auf dem Fußboden lag. Ich beobachtete ihn neugierig, wie er gedankenverloren dieses Stück Metall in seiner rechten Hand drehte. Rrrrrr ... rrrrrr ...

„Was ist das?", fragte ich ihn.

Hans-Jörg schreckte auf und sah mich irritiert an. „Eine Knarre", antwortete er etwas einsilbig.

„Und wofür ist die?", fragte ich, nachdem er nichts weiter sagte.

Er runzelte die Stirn. „Kennste nich? Braucht man, um Schrauben zu lösen. Bei 'nem Autoreifen oder so. Die hab ich aus der Werkstatt unten gemopst."

Beim letzten Satz setzte er wieder sein etwas schiefes Grinsen auf und kratzte sich verlegen am Hinterkopf.

„Ach so", sagte ich, als ob ich jetzt Bescheid wüsste, was ich nicht tat. „Aber egal", dachte ich mir.

Es waren die einzigen Sätze, die wir, während die Kassette lief, miteinander sprachen. Hans-Jörg drehte weiter seine Knarre und ihr Geräusch vermischte sich leise surrend mit Alfs Geschichte, in die wir beide wieder eintauchten. Das Schöne an diesem Nachmittag bei Hans-Jörg war, dass wir irgendwie jeder für uns waren, und doch zusammen. Es fühlte sich gut an, dort zu sitzen und in das Hörspiel zu entfliehen. Bis auf die Knarre gab es keine Fragen, nichts was lenkte, nur das Hörspiel, in dem wir beide versanken.

Als der Kassettenrekorder mit einem lauten Knacken das Ende der Kassette bekannt gab, wurde ich zurückgerissen. Es hatte aufgehört zu regnen. Vereinzelte Sonnenstrahlen fielen durch das Dachfenster und tanzten vor meinen Füßen. Ich stand auf, zog verlegen an meinem Pulli und tänzelte von einem Bein auf das andere. Ich wusste nicht, was ich sagen sollte, wusste auch nicht, wie man mit jemandem Zeit verbringt, was ich tun sollte. Also beschloss ich: „Ich geh dann mal wieder."

Hans-Jörg stand auf und zuckte mit den Schultern. „Wenn du meinst", sagte er, „ich bring dich nach unten."

Er lief vor mir die Treppe runter, drückte sich zwischendurch immer am Geländer hoch und machte große clowneske Schritte in der Luft. Er wollte mich zum Lachen bringen und es gelang ihm. Leise kicherte ich zu den Treppenstufen. Er lief bis zur Mauer vor mir her, hatte die Hände wieder viel zu tief in den Hosentaschen und zuckte mit den Schultern, als er sich zu mir umdrehte.

„Naja, wenn du magst, kannste ja morgen wieder kommen."

Ich nickte verlegen und sagte ‚Danke'. Ich wollte ihm die Hand reichen, doch er behielt seine Hände in den Hosentaschen und grinste. Ich drehte mich um und ging. Kaum war ich um die nächste Häuserecke gebogen, hüpfte ich mitten auf der Straße und drehte mich mit weit ausgestreckten Armen im Kreis und freute mich. Es fühlte sich an, wie der schönste Tag meines Lebens, also so, wie sich so ein Tag anfühlen musste, wenn es ihn gab.

Ich lachte die Menschen an, die mir entgegenkamen, rief ihnen ein fröhliches ‚Hallo' zu und selbst die Treppe in unserem Bauernhaus hüpfte ich noch. Ich küsste meine Mutter überschwänglich zur Begrüßung und hüpfte in mein Zimmer. Ich war mir sicher, endlich hatte ich einen Freund gefunden. Für einen Moment lang half es, das Bauernhaus erträglicher werden zu lassen, doch in der Nacht kam der graue Schleier wieder und legte sich müde ächzend auf das Haus.

Am nächsten Morgen zog ich mich hastig an, spritzte mir ein bisschen Wasser ins Gesicht und rannte aufgeregt aus dem Haus. Ich wollte nur so schnell wie möglich zu meinem neuen Freund Hans-Jörg. Ich sagte zu mir: „Ich tu einfach so, als wenn ich da sowieso lang gehen wollte. Wenn er auf der Mauer sitzt, ist es gut und wenn nicht, dann drehe ich eine Runde durchs Dorf und gehe dann noch mal vorbei."

Ich freute mich so und war ganz aufgeregt, als ich mich der großen Brücke näherte. Aber Hans-Jörg saß nicht auf der Mauer. Auch nicht, als ich aus dem Dorf zurückkam, und auch beim nächsten Mal nicht und auch nicht beim übernächsten Mal.

Auch am nächsten Tag saß er nicht auf der Mauer und den Tag danach auch nicht, und das ganze kaugummizähe Wochenende ging ich morgens, mittags und abends an seinem Haus vorbei, aber er saß nicht auf der Mauer.

Am Sonntag gab ich es nach meiner Mittagsrunde auf, denn ich hatte es eingesehen, dass kein Kind auf der Welt mit mir spielen wollte. Selbst Hans-Jörg, der bestimmt nicht viele Freunde hatte, zog es vor, alleine zu sein, anstatt mit mir zu spielen.

Am nächsten Tag saß ich in meinem Zimmer und schrieb eine Geschichte. Meine Mutter kam in mein Zimmer und sagte mir, dass meine Schwester Rebecca, Udo und sie nach Heiligenstadt fahren würden und fragte mich, ob ich denn mitkommen wolle. Das fühlte sich so dreckig und gemein an, dieses „Rebecca, Udo und ich". Warum hatten sie das schon beschlossen und warum hatten sie mich nicht sofort mit einbezogen? Und was hieß das schon „nach Heiligenstadt fahren", das hieß nur eine halbe Stunde im Auto sitzen und sich von Mama vollqualmen lassen, zehn Minuten durch Heiligenstadt laufen, bis mein Stiefvater anfing: „Also, Marlies ich mag jetzt nicht mehr, ihr könnt ja gerne noch ein bisschen laufen, aber ich setze mich jetzt hier rein und trink schon mal was, ihr könnt mich ja dann später abholen."

Was immer dazu führte, dass wir uns dann alle in das nächstbeste Restaurant setzten, etwas zu essen bestellten, und nach dem Essen Rebecca und ich stundenlang darauf warten mussten, bis die beiden ihr letztes ‚ein Glas noch' getrunken hatten. Ich war traurig.

„Ihr wollt doch eh nicht, dass ich mitkomme", sagte ich trotzig zu meiner Mutter. Und hoffte, dass sie mich jetzt fragen würde, warum ich denn so traurig war, dass sie mich in den Arm nahm und mich fragte, was mich denn so ärgerte. Aber meine Mutter erwiderte nur trocken: „Oh, Madame ist mal wieder beleidigt, weil wir ihr keine Extra-Einladung haben zukommen lassen. Na gut, dann bleibste eben hier."

Ich zuckte resigniert mit den Schultern und meine Mutter zog meine Zimmertür hinter sich zu. Mein Magen krampfte sich zu einem klebrigen, dreckigen Klumpen. Ich hörte, wie sie im Flur ihre Jacken anzogen. Als ich die drei Autotüren zuschlagen hörte, brach ich in Tränen aus. Wütend zerriss ich meine geschriebenen Zeilen und warf sie blindlings durch mein Zimmer. Ich stampfte mehrmals mit den Füßen auf, knallte die geballten Fäuste so oft auf den Tisch, bis es weh tat, ich war wütend und traurig zu gleich. In mir tobte ein bockiger kleiner Kobold. Dann stand ich auf, lief in meinem Zimmer auf und ab und versuchte, mich selbst zu beruhigen. Es sah anfangs nicht danach aus, dass es funktionieren würde. Ich heulte hysterisch, biss mir in die Hand, zog mir an den Haaren, fragte immer wieder in die Stille des Hauses: „Warum will mich nie jemand haben?"

Ich legte mir die Hände vors Gesicht, wollte die kläglichen Laute, die aus mir herausbrachen, ersticken. Ich hielt mir selbst den Mund zu. Langsam wurde es besser. Ich lehnte mich mit den Rücken an meine Zimmertür und rutschte an ihr herunter, ich legte meinen Kopf auf die angezogenen Knie und umschlang mit meinen Armen meine Beine. Rotz und Tränen wischte ich mit meinem Pulloverärmel aus dem Gesicht. Langsam konnte ich wieder ruhig atmen. Der Regenbogen verschwand vor meinen Augen.

Ein paar Krümel bohrten sich in meinen Po, aber ich rührte mich nicht. Apathisch starrte ich ins Nichts. Die drei waren jetzt schon über eine Stunde weg. Ich rührte mich nicht. Die panikartige Hitze verließ meinen Körper und langsam kam meine normale Körpertemperatur zurück. Ich hatte mir tausendmal selbst „Alles wird gut" gesagt. Ich rührte mich nicht.

Irgendetwas krachte an mein Fenster.

Noch mal.

Und noch mal.

Vorsichtig stand ich auf und sah in den Hof hinunter. Hans-Jörg stand auf dem Hof und winkte zu meinem Fenster hoch. Ich sah mich verschämt in meinem Zimmer um. Die Bettdecke mit den vielen Flecken, ohne Bezug, der Schrank, dessen Türen rausgerissen oder abgefallen waren, die leeren Regale, kein Spielzeug, kein Kassettenrekorder, meine wütend hingeschmissenen Papierschnipsel.

„Ich bleib einfach im Treppenhaus mit ihm", sagte ich zu mir selber, holte einmal tief Luft und schlich mich leise die Treppe zur Eingangstür hinunter. Ich stand unter dem Vordach, oben an der Spitze der Treppe und hatte die Arme vor der Brust verschränkt. Hans-Jörg stand unten, hatte einen Fuß schon auf die unterste Stufe gestellt und legte seinen Kopf schief. Er grinste und zuckte leicht mit den Schultern.

„Hatte Stubenarrest", sagte er einsilbig und erklärte somit, warum er die letzten Tage nicht auf der Mauer gesessen hatte.

Er kam zwei Stufen höher.

„Sind deine Eltern da?", fragte er mich und ich schüttelte den Kopf. Wieder kam er zwei Stufen höher, jetzt war er nur noch eine Stufe von mir entfernt und dann stand er schließlich auf meiner Stufe, so dass wir jetzt auf Augenhöhe waren.

„Darf ich reinkommen?", fragte er weiter, und ich hielt wortlos die Haustür auf und zuckte mit den Schultern. Noch nie war ein Kind aus dem Dorf in unserem Haus gewesen. Er verstand meine Geste als ‚ja' und ging an mir vorbei ins Haus. Als er oben auf der Innentreppe angekommen war, sah er sich der Reihe nach alle fünf verschlossenen Türen an. Links die neue, naturholzfarbene Badezimmertür, geradeaus die weiße Küchentür, von der sich müde ein paar Lackblasen lösten, rechts daneben die Tür, die zu den Zimmern von mir und meiner Schwester führte, der Lack vergilbt, das alte Hebeschloss gewaltsam zugezogen. Ihr gegenüber befand sich die Tür, die zum Wohnzimmer führte, hinter dem das Schlafzimmer von Mama und Udo war, und rechts daneben die Dachbodentür, die den Weg über die steile, mit leeren Weinflaschen vollgestellte Treppe, auf den dunklen staubigen Dachboden freigab, auf den ich manchmal eingesperrt wurde, wenn mein Betragen nicht gefiel.

Nachdem er sich alle Türen ganz genau angesehen hatte, schaute er mich fragend an. Nachdem ich nichts sagte, öffnete er die nächst beste. Er griff links neben sich, machte mit einem gekonnten Griff das Licht im Badezimmer an und erstarrte. Ich hätte vor Scham im Erdboden versinken können. Selbst von meinem Standpunkt, vier Stufen weiter unten, konnte ich deutlich den Mief des hüfthohen Wäscheberges riechen. Ich musste nicht neben Hans-Jörg stehen, um mit seinen Augen zu sehen, wie er jedes Detail des Bades angeekelt registrierte.

Ich sah die Badewanne mit den festgetrockneten Dreckkrusten und dem schwarzen Kranz um den Abfluss, sah die Bodenkacheln, die ursprünglich mal weiß waren, grau, schwarz-braun verdreckt, klebend, sah den dunkelbraunen Fleck unterhalb des Toilettenbeckens, den zerschlagenen Spiegel. Eingetrocknete Zahnpasta schlängelte sich in Spiralen um den Wasserhahn des Waschbeckens. Mein Herz klopfte zum Platzen laut, ich hörte das Blut in meinen Ohren rauschen, hatte das Gefühl gleich spucken zu müssen, wäre am liebsten die Treppe runter gerannt und verschwunden.

Hans-Jörg kickte das lilafarbene, zu einem festen Klumpen zusammengetrocknete Handtuch weg und trat ein. Er setzte sich auf den Badewannenrand und sah sich weiterhin im Bad um. Er beobachtete die dicke Spinne, die ein lukratives Nest im Badezimmerfenster hatte. Ich setzte mich ihm gegenüber auf den runter geklappten Klodeckel.

Mir war das so verdammt peinlich. Ich starrte an ihm vorbei in den Flur, er gab der Badezimmertür einen Tritt und ich zuckte erschrocken zusammen, als sie laut krachend ins Schloss fiel. Ich starrte auf die Tür. Ich war gar nicht mehr da. Meine Hände wurden von meinen Oberschenkeln in den Klodeckel gepresst, ich wollte auf der Stelle tot umfallen, meine Wangen waren feuerheiß und ich hörte laut das Blut in mir puckern. Ich konnte nicht schlucken, hatte keine Stimme. Der riesige Wäscheberg türmte sich neben mir auf und stank bestialisch, und durch die geschlossene Tür wurde die Luft noch unerträglicher. Hans-Jörg sah mich an,

„Hast du schon Dinger?", fragte er mich und ich musste verlegen kichern. Ich zog die Schultern hoch und sagte „Nö."

Ich war froh, dass der Wäscheberg anscheinend nicht so schlimm war. „Ich glaub nicht", sagte ich noch hinter her. Hans-Jörg legte den Kopf schief.

„Zeig mal", sagte er und ich musste wieder kichern. Er kicherte auch ein bisschen.

„Echt?", fragte ich und er nickte. Ich zog mich langsam und ungeschickt aus. Obwohl er nur oben sehen wollte, zog ich mich ganz aus. Er beobachtete mich und auf einmal streckte er seine Hand nach mir aus, zog sie dann aber wieder zurück. Er atmete ein bisschen anders. Das fühlte sich aufregend an, verboten, so nackt vor jemanden zu stehen. Hans-Jörg grinste mich an, es schien ihm Spaß zu machen, und ich war so glücklich, endlich einen Freund zu haben.

Ich dachte: „Ich möchte ihm eine Freude machen." Ich legte mich rücklings auf den Wäscheberg und nahm seine Hand.

„Du darfst alles anfassen, wenn du willst", sagte ich mit meinen knappen elf Jahren und meinte damit meinen dürren, knochigen Körper, an dem sich noch nirgendwo etwas Weibliches zeigte.

Hans-Jörg drückte mit seinen Zeigefingern einmal auf jede Brustwarze, ich fand es ein bisschen grob und es tat weh, aber ich sagte nichts. Dann schaute er sich lange den Schlitz zwischen meinen Beinen an, er saß vor mir und starrte stier in das Loch in mir. Langsam wurde mir kalt. Mehrmals kam er mit seiner Hand näher, zog sie aber im letzten Moment wieder zurück und biss sich aufgeregt auf die Unterlippe. Dann drückte er auch mit dem Zeigefinger da drauf und dann ganz schnell, viel zu grob, steckte er seinen Finger einfach rein.

Das tat verdammt weh. So weh, dass mir Tränen in die Augen schossen und ich erschrocken aufschrie. Hans-Jörg wich abrupt und kreidebleich von mir zurück, er riss die Tür auf und rannte die Treppe hinunter.

Ich hatte am ganzen Körper Gänsehaut, meine Zähne klapperten, ich zitterte. Ich konnte mich nicht selbst anfassen, das fühlte sich nicht gut an. Ich weinte schon wieder, blieb reglos auf dem Wäscheberg liegen, bis mein Körper schließlich vollkommen ausgekühlt war. Mir war so unglaublich schlecht.

Meine nackten Knie standen in der braunen Lache vor der Toilettenschüssel während ich weinend spuckte. Ich zog mich in Zeitlupe wieder an, legte mich angezogen in mein Bett, zog die Knie zum Körper und hielt mich fest. Irgendwann schlief ich ein.

Ab dem Tag bin ich einen anderen Weg zum Steinbruch gegangen.

~   ~   ~

Ich spürte ihre Anwesenheit bevor sie etwas sagte, roch ihren alkoholschweren Körper. Ohne die Augen zu öffnen hätte ich blind ihre Körperhaltung nachzeichnen können. Wie spät war es? Wann waren sie zurückgekommen? War es schon Abend, oder Nacht? Der Fingernagel meiner Mutter bohrte sich in meinen Arm: „He, Cécile, du musst aufstehen."

Ich öffnete müde die Augen und hatte die bezuglose Decke bis über die Nase gezogen. Ich hasste den müden Geruch von einsam getrunkenem Rotwein, ich hasste den Dunst von viel zu viel gerauchten Zigaretten und der zu lang getragenen Kleidung. Ich drehte meinen Kopf zu meiner Mutter, welche mir ungeschickt die Decke vom Körper zog.

„Steh auf", sagte sie. „Du musst mir Zigaretten holen."

Ein Fünf-Mark-Stück glänzte in ihrer dünnen Hand und ihre Augen schauten strafend auf mich herab. Sie duldete keinen Widerspruch.

„Ich will nicht", sagte ich trotzig und versuchte meine Decke zurückzubekommen, aber meine Mutter hatte sie schon zornig auf den Boden geschmissen und kommentierte meinen Widerspruch mit einem kalten: „Ist mir egal, ob du willst: du musst."

„Und warum muss ich?", fragte ich sie, während ich mich aufsetzte. Draußen war es dunkel und still. Wie spät mochte es sein? Ein Uhr, zwei Uhr Nachts? Das Licht der Straßenlaterne beleuchtete den glucksenden Bach und die stille Auffahrt zu unserem Hof, kein Schatten huschte durch die Nacht. Ich wollte da nicht raus. Ich hatte Angst vor den dunklen Scheunen und Häusern, die auf meinem Weg lagen. Es war mitten in der Nacht, dessen war ich mir sicher und ich wollte nicht nach draußen gehen.

„Warum kann Udo das denn nicht machen?", fragte ich sie, während ich mir das Kopfkissen vor den Bauch drückte, um nicht zu sehr zu frieren. Meine Mutter lachte zornig: „Der schläft, und außerdem ist er doch nicht dein Lakai."

Etwas in mir wusste, dass es keinen Sinn hatte, mit ihr zu diskutieren. Ich wusste, dass ich am Ende gehen würde und dennoch hoffte ich, und klammerte mich an jeden Strohhalm. Warum war mein Stiefvater nicht mein Diener, aber ich der Leibeigene meiner Mutter? Musste sie jetzt wirklich noch rauchen? Es waren nicht bloß Gedanken, es waren ausgesprochene Sätze, die die Wut meiner Mutter steigerten. Jede Sekunde, die ich mit ihr stritt, war eine Sekunde länger, die ich zu Hause bleiben konnte. Ich hatte Angst raus zu gehen, aber meine Mutter lachte mich aus.

„Als wenn du je vor irgendwas Angst hättest", schrie sie, „sonst hast du doch auch immer so eine große Klappe, aber jetzt, wo es einmal darum geht zu zeigen, was dahinter steckt, ist alles wieder nur heiße Luft."

Ich war nicht feige, das hatte damit gar nichts zu tun, aber ich wollte einfach nicht. Es war doch mitten in der Nacht. Meine Mutter verlor langsam die Geduld, sie hatte versucht mich zu demütigen, sie hatte sich über mich lustig gemacht, sie hatte mir gedroht und mich gezwungen, aber ich saß immer noch auf meinem Bett mit dem Kissen vor dem Bauch und weigerte mich.

„Du stehst jetzt auf", schrie sie und griff schlaff nach dem Kissen, doch als ich dagegen zog, flog ihre Hand mitten in mein Gesicht. Ihre dünne knochige Faust war wütend auf mich gerichtet. Ich war sprachlos. Müde und vom Mut verlassen ließ ich das Kissen los und gab meine Stellung auf. Ich schlüpfte in eine Hose und ohne Socken in meine Schuhe. Ich zog mir ein T-Shirt über und nahm ihr wortlos das Fünf-Mark-Stück aus der Hand.

„Womit habe ich dich bloß verdient?", hörte ich meine Mutter sagen, während ich langsam mit gesenktem Kopf auf die schwere Eichentür zu ging.

Es war mild draußen. Dennoch ging ich schnell und an die Häuserwände gedrückt. Manchmal rannte ich, fast lautlos auf leisen Sohlen.

Ich hatte Angst vor den zuckenden Schatten der Bäume, die über die Straße peitschten, hatte Angst vor dem Knacken der Äste. Manchmal kam ein Schnauben aus einem der Ställe, oder eine Kuh trat von einem Bein auf das nächste. Dann rannte ich, um ganz weit weg zu sein, falls mein Verstand mir die falschen Erklärungen für die Geräusche geliefert hatte.

Das Fünf-Mark-Stück fiel dreimal durch, und ich schämte mich so an diesem Zigarettenautomaten zu stehen, der von einer Laterne beleuchtet schon von Weitem zu sehen war. Ich spürte tausend imaginäre Augen in meinem Rücken und feilte schon an einer Ausrede, falls mich jemand ansprechen sollte, was ich denn hier tat.

Endlich blieb das Geldstück im Automaten. Ich zog an der Schublade der blauen Gauloises, doch sie blieb versperrt. „Oh nein", dachte ich, und Tränen schossen in mein Gesicht, „was sollte ich denn jetzt tun?" Ich schaute die anderen Bilder durch, ob ich eine andere vertraute Marke entdecken konnte. Ich sah rote Gauloises und zog an der Schublade. Sie öffnete sich. Dankbar zog ich die Schachtel heraus und machte die Lade wieder zu. Das Metall ließ sich schwer schieben und in meinen Ohren schrien die Schieber des aufeinander reibenden Metalls laut auf. Mein Herz schlug wie wild. In weiter Ferne hörte ich ein Auto. Ich hielt die Zigaretten fest in beiden Händen, dass sie mir ja nicht runter fielen und rannte los. Meine Angst, von irgendjemand gesehen worden zu sein, war jetzt größer als die vor den unbekannten Gefahren.

Die Kirchturmuhr schlug drei Uhr. Etwas in mir wusste, dass dies nicht die richtige Zeit war, um ein kleines Mädchen Zigaretten holen zu schicken.

Unser Hof war dunkel, nur aus der Küche schimmerte schwach ein Licht. Eine Kerze? Ich beschleunigte meinen Schritt. Zu oft schon war

Mama neben einer Kerze eingeschlafen und hatte sich das heiße Wachs über die Beine gegossen oder sich an der Flamme verbrannt. Zum Glück war, abgesehen von ein paar Brandflecken auf dem Fußboden, nie etwas Schlimmeres passiert.

Die Küche war leer. Die Flamme der Kerze bog sich im Windhauch, den ich mit hereinbrachte. Ich legte die Zigaretten auf den Tisch neben die Kerze und blies sie aus.

Ich zog die Tür hinter mir zu und öffnete leise die Wohnzimmertür, um zu schauen, ob meine Mutter im dahinterliegenden Schlafzimmer war. Ich sah ihre nackten Beine auf dem Bett liegen und schloss die Tür hinter mir.

Ich fragte mich nicht, warum ich unbedingt zum Zigarettenkauf geschickt worden war, sondern legte mich nur müde ins Bett und schlief sofort ein.

Als der Winter kam, entdeckte ich eines Tages, dass im Freibad immer noch das Wasser stand. Ich wollte einen anderen Weg zum Steinbruch gehen, weil auf meinem vertrauten Weg eine größere Gruppe Jugendlicher mit ihren Mofas stand und ich Angst hatte, an ihnen vorbei zu gehen. Also hob ich den Absperrzaun an der Wiese des Freibades hoch und lief über die freie Fläche.

Die Bäume waren ganz kahl und das Gras bog sich, vom Eis beschlagen, schwer unter meinen Füßen.

Ich war noch nie an dieser Stelle des Freibades gewesen, überhaupt war ich vorher nur ein einziges Mal dort gewesen und da hatte ich mein Handtuch ganz nah am Eingang postiert, damit ich schnell genug fliehen konnte, wenn die anderen Kinder mich ärgern wollten.

In meinem Rücken lag still der Tennisplatz und sein staubiges Rot zeichnete sich hart gegen den grauen Winterhimmel ab. Wer Tennis spielen konnte, musste unglaublich reich sein, und ich wollte so gerne Tennis spielen können, und unglaublich reich sein wollte ich auch.

Ich drückte mein Gesicht durch den hohen Absperrzaun der Tennisanlage, aber außer dem roten Sand und zwei verlassenen Pfosten, deren Aufgabe es im Sommer war, das Netz zu halten, gab es nichts zu sehen. Auch auf den hinteren Plätzen bot sich das gleiche Bild. Ich wurde des Guckens müde und lief weiter über die Wiese des Freibades in Richtung Ausgang, hinter dem der Wald begann, der das Dorf vom Steinbruch trennte.

Es war die Farbe, die mich stehen bleiben ließ. Kein vertrautes Türkis, sondern ein schlackiges Grün, kämpfte träge eine Kontur zu bilden zu der blassen Hecke, die im Winter ein Schatten ihrer selbst zu sein schien. Schlackig klatschten die Wellen an der verlassenen Treppe an und zogen sich müde gurgelnd wieder zurück. Gärende Blasen gluksten auf der Wasseroberfläche und umspielten treibende Äste und Blätter.

Ich blieb lange dort stehen, sah den Blasen zu, wie sie sich bildeten, zum Ufer schwammen und an den harten Stufen der Treppe zerplatzten. Ich sah, wie die Algen in Bändern sich dem Grund näherten und dort in Spiralen ihre Kreise auf dem Schwimmbadboden zogen.

Es war ein hässliches Bild, deren groteske Schönheit mich fesselte.

Als der Frühling kam schwammen Millionen und Abermillionen Kaulquappen in dem schlackigen Wasser und schon bald war das ganze Schwimmbad voller quakender Frösche, die aufgeregt hin und her hüpften. Nur ich allein hatte diesen zauberhaften Ort gesehen und beobachtete jeden Tag die Metamorphose dieses Platzes.

Ich ekelte mich vor den Fröschen und war gleichzeitig fasziniert von ihnen. Ich nahm sie auf die Hand und betrachtete sie. Dann ließ ich sie wieder frei.

Durch die Einsamkeit, die mir durch meine Familie zuteil wurde, verlagerte sich mein Blick auf eine andere Welt. Ich tauchte ein in die Welt der Tiere. Ich konnte, wie meine Katzen, stundenlang an einem Fleck sein und ins Nichts starren und war zufrieden.

Heute noch fahre ich langsam durch Ortschaften und halte an, wenn ein Igel die Straßenseite wechselt.

Drittes Kapitel

Meine Urgroßmutter verstarb im Sommer 1991. Sie war in allerjüngsten Kindertagen, lange vor der Zeit, die durch meinen Stiefvater bestimmt wurde, das einzige Stück Familie, das meine Schwester und ich kannten. 1900 geboren, wurde sie stolze 90 Jahre alt.

Doch meine Erinnerungen an sie sind sehr verschwommen. Ich erinnere mich an das riesige Haus, das sie besaß, an die große Halle, durch die man es betrat, an das Wohnzimmer, mit der uralten Schwarz-Weiß-Fotografie einer längst verstorbenen Großtante. Durch die lange Belichtungszeit starrte die Tante fast paralysiert in die Kamera. Ihre Augen schauten direkt in das Objektiv und bildeten den Bildmittelpunkt. Dies bedeutete, dass egal wo man stand, man immer das Gefühl hatte, beobachtet zu werden, ähnlich dem Mona-Lisa-Gemälde von Leonardo da Vinci.

Als kleines Kind hatte ich wahnsinnige Angst vor diesem Bild. Wenn meine Schwester und ich bei unserer Urgroßmutter schliefen, hatte ich immer Furcht vor diesen Augen, die in der Dunkelheit auf mich schauten.

Ich erinnere mich außerdem an den riesigen Garten mit den vielen Stachelbeersträuchern und den Erdbeerfeldern, und ich erinnere mich an das Sieb mit all den Brechbohnen, das auf der Bank im Garten stand, und an einen Topf voll Kartoffeln, die meine Urgroßmutter schälte.

Ich sehe vor meinen Augen wie sich ihre Strümpfe in ihre weißen Waden schneiden, und ihr uraltes, zufriedenes Gesicht taucht manchmal, verwischt in einem Potpourri der Erinnerungen auf.

Das riesige Haus wurde nach dem Tod meiner Urgroßmutter verkauft und die Erben teilten gierig das Geld unter sich auf. Meine

Mutter verklagte ihre Mutter auf den Pflichtteil und gewann. Der ihr zustehende Betrag wurde in eine Waschmaschine, einen Trockner und eine Reise nach Ägypten investiert.

Die Zeit der dreckigen Klamotten war somit endgültig vorbei und voller Freude konnten meine Schwester und ich diesen riesigen Berg dreckiger, stinkender Kleidung abarbeiten. Zwar blieben unsere Kleidungsstücke unmodern und sie waren auch nicht im besten Zustand, aber sie waren sauber.

Im Frühjahr 1992, als ich 13 Jahre alt war, flogen meine Schwester, meine Eltern und ich nach Ägypten. Ich war beeindruckt und fasziniert von der Kultur und der Mentalität dieses Landes.

Parallel dazu schämte ich mich für meine Eltern. Ich hatte das Gefühl, dass uns jeder unsere Armut ansah und es war mir so unglaublich peinlich, dass sie jeden Abend an der Hotelbar saßen und tranken und tranken und tranken ...

Es war so absurd, denn in Deutschland konnten wir uns nichts vernünftiges zu essen leisten, meine Schwester und ich hatten nichts Ordentliches zum Anziehen und uns fehlte es an Schulmaterialien. Hier in Ägypten jedoch lebten wir in großen Hotels und wurden von Menschen bedient, die tatsächlich noch ärmer waren als wir.

Ich lief im Taumel durch die antike Welt der Pharaonen, war eingesogen von ihrem Charme und wollte in die Welt der alten Tempel fliehen. Ich wurde immer wieder mitgerissen von dem Zauber, der manchmal – in diesen kostbaren kleinen Momenten – eine Insel unter meinen Füßen bildete und vorgab, wir wären eine richtige, echt funktionierende Familie.

In dieser Zeit wurde nicht geschlagen und es gab keine Disziplinarstrafen, der Dachboden war ganz weit weg. Meine Eltern gaben sich weltoffen und tolerant und – wohin ich auch ging – ich fand sie immer an irgendeiner Bar.

Es wurde wahnsinnig viel Geld für unnütze Dinge ausgegeben, viel zu teuer essen gegangen, viel zu viele Erinnerungen gekauft, und ich traute mich nicht zu fragen, wie es denn weiter gehen sollte, wenn wir wieder in Deutschland sind.

Wenn meine Mutter lachend einem ägyptischen Straßenkind in Kairo Bakschisch[2] zusteckte, kostete es mich viel Anstrengung, die „Vernunftstimme" in mir zu ignorieren. Die Stimme, die immer wieder flüsterte: „Wir haben das Geld nicht ... wir haben das Geld nicht ... wir haben das Geld nicht", versuchte ich mit dem Lärm der Stadt um uns herum zum Schweigen zu bringen.

Auch tausende Kilometer von zu Hause entfernt blieb die Angst präsent: die Angst, nach Hause zurückzukehren und meine Mutter wieder weinen zu hören, und immer wieder vermischten sich die Geräusche der Erinnerung an unser Bauernhaus mit dem Lärm der Straßen in Kairo, und immer wieder hörte ich meine Mutter weinen, hörte sie schreien, hörte, wie mein Stiefvater und sie sich gegenseitig anschrien und es ging um Geld. Es ging immer um Geld. Geld war die Entschuldigung für die Schläge, die er ihr gab. Geld war der Grund für die Leere in den Augen meiner Schwester und Geld war der Grund, warum ich nachts auf dem Dachboden sitzen musste. Es ging immer nur um Geld, Geld, Geld. Wie oft bin ich nachts aufgestanden, habe mich versucht dazwischen zu stellen, manchmal neutral, mit dem Versuch „habt-euch-doch-endlich-wieder-lieb", manchmal Partei ergreifend ... mein Stiefvater vergaß das nie ... und die nächsten Tage lebte ich dann in der Obachthaltung, genau wissend, dass

---

[2] Laut dem Islam übliche Form der Almosen.

jede falsche Bewegung, jedes falsche Wort, jedes falsche Verhalten bedeuten würde, dass er mir mit „schlagkräftigen Argumenten" seine Meinung verdeutlichen würde.

Hier, in den Gassen von Kairo, fühlte ich mich nicht mehr wert als das Straßenkind, das sein Bakschisch stolz, sicher und lachend in der Hand hielt. Ich hätte neben ihm mitlaufen können, doch in den Augen dieses Kindes war ich reich.

Ich versuchte, daran zu glauben, lachte meine Mutter an und versuchte, ein bisschen von dem Prinzessinnen-Gefühl, das mir suggerierte, dass alles in Ordnung war, in mich hinein zu lassen.

Ich machte die Augen zu und genoss die Sonne, ich sah meiner Haut zu, wie sie brauner wurde, starrte fasziniert in die Luftspiegelungen der Wüste und konnte die Stimme in mir nicht zum Schweigen bringen, die mich überreden wollte, einfach hier zu bleiben und nie wieder nach Deutschland zurückzukehren.

Eines Abends schlenderte ich meiner Schwester und meinen Eltern hinterher, als wir alle gemeinsam über einen Bazar in Luxor gingen. Sie waren weit voraus gegangen. Schlenderten Arm in Arm, meine Mutter hatte ihren Kopf an die Schulter meines Stiefvaters gelehnt und neben ihr lief meine Schwester. Ich gehörte nicht zu ihnen.

Meine Haut war mittlerweile so dunkel, dass ich ohne Weiteres in einer der Seitenstraßen mühelos verschwinden und im Getümmel der ägyptischen Straßenkinder hätte untertauchen können. Meine Klamotten waren genauso arm, und ich fühlte mich genauso traurig wie die Augen der Kinder, die mich ansahen.

Weit vor mir lief meine Familie, und ich saugte die Bazarbuden in mich ein, sah mich satt an den Farben der Gewürze und roch mich glücklich an dem Geruch von frisch gebackenem Fladenbrot und arabischem Kaffee.

Zum ersten Mal in meinem Leben hatte ich das Gefühl an einem Ort zu Hause zu sein.

Ich bin später in meinem Leben mehrmals nach Ägypten zurückgekehrt, um mir dieses Gefühl wiederzuholen. Dieses Land wird meine Insel bleiben, ein Schatz, ein Traum, in den ich bisher immer flüchten konnte, wenn die Schreie in meinem Inneren zu laut wurden.

Das Ende unserer Reise bildeten fünf Tage Hurghada. Hurghada gefiel mir gar nicht, denn es hatte nicht den Charme des verarmten Ägyptens. Hier wimmelte es von reichen Touristen, und auf einmal war es wieder so deutlich, dass wir anders waren als die anderen.

Meine Mutter und mein Stiefvater wollten noch ein paar Tage richtig ausspannen, bevor es zurück nach Deutschland gehen sollte. Ihr Entspannungsprogramm beschränkte sich darauf, sich an den Strand zu legen und Cocktails zu schlürfen. Meine Schwester lag bei ihnen und schlief in der Sonne.

Ich verließ die Hotelanlage meist, wenn meine Familie am Strand angekommen war und sich auf ihren Liege ausgestreckt hatte.

Manchmal spielte ich mit den kleinen Katzen, die in der Hotelanlage lebten, doch die meiste Zeit machte ich mich auf, den Ort zu erkunden. Ich lief durch die Straßen von Hurghada, das, wenn man die Hauptstraßen, an denen die großen Hotels standen, verließ, genauso war, wie ich Ägypten kennen und lieben gelernt hatte. Genauso laut, genauso chaotisch und genauso dreckig.

Als ich durch die Straßen schlenderte hörte ich deutsche Stimmen. Ich sah eine Frau mit einem Mädchen in meinem Alter auf einer Treppe sitzen und reden. Ich ging auf sie zu.

„Hallo, ich bin Cécile, ich wohne im Tree Corner Village."

Die Frau sah zu dem Mädchen, die ihre Tochter war, und sagte etwas auf Arabisch, das ich nicht verstand. Das Mädchen nickte. Dann schnippte die Frau ihre Zigarette vor ihre Füße, trat sie aus und ging ins Haus. Das Mädchen legte ihre Hand über die Augen, denn ich hatte die Sonne in meinem Rücken und sie musste gegen das Licht blinzeln.

„Hi, ich bin Corinna und ich wohne hier."

Corinna hatte lange, rotblonde Haare, die sie in ihrem Nacken zu einem lockeren Pferdeschwanz zusammengebunden hatte. Ihre grünen Augen blickten mich freundlich und gleichzeitig fragend an. Sie war sehr schlank und trug eine sportliche, weiße Caprihose, ein blau-weiß gestreiftes T-Shirt und weiße Chucks. Obwohl Corinna saß, sah ich, dass sie größer war, als ich. Ich stellte mich ein wenig seitlich, damit sie mich besser sehen konnte und sah mir das Haus an. Ungefähr zwei Meter über mir trug die Frau von eben einen Wäschekorb in der Hüfte und hatte erneut eine Zigarette im Mundwinkel. Ich beobachtete sie. Der Balkon zog sich um das ganze Haus und der Platz, an dem sie die Wäsche aufhängen wollte, schien auf der anderen Seite zu sein, denn nach einigen Sekunden verschwand sie und ich hörte, wie ein Wäscheständer aufgeklappt wurde, und mehrere Stimmen auf Arabisch laut sprachen.

„Du wohnst hier wirklich, oder?" Mir war die Frage peinlich. „Also ich meine, du bist hier nicht im Urlaub, so wie wir …?"

Corinna lächelte. „Ja, wir wohnen hier, meine Eltern haben ein Restaurant unten an der Hauptstraße. Du müsstest an ihm vorbei gekommen sein."

Dann stand sie auf und ging an mir vorbei, drehte sich zu mir um und winkte mich zu sich: „Komm, ich zeig es dir."

Die nächsten vier Tage verbrachte ich jede freie Minute mit Corinna. Ihre Eltern waren drei Jahre zuvor aus Deutschland ausgewandert und hatten in Hurghada ein Restaurant eröffnet. Sie war 16 und besuchte die Deutsche Schule in Kairo, aber momentan waren Ramadan-Ferien. Und sie hatte auch einen Freund, der Ahmed hieß. Ahmed war 18 und bei der ägyptischen Armee. Er stellte mir seinen Kumpel Marcel vor, meine erste große Liebe.

Marcel war 18, seine Mutter Deutsche und sein Vater Ägypter. Er besuchte ebenfalls die Deutsche Schule in Kairo, wo er auch lebte. Während der Ramadan-Ferien aber, wohnte er bei seinen Kumpels in Hurghada. Sie surften und tauchten und ließen sich die Sonne auf den Bauch scheinen. Vier Tage lang habe ich mir gewünscht, dass er mich entführt. Er war der erste Junge, den ich küsste, der erste Mensch der mich ganz lange und zärtlich streichelte, der erste Junge mit dem ich tanzte und mit dem ich lachte.

Wenn ich etwas mit meinen Eltern unternahm und nicht zu unserem Treffpunkt kommen konnte, dann legte Marcel mir einen Zettel vor die Tür, auf dem ich erfuhr, wo er war.

Als wir an einem der vier Tage mit den anderen zum Meer fuhren, legte ich meinen Kopf auf seine Brust und fühlte mich geborgen.

Wir schwammen im Meer nebeneinander, wir alberten und machten einen Kraul-Wettbewerb. Ich konnte nie besonders gut kraulen, aber er ließ mich gewinnen und spielte mir vor, sehr aus der Puste zu sein. Marcel brachte mich zum Lachen, und ich sagte zu ihm: „Lass mich hier bleiben, hier bei dir."

Da lachte er nur und sagte: „Ja, das wäre schön, aber ich muss zurück nach Kairo, meine Schule geht wieder los."

„Nimm mich mit", sprach ich leise ins Wasser, das an meinen Mund klatschte, weil wir auf der Stelle schwammen. Woher aber sollte er wissen, dass ich bereit war, alles hinter mir zu lassen, woher sollte er wissen, dass ich es ernst meinte. Marcel lachte wieder nur und sagte: „Wenn ich ehrlich bin, ich beneide dich, mir fehlt Deutschland sehr. Klar, hier ist es immer warm und Ägypten ist wunderschön, aber hier ist so viel so verdammt kompliziert und was gestern normal war, kann morgen schon unmöglich sein. Naja … so hat jeder seins."

Er schob mit seiner Hand eine dicke Welle in meine Richtung, lachte mich einmal kurz an und kraulte zum Ufer zurück. Ich hatte nicht verstanden, was er mir sagen wollte, sondern fühlte nur, dass er mich abgewiesen hatte.

Wütend tauchte ich unter und beschloss für einen kurzen Moment nie wieder aufzutauchen. Dann schwamm auch ich zurück ans Ufer, legte mich bäuchlings auf meine Liege und tat so, als wenn ich schlafen würde. In Wirklichkeit aber, war ich hellwach und zutiefst beleidigt. Ich wartete darauf, dass Marcel den anderen erzählen würde, wie doof er mich fand, dann könnte ich ihm sagen, wie gemein er wäre und, dass er mich belogen hätte. Aber Marcel sprach nicht schlecht über mich, er spannte den Sonnenschirm über mir auf, damit ich keinen Sonnenstich bekam und spielte mit seinen Jungs Karten, während ich vermeintlich schlief. Ich sah Marcel nie wieder.

Zurück in Deutschland hatte ich mit Corinna eine neue Freundin gewonnen, die zur Brieffreundin wurde. Ihre Briefe retteten mich oft aus der tristen Realität, brachten mir ein Stück Sonne, Wellenrauschen, und einen strahlend blauen Himmel nach Haus.

Ich schleppte mich jeden Tag zur Schule und schrieb katastrophale Noten. Ich rebellierte, wurde unverschämt gegenüber meinen Lehrern, provozierte Stundenverweise und bekam die Retourkutsche in den Disziplinarverfahren meiner Eltern.

Meine Eltern gingen nie zu Eltern- oder Tischgruppenabenden und ich hasste sie dafür. Hasste mein gesamtes Leben. Hasste die Kinder, deren Eltern Elternsprecher waren oder die irgendetwas für die Klasse taten. Ich hasste sie, weil ich nicht dieses Kind sein konnte, dass ein bisschen stolz war, wenn die Lehrer über die Eltern sprachen. Ich konnte nie stolz auf meine Eltern sein.

Manche Kinder gaben mir ihre alten abgetragenen Klamotten. Auch bestimmte Lehrer taten das.

Ich schämte mich dafür und war dennoch dankbar. Ich versuchte sooft wie möglich von zu Hause fern zu sein. Ich lief durch den Wald zum alten Steinbruch und schaute hinunter auf das Tal. Stundenlang konnte ich da sitzen, an meinen alten Baum gelehnt, dessen Wurzeln den Hang hinunter wuchsen, und in das Tal hinunter schauen. Ich zählte dabei immer die Autos, die ins Dorf fuhren. Es waren nur wenige.

Ich blieb dort bis zur Abenddämmerung, sah dem Hellblau zu, wie es violett, rosa wurde und wie graue Schleier Stück für Stück die Farben fraßen. Die Bäume verloren als erstes ihr Grün und wurden schwarz, dann wurden die Felder gräulich schwarz. Im Dorf gingen die ersten Lichter an und am Himmel konnte man schon die ersten Sterne sehen.

Ich wurde nicht vermisst.

Ich wurde nicht gesucht.

Der Klumpen, den ich in meinem Bauch trug, erschien mir manchmal unerträglich. Wie ein Junkie fieberte ich nach Liebe und Anerkennung, und ich war bereit, alles dafür zu geben. In kindlicher Hilflosigkeit wählte ich die unterschiedlichsten Wege, um ein Stück der gewünschten Anerkennung zu bekommen. Die Rebellion in der Schule war ein Betteln um Aufmerksamkeit, und lieber wurde ich verspottet, als „ungesehen" in der Menge unterzugehen.

Doch das, was ich mir wirklich wünschte, konnte ich nur aus der Ferne beobachten. Ich würde nie dazu gehören.

Doch ich wollte so gerne dazu gehören, wenn die Mädchen in meinem Dorf zusammenkamen und sich ihre Haare machten, sich schminkten und laut Musik zusammen hörten. Ich wollte dazu gehören, wenn sie mit ihren Fahrrädern in den Wald fuhren, die Bäche stauten, Tiere beobachteten, Höhlen bauten. Und wenn sie mit ihren Fahrrädern an mir vorbeifuhren, sprang ich von der Straße und drückte mich an die nächste Häuserwand. Ich hatte Angst vor den anderen Kindern, Angst vor ihrem Spott und ihrer Ablehnung. Konnte es nicht mehr ertragen.

Dunkle Gedanken wurden in meinem Kopf geboren, eine Spirale aus Selbstmitleid fing an sich stetig nach unten zu bewegen und manchmal schaffte sie es, mich runterzuziehen. Dann war die starke Cécile verschwunden und meine Tränen zerstörten mein Spiegelbild in der Pfütze, rissen es in Stücke und ließen es in Spiralen qualvoll kreisen.

Ich hatte noch keine Worte für die Situation, in der ich mich befand, aber ich begann zu verstehen, dass einerseits die Welt, wie sie war und andererseits meine Welt, wie sie sich darstellte, irgendwie ganz weit voneinander entfernt waren. Ich wollte so gerne herüberspringen. Den anderen Kindern hinterherlaufen.

Ich konnte schnell rennen, ich war gut im Tiere beobachten, ich wusste, wie man einen Bach sicher stauen konnte. Doch ich blieb mein einziger Spielkamerad. Blieb die Anführerin meiner imaginären Bande, in der man mich bewunderte, weil ich so gut war in all diesen Dingen. Und wenn mir bewusst wurde, dass ich alleine war, wenn ein Stein den Hang runterrollte und sein lautes Poltern an den Steinbruchwänden mich aus meinem Spiel riss, dann kamen, als wenn sie schon ewig gewartet hätten, die Scham, die Angst und die eigene Verurteilung. Dann wurde ich ganz leise und still und krabbelte auf die Wurzel von meinem Baum, zog die Knie an und schaute hinunter ins Tal.

Und schaute.

Und schaute.

~ ~ ~

Drei Jahre nach Öffnung der deutsch-deutschen Grenze brach eine Welle von Fremdenfeindlichkeit und Ausländerhass von den neuen Bundesländern auf das noch frische Gesamtdeutschland ein. Wir lebten immer noch in unserem Bauernhaus nahe der ehemaligen DDR und mit meinen 13 Jahren nahm ich die dramatischen Geschehnisse sehr bewusst wahr. Ich war schockiert und verängstigt.

In all dem Chaos, in dem wir uns selbst bewegten, sah meine Mutter das Elend der Asylanten, deren Heime angezündet wurden und denen blanker Hass und kalter, dummer Faschismus entgegengebracht wurde. Meine Mutter weinte um sie und immer, wenn meine Schwester und ich in ihr Blickfeld traten, verkündete sie bedeutungsschwer: „Ich habe meine Kinder vorurteilsfrei erzogen. Ihr habt immer mit allen gespielt. Egal ob weiß oder schwarz, gelb oder grün wir haben da nie einen Unterschied gesehen. Ich dachte, wir alle hätten etwas dazu gelernt, seit damals."

Und dann war ich ein wenig stolz, wenn sie das sagte. Und war ganz stark darauf bedacht, den afrikanischen Jungen im Bus anzulächeln und noch netter zu sein zu allen ausländischen Mitbürgern, denn Mama sollte stolz auf ihre Kinder sein.

Traditionell fanden auch im neu vereinigten Deutschland zu Ostern die Friedensmärsche statt, doch in diesem Jahr waren diese nicht auf Ostern beschränkt. Es war das Jahr der Lichterketten und Friedensdemos. An einem Wochenende im Juni wurde von Berlin aus zur größten, geplanten Friedensdemo des wiedervereinigten Deutschlands aufgerufen und meine Mutter beschloss, dass wir uns aufmachen sollten, nach Berlin zu fahren. Das ginge schließlich jeden was an.

Sie selbst nahm den Kontakt zu Dina, der Freundin meines Vaters auf, und organisierte, dass wir bei ihr schlafen konnten. Meine Schwester Rebecca wollte nicht mitfahren. Sie fuhr am Tag zu vor zu einer Freundin, um dort das Wochenende zu verbringen. Ich war ganz aufgeregt, freute mich wahnsinnig auf Dina und fühlte mich so unglaublich politisiert.

Meine Mutter hatte für Hin- und Rückfahrt einen Zug gebucht. Wir wollten mit dem Auto in die Stadt zum Bahnhof fahren und es dort stehenlassen, um von da aus mit dem Zug weiter nach Berlin zu fahren. Viel zu viel Geld für Fahnenschwenken in Berlin.

Da wir nur eine Nacht in Berlin bleiben wollten, gab es nur eine kleine Tasche, die mein Stiefvater Udo sich über die Schulter schwang. Es war zwar früh am Morgen, acht oder neun Uhr, aber dennoch rochen meine Mutter und er schon nach Alkohol. Ich hatte ein komisches Gefühl. Meine Antennen wollten mich vor etwas warnen, aber ich bekam nicht die richtige Frequenz.

Mein Stiefvater sagte: „Ich bring' die Tasche schon mal ins Auto", und ging die Treppe runter. Ich hörte, wie er unten im Haus auf die Klinke drückte, einmal, zweimal, dreimal. Missmutiges Grunzen und Stöhnen und Ächzen begleitete seinen Vorgang. Er ruckelte mit der ganzen Tür.

„Marlies", schrie er nach oben, „hast du abgeschlossen?"

„Nein, das war ich."

Die Stimme dröhnte durch das Haus und erinnerte mich an einen Bären, der sich drohend aufrichtete. Es war Herr Blumgarten, das erkannte ich sofort, der Cousin des Vermieters, der seit Kurzem mit seiner Ehefrau in der Wohnung unter uns, die bis jetzt leer gestanden hatte, eingezogen war.

Ich klammerte mich oben am Geländer fest, die Stirn an die Stufen der Dachbodentreppe gelehnt. Ich war von unten nicht zu sehen, aber ich konnte durch einen schmalen Spalt den Rücken meines Stiefvaters erkennen, und ich konnte alles hören.

Meine Mutter machte Anstalten, runter zu Udo zu gehen, setzte einen Fuß auf die Treppe und sagte: „Das gibt es doch nicht ... Der wird doch nicht ..."

Doch ich brauchte nicht viel Anstrengung, um sie davon zu überzeugen, dass wir hier oben sicherer waren. Ihre Füße verließen die Treppe und sie stand schwer atmend neben mir.

Mein Stiefvater gab ein dummes, plumpes „Heh" von sich, und ich sah, wie er sich umdrehte. Im „diplomatischen Ton" fauchte er: „Was soll das, du Arsch?"

Dabei ließ er die Tasche laut von seiner Schulter plumpsen. Herr Blumgarten bewegte sich auf meinen Stiefvater zu. Er war einen Kopf kleiner als Udo, der eher fett und groß war, und er war um einiges schmächtiger. Dennoch wirkte sein Auftreten bedrohlich. Durch die Jeans Blumgartens und sein Unterhemd zeichnete sich ein deutlich muskulöser Körper ab, und seine zurückgegelten Haare glänzten mit dem Schweiß auf seiner hohen Stirn um die Wette.

Während er auf Udo zuging, schwang er sein dickes Schlüsselbund hin und her und ließ es immer wieder drohend in seinen Handteller krachen.

„Na Alter", sprach Blumgarten meinen Stiefvater an, „wo soll es denn hingehen?"

Mein Stiefvater zögerte nicht lange, seine Antwort war ein gezielter Faustschlag ins Gesicht.

„Das geht dich gar nichts an, du Arschloch", sagte er, kalt, befriedigt, sicher. Während Blumgarten ein paar Schritte zurücktorkelte und sich seine blutende Nase hielt, machte Udo ein paar Schritte auf der Treppe und rief meiner Mutter zu: „Marlies, bring den Schlüssel runter, der Penner hat uns eingeschlossen."

Ein Knacken und Krachen schnitt meinem Stiefvater das Wort ab. Ich konnte es nicht einordnen, konnte auch nichts erkennen, denn Udo versperrte den schmalen Spalt, der mir den Blick nach unten ermöglichte. Blumgarten packte meinen Stiefvater an der Schulter und zog ihn die Treppe runter. Jetzt erkannte ich, was zuvor so laut geknackt hatte. Herr Blumgarten hatte die Zierleiste der Eichentür abgerissen und hielt diese wie eine Keule vor sich, bereit jeden Moment zuzuschlagen. Er positionierte sich mit dem Rücken an der Tür.

„Du kommst hier nicht raus", fauchte er meinen Stiefvater an, und als dieser zum Schlag ansetzte, wurde seine Hand zugleich mit der Holzleiste weggeschlagen.

„Der ist ja gemeingefährlich", sagte meine Mutter zu mir und machte Anstalten ihrem Mann erneut zur Hilfe zu eilen. Ich griff ihre Hand.

„Mutti", sagte ich zu ihr, „bleib hier, das ist viel zu gefährlich."

Doch in ihrem Kopf passierte wohl zuviel auf einmal. Sie konnte die Situationen nicht alle einzeln erfassen, sie riss sich gewaltsam von mir los.

„Hälste jetzt etwa zu denen?", fragte sie mich.

Aber das hatte ich doch gar nicht so gemeint, und darum ging es doch auch gar nicht. Ich wollte sie doch nur beschützen.

Ein Krachen von unten ließ meine Mutter auf der obersten Treppenstufe inne halten, sie schaute zornig zu mir und schüttelte den Kopf. Ich verstand sie nicht, sie verstand mich nicht.

Unten war es jetzt mein Stiefvater, der sich seine blutende Nase hielt. Er blutete deutlich stärker als Herr Blumgarten und in Sekundenschnelle sammelten sich rotbraune Blutflecken auf seinem weißen Hemd. Der schwere Körper bebte zornig, meine Mutter sah noch einmal enttäuscht zu mir rüber. Ich fühlte mich so traurig und hilflos, hatte so wahnsinnige Angst. Ich wurde das Gefühl nicht los, schuldig zu sein, schuldig an dieser Situation. Doch so sehr ich mich auch bemühte, mir fiel nicht ein, warum.

Meine Mutter ging die Treppe hinunter, in der Kurve, die den Blick zur Eingangstür frei gab, blieb sie stehen. Ich sah, dass sie unsicher da stand, sie wankte leicht, und ihre Hände, die das Geländer fest umklammerten, zitterten. Ich hätte sie so gerne zurückgeholt. Ich wusste, dass ich mein Versteck bald verlassen musste, aber vielleicht konnte ich noch leise bis dreißig zählen, aber dann, spätestens, musste ich neben meiner Mutter stehen.

Herr Blumgarten hatte meine Mutter bemerkt. Er lehnte sich rücklings an die Eingangstür, überschlug die Füße und zündete sich eine Zigarette an. Er blies lange den Rauch aus und verschränkte die Arme. Nicht eine Nanosekunde lang ließ er meine Mutter aus den Augen, kalt grinsend, hielt er seinen Blick stier auf sie gerichtet.

„Ah", sagte er, „die Dame des Hauses."

Meine Mutter schnaufte missmutig. Für einen kurzen Moment sah ich sie durch den Nebel, sah sie so, wie sie selber glaubte, zu sein, stolz, selbstsicher, mit geradem Rücken, wunderschön, elegant, beeindruckend. Ihre Atmung hatte sich beruhigt. Mit dem leicht vorwurfsvollen Ton einer schockierten Dame, fragte sie: „Was geht hier vor?"

Blumgartens Mundwinkel zuckten, er grinste, dann fing er an zu lachen, erst leise, so als wollte er es unterdrücken, runterschlucken, doch das Lachen fand seinen Weg, er wurde lauter, schüttelte sich, krümmte sich, schlug sich mit der flachen Hand auf den Oberschenkel. Ich fühlte mich so dermaßen erniedrigt. Schämte mich so. Schämte mich für meine wankende Mutter, die unsicher, vor sich hin sprach, schämte mich für meinen fetten, versoffenen Stiefvater, schämte mich für mich, für das Haus, für dieses ganze gottverdammte dreckige Leben.

Blumgarten hatte sich beruhigt. Er wischte sich mit dem Daumen das rechte Auge, während er die Zigarette zwischen Zeige- und Mittelfinger hielt. Er schnaufte noch ein bisschen, kicherte und sah dann meine Mutter an: „Herrlich", sagte er fies und grinsend, „die ganze Familie, einfach herrlich. Sind denn eure kranken Kinder auch da?"

Das war mein Stichwort, jetzt musste ich aus meinem Versteck kommen. Ich drückte mich an der Wand entlang, mein Blick ging zu meinen Füßen, ich traute mich nicht aufzusehen. Einmal kurz sah ich ihn an. Ich presste mich hinter meine Mutter, doch die zog mich vor und schob mich vor sich auf die Treppe. Und ich wünschte, ich wäre unsichtbar, um nichts sagen zu müssen. Blumgarten trat die Zigarette auf dem Boden aus und sah meinen Stiefvater überlegen an.

„Wer keine Miete zahlt, muss auch keine Wochenendausflüge machen, Freundchen." Er packte meinen Stiefvater am Kragen und rüttelte ihn. „Haben wir uns verstanden, Freundchen?"

Mein Stiefvater schubste ihn weg, grölte zu uns nach oben: „Marlies ich kümmere mich um den, mach auf."

Ich hätte mich am liebsten eingepinkelt, und ich presste die Oberschenkel aneinander. Meine Mutter gab mir einen leichten Schubs.

„Los, Frollein, du hast doch gehört, hol den Schlüssel und mach auf."

Während ich oben durch den Flur rannte um den Schlüssel vom Schreibtisch meiner Mutter zu holen, hörte ich, was unten vor sich ging. Mein Stiefvater war im Prügelwahn. Sechs Meter waren es von der Hauseingangstür zur Eingangstür der unteren Wohnung, sechs Meter lang prügelte mein Stiefvater Herrn Blumgarten vor sich her. Ich hörte ihn grölen, wie einen wild gewordenen Ochsen, Vereinzelte Fetzen erreichten mein Ohr: „Ich bin nicht dein Freundchen"; „Für diese Bruchbude zahle ich keinen Pfennig mehr"; „Das geht dich gar nichts an."

Ich hielt den Schlüssel in der Hand und sah meine Mutter an.

„Na los, mach schon", sagte sie und zeigte genervt fordernd auf die Tür. Genau unter mir presste mein Stiefvater Herrn Blumgarten seinen Unterarm auf die Kehle und brüllte: „Marlies, mach schon!"

Ich konnte das nicht sehen. Mir war so schlecht, ich rannte die Treppe runter, drehte den Schlüssel hektisch im Schloss, schwang die Tür ganz weit auf und rannte die Außentreppe runter, rannte über den Hof, über die Brücke, auf die Straße, über die Straße, drückte mich an die Mauer des gegenüberliegenden Bauernhofes. Das Rauschen in meinen Ohren war ganz laut. Zwischendrin klopfte wild mein Puls, ich atmete viel zu schnell, meine Kehle war trocken. Ich hatte keine Angst, ich hatte Panik. Meine Mutter kam die Treppe herunter und stellte sich an die Beifahrertür unseres minzefarbenen Ford Focus. Sie sah mich an.

„Komm her, verdammt noch mal", rief sie und ich ging langsam über die Straße, über die Brücke, auf den Hof, zum Auto.

Im Haus war es jetzt ganz still. Mein Stiefvater zog die Tür hinter sich zu und ging die Stufen hinunter. Er ging langsam, so als hätte es nichts auf der Welt geben können, dass ihn aus der Ruhe bringen könnte.

Er schloss den Wagen auf seiner Seite auf und zog den Knopf an der Seite meiner Mutter hoch. Als meine Mutter sich ins Auto setzte, flog die Haustür auf. Herr Blumgarten hatte ein zugeschwollenes Auge, sein Gesicht war blutverschmiert, die Lippe war aufgeplatzt. Er hielt sich am Geländer fest. Ich hatte so unglaubliche Angst. Mit erstickter Stimme, Rotz und Blut spuckend schimpfte er: „Das wirst du bitter bereuen."

Meine Mutter schob meinen Knopf hoch, der Motor heulte auf, noch während meine Tür geöffnet war, fuhr mein Stiefvater los. Der Werbejingle von FFN durchbrach grotesk die Stille. Meine Mutter schaltete sofort das Radio wieder ab und nur das Heulen des Motors kämpfte gegen das laute Puckern in meinen Ohren. Ich hatte immer noch jeden meiner Muskeln in schierer Angst angespannt, biss mir auf die Lippen und konnte kaum atmen. Mein Stiefvater raste mit hundert Kilometern in der Stunde durch das Dorf, auf die Landstraße, auf die Bundesstraße.

Mir war so schlecht.

„Das wird ein Nachspiel haben für den Dreckskerl", sagte meine Mutter und zündete sich eine Zigarette an.

„Jetzt sind unsere Platzreservierungen weg und wir müssen uns ins Restaurant setzen, das kann der dann schön bezahlen."

Mir war so schlecht.

Es war so absurd, was sie sagte. Es wird andere Plätze geben, oder man kann sich auf den Gang setzen, oder, oder, oder ... Aber sie hatte eine Legitimation gefunden im Zugrestaurant zu sitzen und zu rauchen und besonders viel zu trinken, weil ja dort Verzehrzwang herrschte.

Mein Stiefvater gab dieses meckernde, kalte Lachen von sich und klopfte auf das Lenkrad. „Hehe, soll der man schön blechen, und wir lassen es uns gut gehen, auf seine Kosten, hehe."

Wir durchquerten eine Ortschaft, aber mein Stiefvater verringerte nicht das Fahrtempo. Er hielt das Steuer mit der linken Hand fest und griff mit der Rechten in seine Brusttasche. Es war für mich unerklärbar, wie er den Flachmann in seine Tasche bekommen hatte. Er nahm den Metallverschluss zwischen die Zähne und drehte. Mit lauten Knacken brach der Ring, den der Verschluss an der Flasche hielt, er spuckte den Deckel in den Fußraum und leerte in einem Zug den halben Flachmann. Dann tickte ihn meine Mutter an.

„He", sagte sie, „gib mir auch was ab."

Das Ortsausgangschild rauschte an mir vorbei, als der Flachmann seinen Besitzer wechselte. Mein Stiefvater legte beide Hände aufs Lenkrad und schmatzte immer wieder dem Flachmann nach.

„Das tat gut ... schmatz, schmatz ... das tat gut."

Die Stadt näherte sich. Meine Mutter legte meinem Stiefvater die Hand auf den Unterarm. „Denk dran, hier blitzen sie", sagte sie.

Und mein Stiefvater gab ein verächtliches „Scheiß Bullenschweine" von sich. Er bremste viel zu heftig.

Mir war so schlecht.

Meine Mutter stand in der Schlange des Informationsschalters und ich versuchte im Bahnhof eine Tafel zu finden, auf der die abfahrenden

Züge angeschlagen waren. Als ich mich umdrehte, um nach meiner Mutter Ausschau zu halten, winkte mich mein Stiefvater zu sich.

„Komm", sagte er, „wir gehen erst mal was trinken. Wir müssen mindestens noch eine Stunde warten. Marlies kommt auch gleich nach, aber ich muss auf den ganzen Stress erst mal was trinken."

Ich wollte nicht, aber darum ging es nicht. Er bestellte mir eine Fanta. Ich zählte die Stoffpuppen, die in dem Lokal verteilt waren, elf, ich zählte die Bäume auf den Bildern, sechsundvierzig, einundfünfzig, oder vielleicht neunundvierzig, ich war mir nicht sicher. Dann kam endlich Mama. Ich leerte mein Glas in einem Zug und sprang auf, überschwänglich fragte ich: „Geht's los?"

Meine Mutter zog den Stuhl zurück und setzte sich. Ich fühlte mich ganz schwer. „Nun mal langsam", sagte sie. „Unser Zug sollte um zehn Uhr zwei gehen, den haben wir ja nun aus gewissen Umständen verpasst, der nächste geht um zwölf Uhr zwei, das ist noch über eine halbe Stunde. Wenn es Madame gestattet, würde ich sehr gerne etwas trinken."

Ich stützte die Ellenbogen auf den Tisch und meine Wangen in die Fäuste. „Dann mach doch."

Ich sah durch die beiden hindurch, sah an den verblichenen Vorhängen des Bahnhofgasthauses vorbei, träumte mich weg. Berlin ... Ich würde einfach da bleiben, für immer, bei Dina.

Ich träumte weiter, als der Zug über die Schienen bretterte und meine Mutter und mein Stiefvater im Zugrestaurant schon viel zu viele leere Gläser vor sich stehen hatten. Meine Mutter traf mit ihrer Asche schon nicht mal mehr den Aschenbecher. Mittlerweile waren die beiden bei einer Version des Erlebten angekommen, die ich gar nicht mehr teilen konnte. Und jedes Mal, wenn jemand an unserem Tisch vorbeiging, schämte ich mich so.

Ich schämte mich, als wir über den Berliner Hauptbahnhof liefen und meine Mutter unbedingt meinte, sie müsste der Dame von der Berliner Bahnhofsmission unsere Geschichte erzählen. Ich schämte mich im Taxi und als wir in Dinas Treppenhaus saßen und warteten und mein Stiefvater es witzig fand, in dem hallenden Treppenhaus laut zu rülpsen, da wäre ich am liebsten fortgerannt.

Wir waren zwei Stunden zu spät und niemand war da. Irgendwann kam Marc, Dinas Sohn, und falls er sich bemüht hatte, seinen Ekel und sein Entsetzen zu verbergen, dann war ihm das nicht besonders gut gelungen. Ich wusste nur zu gut, was für eine Angst einem mein Stiefvater einjagen konnte. Auch die eingetrockneten Blutflecken auf seinem Hemd ließen ihn nicht sympathischer wirken. Marc öffnete die Wohnungstür und zeigte geradeaus durch auf die Tür von Dinas Schlafzimmer: „Da könnt ihr schlafen", sagte er zu meinen Eltern. Ich drückte mich an allen dreien vorbei ins Wohnzimmer und hockte mich aufs Sofa, zog die Knie unters Kinn, umklammerte meine Beine fest und summte leise vor mich hin. Marc ging an mir vorbei und kniepte mir zu. Das Wohnzimmer war ein Durchgangszimmer, das in sein Zimmer führte. Er kniepte mir noch einmal zu und zog dann schließlich die Tür hinter sich zu. Ich hörte seinen Fernseher durch die Tür. Mein Kinn drückte sich schwer auf meine Knie. Was hätte ich dafür gegeben, endlich ein für alle mal von dieser Welt zu verschwinden. Ich hörte Mama und Udo reden, es war diese ganz bestimmte Tonlage, dieser eine Ton zwischen den Tönen, das war die Sturmwarnung, ein falsches Wort und der Sturm würde durch Dinas Wohnung ziehen.

Eine Träne kullerte meine Wange herunter, aber ich wischte sie schnell weg.

Mein Stiefvater erschien im Türrahmen, er war nur im Unterhemd und Unterhose. Er ließ sich neben mir aufs Sofa fallen, der Aufschlag seines Körpergewichtes ließ das ganze Sofa so erbeben, dass ich runterfiel. Ich schlug mir das Knie blutig an einer Metallkante, biss mir auf die Lippe, um nicht loszuheulen und mein Stiefvater lachte sein kaltes, dreckiges Lachen.

Er legte die Arme paschamäßig über die Lehnen, stellte die Beine breitbeinig auf den Boden, so dass sein dicker Bauch prall vor ihm stand. Er tätschelte sich mit der linken Hand den Bauch, als er mich ansprach.

„Sag mal, Cécile, wo gibt es denn hier was zu trinken?"

Mein Knie tat höllisch weh, mir war schwindelig. Ich zuckte mit den Schultern. „In der Küche, vermutlich", sagte ich.

Er grunzte zustimmend und tätschelte sich seinen Bauch. „Gehste ma' gucken?", fragte er mich.

Ich kam mit einer Flasche Mineralwasser zurück und stellte sie vor ihm auf den Tisch. Er stand auf.

„Bäh. Scheiße." Er kratzte sich am Hintern und ließ selbigen halb entblößt zurück, ich schaute verschämt und angeekelt weg.

„Gibt es hier denn nichts Vernünftiges?"

Er stapfte in die Küche. Ich hörte, wie er die Schränke auf und zu machte und mit sich selber sprach, zwischendurch kam dieses meckernde Lachen, ein paar Ahs und Ohs, dann schien er zufrieden zu sein und stapfte mit seiner Ausbeute zu meiner Mutter in Dinas Schlafzimmer.

Kurz darauf ruckelte und stöhnte es heftig und laut. Ich saß wieder auf dem Sofa, hatte die Knie angezogen, versuchte mir die Ohren zuzuhalten, wiegte mich ein wenig vor und zurück und heulte leise. Nach dem Stöhnen war Ruhe, einen Moment lang, eine halbe Stunde vielleicht, dann lautes Reden, das in Schreien überging. Ich wiegte mich vor und zurück, schloss die Augen und hielt mir die Ohren zu, sang leise vor mich hin, irgendwann würde es aufhören.

Eine Berührung ließ mich hochschrecken, ein vertrauter Geruch umgab mich, Dina stand neben mir. Sie strich mir über den Kopf, drückte mich kurz an sich und lächelte mich an. Ihre verrauchte freundliche Stimme fragte mich: „Hey Bella, wir hauen hier besser ab, oder?"

Dann ging sie kurz zu Marc, gab ihm ein wenig Geld und legte ihm nahe, auch besser die Wohnung zu verlassen. Als sie mit einer Zigarette im Mundwinkel meiner Mutter einen kurzen Brief schrieb, flog die Tür von ihrem Schlafzimmer auf und meine Mutter stand splitterfasernackt im Türrahmen. Es dauerte viel zu lange, bis sie realisierte, dass sie in einer fremden Wohnung vor einer fremden Person stand. Ich schämte mich abgrundtief für sie. Für ihren skelettdürren Körper, für die blauen Flecke an ihr, für die fettigen Haare, die schiefe Brille, den verschwommenen Blick.

Dina lächelte meine Mutter an.

„Hallo Marlies", sie deutete mit dem Kopf in Richtung Badezimmer, „im Bad hängt mein Bademantel, den kannste haben."

Meine Mutter gab einen undefinierbaren Laut von sich und ging in die Küche. Sie drehte sich um ihre eigene Achse, setzte sich kurz auf den Stuhl vor dem Fenster, nahm Dinas Gegenstände vom Küchentisch hoch und legte sie wieder hin, sie suchte ihre Zigaretten, dann stand sie wieder auf, stand in der Küche, orientierungslos. Ich wollte schreien, wollte zu ihr laufen, wollte sie anschreien, ich war so wütend und ich schämte mich so. Dina legte mir ihre Hand auf meine, streichelte sie und sagte immer wieder: „Ist schon gut, Bella. Ist schon gut."

Meine Mutter schien sich wieder ihres Vorhabens zu entsinnen, sie ging ins Bad und kam ganz versunken in Dinas Bademantel zurück.

„Haste eine?", fragte sie.

Dina reichte meiner Mutter die Zigaretten und das Feuerzeug und zeigte auf das Sofa. „Setz dich", sagte sie.

Mamas Hände zitterten und es dauerte lange, bis sie ihre Zigarette anbekam. Als sie endlich den Rauch ausblies, sagte Dina: „Im Zoneon ist heute Abschlussfest von unseren Dreharbeiten, weil wir jetzt fertig sind und die Schauspieler morgen alle nach Hause fahren. Ich muss da gleich hin und würde die Kleine mitnehmen, für ein, zwei Stunden. Ich zieh mich nur noch grad um, und dann fahren wir. Die Kleine kann da zu Abend essen und dann bring ich sie zurück."

Meine Mutter reagierte gar nicht auf Dinas Worte, sondern erzählte von Blumgarten und der Schlägerei und davon, dass Udo einen schweren Schock hatte. Sie weinte dabei und ließ sich ein bisschen in ihr Mitleid fallen, sagte aber dann ab und an: „Ich halt das einfach nicht mehr aus, Dina, ich halt das nicht mehr aus."

Wobei nicht eindeutig wurde, was oder wen sie damit meinte. Dina beruhigte und tröstete sie, hielt sie im Arm und wiegte sie hin und her. Als meine Mutter wieder ruhig und normal atmete, fragte Dina noch einmal nach: „Marlies, wie gesagt, ich muss auf diesen Ball und ich würde der Kleinen gerne ein Kleid von mir geben und sie mitnehmen, in Ordnung?"

Jetzt waren meine Augen wieder am Leuchten. Ball? Kleid? Das klang nach Spaß! Ich musste dabei sein! Es war doch wie im Märchen. Ich konnte es kaum erwarten.

„Ja, stört sie dich denn nicht?", fragte meine Mutter und stach mir damit mitten ins vor Aufregung laut klopfende Herz. Meine Leichtigkeit fiel schwer zu Boden, die Seifenblasen zerplatzen. Das hatte ich vergessen, ich störte ja immer und überall. Aber wie im Traum hörte ich Dina sagen: „Nein! Ganz und gar nicht."

Hatte sie das wirklich gesagt? Ich sah sie an und sie lächelte zurück. Das war kein Traum.

„Außerdem wird Herrmann auch da sein, der wird sie dann später nach Hause fahren." Meine Mutter lachte gekünstelt. „Herrmann? Ihr Vater?" Dabei zeigte sie auf mich, als wenn sie nichts mit mir zu tun hätte. „Ja biste denn mit dem immer noch zusammen?"

Dina war inzwischen aufgestanden und in ihrem begehbaren Kleiderschrank verschwunden. Meine Mutter hatte ihren Kopf auf die Lehne zurückfallen lassen und säuselte leise: „Na, wenn du meinst" vor sich hin.

Dina stand im Türrahmen, so dass ich sie sehen konnte, aber meine Mutter sie nicht. Sie hielt ein Kleid hoch, zeigte auf mich und sah mich fragend an. Mein Herz machte einen Salto. Ich nickte begeistert. Ich war endlos glücklich und trat verlegen von einem Fuß auf den anderen. Dina deutete an, es mir zu geben und zeigte dann mit dem Kleid auf die Badezimmertür, was so viel hieß wie „verschwinde im Bad und zieh dich um." Ich sprang auf, riss ihr freudestrahlend das Kleid aus der Hand und verschwand übermütig im Badezimmer.

Es war ein Wunder.

Eine Frau, größer als ein Meter achtzig, mit einem Schwimmerkreuz und weiblichen Rundungen hatte ein Kleid, dass mir – klein, zierlich, dürr, nicht den Hauch von irgendeiner Rundung, geschweige denn einer weiblichen – passte und zwar wie angegossen. Stolz lief ich ins Wohnzimmer und drehte mich, so dass der Rock wie eine große

Glocke um meine Beine flog. Die Bücherregale tanzten an mir vorbei, der Kachelofen, die Tür, die Bücherregale, die Fenster, die Bilder, die Pflanzen ... Mir war schwindelig, mein Kopf war feuerrot, das Blut rauschte in mir, ich war glücklich. Meine Mutter stützte ihren Kopf hoch und lachte mich an: „Wow, wo hast du das denn her?"

Und Dina, die mittlerweile einen grauen Nadelstreifenanzug anhatte, lachte ihr lautes, donnerndes, fröhliches Lachen. „Filmfundus", sagte sie ein bisschen stolz. „Ich hab's mal mitgehen lassen. Die Schauspielerin, die das getragen hat, die sah genauso aus wie die Kleine und ich dachte, vielleicht kann sie es ja mal gebrauchen."

Dina zupfte das Einstecktuch ihres Anzuges zurecht, zog ihre Lippen feuerrot nach und zündete sich eine Zigarette an. Dann drehte sie sich laut lachend und hielt sich nach zwei Runden leicht schwankend am Türrahmen fest, sie lachte immer noch, als sie uns fragte: „Na, wie findet ihr meinen Marlene Dietrich-Anzug?"

„Super!", platzte es sofort aus mir heraus und auch meine Mutter lobte sie. Dann warf Dina alle notwendigen Utensilien in ihre Handtasche und redete ohne Punkt und Komma auf Mama ein.

„Ihr könnt bei mir im Bett pennen, ich werde bei Herrmann schlafen und Cécile weiß, wie man das Sofa aufklappt, da hat sie ja schon oft genug drauf geschlafen. Hier ist ein Plan für die S-Bahn, damit ihr morgen sicher zur Goldelse kommt."

Sie legte den Plan der BVG vor meiner Mutter auf den Tisch, sah mich an und fragte: „Wollen wir?"

Ich lief begeistert los, kehrte noch einmal um, um meiner Mutter zum Abschied auf die Wange zu küssen, rief über die Schulter ‚Tschüss und danke' und raste die Treppen runter.

Dinas Lachen donnerte im Treppenhaus. „Langsam, Bella, langsam", ermahnte sie mich und lachte.

Unten angekommen ging sie neben mir und legte ihren Arm um mich, sie hielt mich fest an sich gedrückt, während wir liefen und es fühlte sich so verdammt gut an. Als wir im Auto saßen wuschelte sie sich mit beiden Haaren durch ihre dichten schwarzen Haare und lachte.

„Na dann man los", und sie startete den Motor.

Für eine Nacht tauchte ich ein in Dinas Welt von Film und Schauspiel. Ich erzählte stolz, dass ich Dinas Tochter sei, ließ das wunderschöne Kleid an mir bewundern, fand das Buffet so wunderschön, dass ich mich nicht traute etwas davon zu essen. Und ich tanzte und tanzte und tanzte. Ich tanzte so lange, bis ich endlich wieder frei atmen konnte, bis auch das letzte Stückchen Angst endlich aus meinem Körper verschwunden war. Ich sog die Stroboskoplichter und Diskokugelfetzen in mich ein, und als die Angst ganz verschwunden war, da machte sich eine bleierne Müdigkeit tief in mir breit.

Für einen kurzen Moment tauchte ich noch mal auf, roch Dinas Parfum, als sie die Decke über mich legte, sie küsste mein Haar und strich mir durch das Gesicht. „Schlaf gut, Bella", sagte sie.

Ich lächelte im Halbschlaf. Ich musste diesen Moment festhalten, mitnehmen. Er war so kostbar und wertvoll und würde manche Nacht in dem kalten Bauernhaus erträglich machen.

Viertes Kapitel

In unserem Dorf lebte eine alternative Wohngemeinschaft, die einen Bauernhof bewohnte. Ein Jahr, nach dem wir hierhergezogen waren, im Herbst, traf ich eine der Frauen auf meinem Weg zum Steinbruch, die gerade Pilze sammelte. Sie war nicht so wie die anderen Frauen im Dorf, das sah ich gleich. Sie trug eine schwarze, enge Lederhose und darüber ein weites, flatterndes Hemd mit indianischen Mustern. Sie lief barfuss, hatte ungefähr Mamas Größe, also 1,65 Meter, und dünne braune Haare. Um ihren Hals hingen Lederbänder mit Federn, Schnitzereien und Zähnen.

Ich blieb auf meinem Weg und beobachtete, was sie tat. Sie sang leise vor sich hin und ging mit absoluter Vorsicht durch das Unterholz. Sie lief immer tiefer in den Wald hinein, und ich war so neugierig geworden, dass ich ihr folgte.

Ich versteckte mich hinter den Bäumen und lugte zu ihr hervor. Manchmal drehte ich mich leise um, denn ich konnte mich nur schwer daran gewöhnen, dass sie sich selbst fragte, was das denn für Pilze seien und sich dann selbst die Antwort gab. Dann aber trat ich ungeschickt auf einen Ast, der laut krachend barst und sie drehte sich erschrocken nach mir um.

Nachdem der Schreck aus ihrem Gesicht gewichen war, sah sie mich freundlich und gleichzeitig neugierig an. „Na, wer bist du denn?"

Als ich nicht antwortete, fuhr sie fort: „Ich bin Sabine, ich sammele Pilze."

Sie drehte sich halb im Kreis und wies auf einen anderen Waldweg. „Da vorne ist eine Bank, wollen wir uns da hinsetzen?"

Sie hatte keine Berührungsängste und lief mit mir zu der Bank. Ich durfte alle ihre Pilze angucken und ihr zuschauen, wie sie sich eine

Zigarette drehte. Ich erzählte ihr, wo wir wohnten und dass ich zur Schule ginge. Und die Zeit verging.

Sabine wurde meine Freundin und ungefähr ein Jahr später teilte ich meinen Schatz mit Mama und Rebecca, ich stellte sie ihnen vor. Und auch meine Mutter fand in Sabine eine Freundin. Und als die Augen meiner Schwester immer trauriger wurden, war es Sabine, die ihr zur Seite stand. Sie half ihr den Kontakt zu ihrem Vater wieder aufzubauen, ließ sie einige Wochen in der WG leben und gab meiner Schwester somit die Möglichkeit eines Ausstiegs.

Damals war ich so unglaublich wütend, denn ich glaubte, Rebecca hätte mir Sabine weggenommen. Wütend, weil ich nicht wollte, dass es Rebecca besser ging als mir. Wütend, weil Mama keine Freundin mehr hatte. Wütend, weil ich immer noch in diesem dreckigen, alten Bauernhof lebte.

Und so oft ich auch in unseren Hof hinunter schaute, so oft ich auch in das Zimmer meiner Schwester ging, ihr Zimmer blieb leer, und sie stand nicht auf dem Hof, um mich zu holen.

Damals war ich so wütend.

Heute bin ich dankbar, dass sie diese Chance hatte.

~ ~ ~

Ende 1992 verließ meine Schwester im Alter von 17 Jahren das Bauernhaus und zog zu ihrem Vater. Ich beneidete sie dafür. Dafür, dass sie eine Chance hatte da rauszukommen. Und ich hasste sie dafür, dass es jetzt etwas Besonderes war, wenn sie da war.

Meine Schwester war immer etwas Besonderes. Noch viel mehr in ihrer eigenen Welt gefangen, war sie immer still und leise und unauffällig, und mir wäre gar nicht aufgefallen, dass sie verschwunden war. Ich nehme an, dass es eine Auseinandersetzung mit unserem Stiefvater war, die sie dazu brachte, das Haus zu verlassen, aber Genaueres weiß ich nicht.

Ich hätte mir gewünscht, sie hätte mich mitgenommen. Ich war sauer, dass sie Mama und mich alleine ließ. Und auch wenn ich nie sonderlich viel mit ihr gesprochen hatte, fehlte sie mir tierisch, ohne, dass ich das je zugeben wollte. Ich war stets darauf bedacht, sie nur meine Abwehr und meinen Zorn spüren zu lassen, und ich traute ihr keine zwei Millimeter über den Weg.

Und dennoch wurde es immer schlimmer, als sie nicht mehr da war. So, als wenn ein Schutzschild durchbrochen wurde, steigerten sich die Schreie, die Wut, die Schläge, lähmten mich und meine Mutter, überschatteten alles. Und genau wie meine Mutter, fing ich langsam aber sicher an, mich in einer Abwärtsspirale zu befinden. Ich drehte mich in meinem eigenen Selbstmitleid und liebäugelte mit dem Tod. Ich versuchte mich in Liebe zu stürzen, ohne zu wissen, was Liebe ist.

Seit meinem elften Lebensjahr verliebte ich mich in die, die unerreichbar waren, in die, die in einer anderen Welt lebten, als ich es tat, und in die, die meine Welt nie verstehen würden. So konnte ich weiterhin da unten stehen und versuchen, an die, die da oben waren, heranzukommen. Ich wünschte mir nichts mehr, als dieses Vakuum endlich zu füllen, endlich jemanden zu haben, der mich liebte und für mich da war, der bereit war, für mich einzustehen. Jede Liebe, die ich fühlte, war so riesig und mächtig, dass ich glaubte, nur den Tod verdient zu haben, wenn sie nicht erwidert wurde. Wenn ich heute durch meine Tagebücher blättere, verbinde ich mit vielen Namen dort keine Gesichter mehr. Sie wechseln im Wochen- oder Monatstakt, sind immer die große Liebe und immer ein Grund zu leiden. Ich versuchte zu fliehen. Ich war vielleicht zu erwachsen geworden, um noch in die Prinzessinnenwelt zu tauchen. So tauchte ich ein in eine Sucht nach Liebe und Anerkennung. Denn das, was zu Hause war, hielt ich nicht mehr aus.

Meine Mutter startete noch einen Versuch, zu sich und ihrer alten Stärke zurückzufinden.

Als Anfang der neunziger Jahre im Osten Deutschlands Asylantenheime brannten, gründete sie eine Initiative gegen Ausländerfeindlichkeit. Parallel dazu kamen immer mehr bosnische Flüchtlinge in deutschen Flüchtlingslagern an. Meine Mutter sammelte Spenden, organisierte Demonstrationen, verteilte Flugblätter und besuchte die Flüchtlingsfamilien in ihren Notunterkünften, die in Turnhallen errichtet wurden.

Das verlassene Zimmer meiner Schwester war bis unter die Decke mit Spielzeug- und Kleiderspenden gefüllt. All das war zehntausend Mal mehr und wertvoller, als ich es je in meinem Leben besessen hatte, aber es gehörte mir nicht. Manchmal stand ich nachts auf und schlich in das Zimmer. Leise und vorsichtig öffnete ich die Kisten und betrachtete das Spielzeug, ließ die Autos leise über den Boden rollen, strich den Puppen die Haare zurecht. Doch ich legte alles zurück.

Getragen von der Ideologie meiner Mutter unterstützte ich sie. Wir fanden Dolmetscher, die uns kostenlos bei der Arbeit in den Turnhallen halfen. Diesen Menschen ging es schlecht, schlechter als uns, vielleicht rettete uns das für einen Moment. Über ihrem Elend konnten wir unser eigenes vergessen.

Der Dolmetscher war ein mittelloser Mann, der – als trockener Alkoholiker – in der Heilsarmee lebte. Er und sein Freund Johannes –

ein ehemaliger Zirkusclown – wurden über viele Jahre unsere ständigen Begleiter. Meine Mutter bekochte sie und bot ihnen – wann immer sie wollten – an, bei uns zu übernachten. Am Anfang bedeutete ihr Besuch noch das Spiel der heilen Welt, das immer versucht wurde zu spielen, wenn neue Personen in unser Leben traten. Aber schon bald bekamen auch die beiden mit, wie es uns wirklich ging. Dennoch gingen sie nicht von uns.

Vielleicht waren wir alle wie Ertrinkende, die sich aneinander festklammern. Vielleicht brauchten sie uns mehr als ich. Vielleicht haben sie nie was gesehen. Ich weiß es nicht.

Johannes war damals schon über 70 Jahre alt. Er war über zehn Jahre in der ehemaligen DDR in politischer Gefangenschaft gewesen. Als die Grenze aufging, wurde er entlassen, mittellos, heimatlos und ohne Familie. Viele Jahre zuvor war er Zirkusclown und er bekam ganz leuchtende Augen, wenn er davon berichtete.

Johannes freute sich, wie ein Kind, wenn er jonglieren oder mich mit anderen Slapstick-Witzen zum Lachen bringen konnte.

Ich fing an, in der Theater-AG der Schule Theater zu spielen, das erlaubte mir, über die normale Zeit hinaus in der Schule zu bleiben und somit nicht zu Hause sein zu müssen. Ich spielte nur eine kleine Rolle in der „Beggars Opera", nahm aber akribisch an allen Proben teil und versuchte alles zu tun, um bis zum Ende der Proben dabei sein zu können.

In mein Tagebuch schrieb ich im März 1993:

„Ich hasse es, wenn sie sich einen über den Durst trinken, wenn sie in der Wohnung herumtorkeln und sagen, dass sie gleich – ja gleich – schlafen gehen. Und am nächsten Morgen ist alles vergessen. Solange sie nüchtern sind,

ist alles okay, aber meistens bleiben sie das nur bis zum Nachmittag, wenn er fahren muss sogar bis zum Abend. Doch wenn sie sich streiten – wann tun sie das nicht – fängt sie schon morgens an, Alkohol zu trinken. Ich hasse es, wenn sie Schlaftabletten nehmen, als wären es Bonbons und dann nicht schlafen gehen. Wenn sie fast einpennen und erzählen, sie wären nicht müde. Wenn ich sie dann ins Bett schieben, zerren, ziehen kann. Und am nächsten Morgen ist alles vergessen. Still sein, nicht darüber reden, den Frieden nicht kaputt machen.

Sie kann sich ja manchmal noch zurückhalten, aber er ... Alles, in dem Alkohol drin ist, muss gesoffen werden. „Sich ordentlich einen in die Birne knallen", nennt er das.

Ich finde es widerlich, wenn er am Abendbrottisch sitzt, denn das Essen wird durch ihn verdorben. Neulich bin ich aufgestanden und habe mich übergeben, weil ich dieses widerliche Fressen nicht länger mit ansehen konnte. Er sagt, er will abnehmen, aber er frisst und frisst, schlingt in sich hinein und spuckt, was zu viel ist wieder aus und nimmt es danach wieder in den Mund. Wenn er nüchtern ist, weiß er davon nichts mehr.

Einfach vergessen, nicht darüber reden, den Frieden nicht kaputt machen. Ich ekele mich so vor ihm und tiefe Abscheu baut sich in mir auf, gegen ihn.

Sie sieht ihn so nicht, will ihn so nicht sehen, verdrängt es, dabei sieht sie doch auch, was passiert, wenn er seine vier, fünf, sechs Schlaftabletten nimmt, und dann nicht schlafen geht. Wenn er durch die Küche torkelt, alles fressbare aus dem Kühlschrank nimmt, Teller runterschmeißt, Sirup verschmiert, Katzenfutter brät, um sich schlägt und sagt, er will sich nur kurz was zu essen machen.

Ich bin schwach, ich kann nicht mehr. Ich brauche endlich Ruhe. Was ist, wenn die Schule wieder losgeht? Beginnt dann wieder die Zeit, wo ich jeden zweiten Tag verschlafe? Wo ich sämtliche Klausuren, alle nacheinander, verhaue? Beginnt dann wieder die Zeit der gutgemeinten Schüler-Lehrer-

Gespräche? Beginnt dann wieder die Zeit, wo ich hängen bleibe? Wo ich schon so klein bin, dass mich keiner mehr sieht, wo sich keiner mehr zu mir runterbeugt?

Nein, ich habe das alles einmal überstanden, ein zweites Mal werde ich es nicht überstehen.

Ich werde niemals ein Zuhause finden, in das ich gehöre. Einen Menschen, an dessen Seite ich glücklich sein kann. Ich gehöre hier nicht hin. Ich gehöre dem Sensenmann, und eines Tages wird er kommen und mich holen. Ich warte ...“

Ein weiterer Eintrag im April 1993 lautete:

„Ich wünsche mir, ich hätte eine Pistole, ich würde sie mir an den Hals halten und abdrücken, dann wäre alles vorbei, ich könnte einfach schweben und alles hinter mir zurücklassen ...“

Mama hat sich mal wieder einen über den Durst getrunken. Ich habe sie körperlich angegriffen, sagt sie. Der Angriff – wie sie sagt – war der Versuch, sie zu mir zu drehen, damit ich ihren Arm über meine Schulter legen und sie ins Bett bringen konnte. Ich liebe meine Mutter, aber ich komme mit ihrem Alkoholproblem nicht mehr klar. Ich bat Udo mir zu helfen. Der Dank dafür war, dass ich nicht nach Berlin fahren darf. Ich verstehe es nicht.

Ich liebe meine Mutter, aber keine Erwiderung, nur Kälte. Diese Kälte macht mir Angst. Ich suche einen Fehler in mir, suche und suche, aber ich finde ihn nicht. Was habe ich falsch gemacht?

... komm Tod, hol mich zu dir, komm, lass mich sterben!!!“

Anders als meine Schwester habe ich erst spät erkannt, dass man den Schein aufrecht erhalten kann, indem man bestimmte Dinge einfach selbst in die Hand nimmt. So wusch meine Schwester nachts ihre Wäsche in der Badewanne und achtete immer darauf, dass sie ordentlich aus dem Haus ging. Diese Einsicht kam bei mir erst viele Jahre später, erst nachdem ich begriff, warum ich gemieden wurde, und was bei uns alles so anders war. Meine Strategie war viele Jahre lang mich in meine eigene Welt zu flüchten. Meine Schulnoten waren katastrophal, da ich zwar körperlich präsent, aber im Geiste nicht anwesend war. Ich malte und schrieb, bewunderte Menschen wie Erich Fried und Frida Kahlo, die aus ihren Schmerzen Künstler wurden, und sah es schon als Kind als den einzigen für mich gehbaren Weg an. Wie hart dieser Weg sein würde, sollte ich erst viele Jahre später erfahren. Ich flüchtete in die Wälder, lief stundenlang über das weiche Moos, sprach mit meinen imaginären Freunden, in deren Gruppe ich die Anführerin war. Ich liebte das Plätschern des Baches und den Geruch eines Waldes im Morgentau.

Eine weitere Flucht, war mein Glaube zu Gott. Mit elf Jahren hatte ich darum gebeten mich taufen zu lassen. Ich betete jeden Abend und bat den lieben Gott, mir die Kraft zu geben, all das auszuhalten. Ich bat ihn, über mich zu wachen und mich daraus zu holen.

So begann zwangsläufig auch der Konfirmandenunterricht mit dreizehn.

Ich hatte wahnsinnige Angst vor dem ersten Tag. Schließlich hatte ich nach der vierten Klasse in der Dorfschule auf die Gesamtschule in der Stadt gewechselt und hatte somit nie wieder eines der Kinder aus meiner alten Klasse gesehen. Im Dorf konnte ich ihnen aus dem Weg gehen und zu meinem alten Steinbruch kamen sie nie. Denn das war mein Platz, mein Ort, an dem ich alleine war und zu dem keiner mir nach kam. Schließlich saßen sie alle in ihren modernen Jugendzimmern, schauten fern und Video und spielten Computerspiele.

Durch den Konfirmandenunterricht konnte ich ihnen nicht mehr aus dem Weg gehen, ich würde sie zwangsläufig wiedersehen.

~ ~ ~

Drei Jahre zuvor hatte der Pastor mich einmal bei sich aufgenommen.

Ich war von zu Hause abgehauen und hatte kein Ziel. Ich folgte dem Lauf eines Baches und beschloss, dass er mich an mein Ziel bringen würde. Umso weiter ich lief, umso unebener wurde der Boden, auf dem ich ging und der erst sanfte Hügel, der zum Bachlauf führte, stieg immer steiler an. Bald schon kletterte ich wie ein Krebs an der Hügelseite und suchte nach einer Stelle, an der ich die Uferseite wechseln konnte. Nachdem der Bach eine Biegung machte, fand ich sie, das Wasser war hier ein bisschen flacher, einzelne Steinspitzen ragten heraus und gaben mir die Möglichkeit, auf ihnen über den Bach zu steigen.

Die ersten Steine waren stabil und nahe genug beieinander, so dass ich einfach vom Ufer erst auf den einen, dann auf den anderen steigen konnte. Doch der dritte Stein war einen großen Schritt entfernt und seine Spitze ragte schief empor und wenn ich so einen großen Schritt machen musste, dann konnte ich auch springen, dass andere Ufer war schließlich nur einen sehr großen Schritt entfernt, dachte ich. Vorsichtig ging ich zurück und versuchte ein Stück den Hang hochzugehen, um ordentlich Anlauf nehmen zu können. Ich lief los und sprang. Stolz landete ich auf dem gegenüberliegenden Ufer, wo ich prompt das Gleichgewicht verlor und rücklings in den Bach fiel.

Das Wasser war so kalt.

Wütend zog ich mich am Ufer hoch und setzte mich weinend ins Gras. Der Boden war von den launigen Herbsttagen kalt und feucht und all meine Energie, die eben noch schwor, mich ans Ende der Welt zu begleiten, war verschwunden. Ich hielt meine Knie fest umklammert und wiegte mich hin und her. In weiter Ferne hörte ich Autos fahren, und als ich mich umdrehte, sah ich, dass ich nicht weit von der Bundesstraße entfernt war, die zu unserem Dorf führte.

Vielleicht konnte ich trampen? Aber wohin? Sollte ich umdrehen? Zurück nach Hause gehen? Wie weit war ich schon gegangen? Konnte ich das Dorf noch sehen?

Der Gang über das Feld, das die Straße vom Bach trennte, war beschwerlich. Aufgeweichte Erde sammelte sich in dicken Lehmklumpen unter meinen Füßen und zog mich mit unbändiger Kraft nach unten. Einmal spielte ich mit dem Gedanken, mich einfach fallen zu lassen, einfach liegenzubleiben und zu warten. Aber eine Stimme in mir sagte, dass nur die Kälte kommen würde, die Feuchtigkeit, pickende Vögel vielleicht, niemand würde kommen, um mich zu holen. Zuhause hatten sie wahrscheinlich noch nicht einmal bemerkt, dass ich nicht da war.

Der Himmel sah aus, als wenn jemand auf einen dreckigen, vergilbten Lappen einen schwarzen Pinsel ausgeschlagen hatte. Kein Glanz war an ihm, es war ein dreckiges Grau, das beständig auf mich zuraste und drohte mich einzunehmen. Das Pfeifen des Windes hatte an Stärke gewonnen, er pfiff so laut, dass ich meine Gedanken kaum hören konnte. Gepaart mit dem Rauschen in meinen Ohren umgab mich eine Geräuschkulisse, die einer schlechten Vertonung eines Horrorfilms glich.

Weit in der Ferne stand die schwarze Front des Waldes und immer mehr der schwarzen Striche zogen sich über ihn und drohten den Wald zu zerfressen. Ich tat mir selbst so unglaublich leid. Die Straße kam immer näher, mittlerweile konnte ich schon erkennen, ob ein oder mehrere Menschen in einem Auto saßen. Für einen kurzen Moment bekam ich Angst. Was würde ich tun, wenn mein Stiefvater hier lang gefahren kam? Das Feld und die Straße wurden von einem Bewässerungsgraben getrennt und wenn ich es im Sommer liebte, im Zickzack-Lauf hinunter in den Graben und rauf auf den Weg zu rennen, so schauderte es mich jetzt bei dem Gedanken, noch mehr Feuchtigkeit an meinen Körper zu bekommen.

Ich lief parallel zum Wassergraben, denn ich wusste, die Traktoren, die die Felder befuhren, brauchten Brücken, also würde irgendwann eine Brücke kommen. Die Brücke kam und mit ihr die Erkenntnis, dass ich nicht einmal zwei Kilometer von unserem Dorf entfernt war. Ich kannte die Stelle nur zu gut, hier zweigte ein Weg ab, der zu der alten verlassenen Mühle führte und die Brücke war nicht mehr, als aufgeschüttete Erde über einer Betonröhre. Im Sommer bin ich oft durch diese Röhre gekrabbelt, wenn sie trocken und leer war. Jetzt lief ein eisiger, kalter Rinnsal hindurch und das gähnende Schwarz, das mir entgegenblickte, lachte mich hämisch aus. Gefühlt war ich schon ins nächste Bundesland gelaufen, doch in Wirklichkeit konnte ich von hier fast auf unseren Hof spucken. Die Realität war nicht mein Freund. Ich war nass und dreckig und lief die Bundesstraße lang, weinend vor Wut und Traurigkeit. Ich wollte nicht nach Hause und wusste dennoch nicht, wo ich hingehen sollte.

Vorbeifahrende Autos nahmen keine Notiz von mir. Es wurde dunkler, und jedes Mal senkte ich meinen Blick zu Boden, wenn mir ein Auto entgegenkam, um nicht von den Scheinwerfern geblendet zu werden. Musikfetzen drangen an meine Ohren, wenn die Autos an mir vorbeirasten. Manche Abgase brannten lange in meinen Lungen nach, andere nahm ich gar nicht wahr. Die Zeit tropfte wie ein zähes, langgezogenes Kaugummi, sie wollte und wollte nicht vergehen.

Mittlerweile fuhren dreimal so viele Autos vorbei wie zuvor. Ich roch abgestandenen Zigarettenqualm und erkannte den chemischen Geruch eines alten am Rückspiegel baumelnden Duftbaumes. Ich sah nicht mehr auf, sondern ließ den Kopf gesenkt. Es musste Feierabend sein. Ich wäre so gerne mit ihnen gezogen, in ein Zuhause, das einen erwartet, den Duft von sauberer Wäsche in der Nase, das Gefühl zu Hause zu sein, ein Abendbrottisch nur für mich gedeckt.

Ich hatte das anhaltende Auto nicht bemerkt. Das mittlerweile schwarze Gras unter meinen Füßen blinkte orange auf, ich hörte einen Motor laufen, hörte einen Nachrichtensprecher reden, aber dies alles hatte mit mir nichts zu tun. Das Auto setzte zurück. Es blieb einige Meter vor mir stehen und eine ältere Dame kurbelte auf der Beifahrerseite das Fenster runter.

„Kann ich dir helfen?", fragte sie.

Ihre Stimme klang hell und freundlich. Ich antwortete nicht. Welches Gesicht blickte der Frau entgegen? Hatte ich Erde auf den Wangen, war ich verheult? Ich wusste es nicht. Ich starrte durch sie hindurch, an ihr vorbei. Was sollte ich sagen?

„Hast du dich verlaufen?", fragte sie noch einmal, warm, freundlich, hilfsbereit, vielleicht sogar ein bisschen besorgt. Sie lehnte sich vor und öffnete die Beifahrertür. „Komm", sagte sie zu mir und deutete auf den leeren Sitz neben sich, „hier ist es warm."

Was sollte ich tun, was sollte ich ihr sagen? Unsicher machte ich einen Schritt auf das Auto zu.

„Du brauchst keine Angst zu haben", sagte sie und sie sprach ganz langsam und betonte die Silben ganz ausführlich, so als wenn sie dachte, dass ich ihre Sprache nicht verstand.

Und tatsächlich, als ich an ihrem Auto stand, fragte sie mich: „Kannst du mich verstehen?"

Ich nickte. Sie sah mich von oben bis unten an, meine verwuschelten Haare, die nasse Hose, der nasse Pullover, meine dreckigen Schuhe und Spritzer von Erde, die bis über meine Hüfte gingen sowie die dreckigen Hände.

„Komm", sagte sie noch einmal, „steig ein, ich werde dich zu unserem Pfarrer bringen."

Das war eine Aussicht, mit der ich leben konnte. Ich stellte mir vor, wie der Pfarrer mich in seine göttliche Obhut nahm und beschloss, dass ich nie mehr nach Hause zurückgehen musste, weil ich Gottes kleine Dienerin werden sollte und er mich in Gottes Glauben erziehen wollte. Ich stieg auf den Beifahrersitz und die Wärme lullte mich ein. Vorsichtig zog ich die Tür zu und schnallte mich an. Ich saß ganz still und steif und hatte meine Hände unter meinen Beinen vergraben. Bloß nichts sagen, dachte ich.

„Bist du von zu Hause abgehauen?", fragte sie und ich nickte vorsichtig. „Wie lange bist du denn schon unterwegs?", hakte sie nach, und ich zog die Schultern nach oben und schüttelte den Kopf. Sie seufzte leise und schüttelte vorsichtig den Kopf. Wir passierten das Ortsschild, rechts ging die Straße ab, die zu unseren Hof führte. Ich wollte schon erleichtert aufatmen, weil sie geradeaus weiterzufahren schien, doch im letzten Moment riss sie das Lenkrad rum und bog in die Kurve ein.

„Mein Gott", lachte sie, „was bin ich nur für ein Gewohnheitsmensch, da wär ich doch beinahe vorbeigefahren."

Sie lachte mich an. „Ich wohne in der Nähe vom Freibad", sagte sie. „Kennst du es?"

Ich nickte. Für einen kurzen Moment setzte meine Atmung aus und mein Herz blieb stehen. Neben meinem Fenster tauchte unser Hof auf. Alles war still und dreckig wie immer, müde, alte Gardinen klebten nikotingetränkt an den Fenstern, vergessen blätterte das Grün von den Fachwerkbalken, vertrocknete Blumen lagen kümmerlich in ihren umgekippten Töpfen im Eingangsbereich. Das Auto stand vor dem Haus. Alles war still. Der Hof zog an mir vorbei. Ich hatte keine Sehnsucht, nur Angst, entdeckt zu werden. Ich presste meine Beine näher zueinander, so als wenn ich pinkeln musste.

Die Kirchstraße war steil und führte, wie der Name schon sagt, zur Kirche und somit auch zum Pfarrhaus. Der Kies knirschte unter den Reifen, als die Frau ihren Wagen in der Einfahrt abstellte. Sie lächelte und deutete mit dem Kopf zu der Eingangstür.

„Hier werde ich dich abgeben", sagte sie. Dann schnallte sie sich ab und stieg aus. „Komm", sagte sie, als sie mir die Tür öffnete und mir ihre Hand reichte. „Mann, hast du kalte Hände", sagte sie und zog mich lachend aus dem Auto. Ich sah verschämt auf den Sitz zurück, ich hatte Flecken hinterlassen, von Nässe und Erde und Dreck. Dann ging ich auf die Tür zu. Die ältere Dame fasste mir an die Hosenbeine und an den Rücken.

„Oh mein Gott", sagte sie „du bist ja ganz durchnässt." Sie klingelte. „Mädchen, Mädchen, Mädchen, wo kommst du nur her?"

Der Pfarrer öffnete die Tür und sah fragend von der Frau zu mir. Er lächelte und streckte der Frau die Hand entgegen. Er nannte sie beim Namen, aber ich verstand den Namen nicht. Ich hatte mir jedoch gemerkt, dass sie in der Nähe des Schwimmbades wohnte. Sie schob mich vor, in Richtung des Pfarrers.

„Ich bin eben von der Arbeit heimgekommen und auf der B3 ungefähr drei Kilometer von hier entfernt lief dieses kleine Mädchen rum, völlig verdreckt und durchnässt. Sie sagt kein Wort, ich weiß nicht, wer sie ist, wo sie herkommt, aber ich bin mir sicher, dass sie Ihre Hilfe braucht."

Der Pfarrer sah mich an. Er ging aus dem Türrahmen und wies uns an einzutreten. Er führte uns in einen kleinen holzvertäfelten Raum, in dem ein alter Kachelofen stand. Auf dem Boden und dem im Raum stehenden Tisch lagen Spielsachen und Malbücher. Es war angenehm warm und der Raum roch nach frischem Holz. Er deutete auf die Ofenbank und bat mich, mich dort hinzusetzen, dann rief er seine Ehefrau. Er setzte sich auf einen Stuhl mir gegenüber und sah mich an.

„Ich kenne dich", sagte er und mir schossen die Tränen in die Augen. „Du wohnst doch da unten auf dem vermieteten Bauernhof. Stimmt's?"

Er deutete die Straße hinunter und ich nickte und schluchzte. Jetzt würde er mich bestimmt zurückbringen. Hilfesuchend sah ich zu der Frau, die mich hierher gebracht hatte, konnte sie mich nicht mitnehmen? Der Pfarrer stand auf und ging zu der Frau.

„Ich kümmere mich um sie", sagte er, „die Familie ist mir bekannt, im Dorf wird viel über sie gesprochen, da scheint einiges nicht zu stimmen. Heute Nacht kann sie erstmal hierbleiben und morgen früh sehen wir dann weiter."

Die Frau lächelte ihn dankbar an und winkte mir zu.

„Alles Gute", sagte sie und nickte, um dies zu unterstreichen übertrieben stark mit dem Kopf. „Alles Gute", wiederholte sie und wandte sich dem Pfarrer zu: „Passen Sie gut auf die Kleine auf, ich weiß nicht, was sie dazu gebracht hat wegzurennen, aber ich weiß, dass sie auf keinen Fall dahin zurück will. Ich hoffe, Sie können ihr helfen."

Den Rest des Gespräches bekam ich nicht mehr mit, die Frau des Pastors war mit frischen Kleidern gekommen und half mir, mich auszuziehen. Dann sah sie mich an und schüttelte den Kopf. Sie legte mir ein Handtuch über und reichte mir ihre Hand.

„Komm" sagte sie, „ich glaube wir sollten dich zuerst mal waschen."

Sie führte mich in ein schönes großes Badezimmer und stellte die Dusche an. Dann drückte sie mir eine Seife in die Hand und schickte mich unter die Dusche.

„Seif alles ganz ordentlich ein, auch die Haare und den Hals und die Füße." Sie musste über sich selber lachen. „Also alles", rief sie gegen den lauten Wasserstrahl an. Sie setzte sich auf den Badewannenrand und wartete.

Das warme Wasser tat gut, es war erfrischend und belebend, es wärmte meinen Körper und der Duft von frischer Seife krabbelte in meine Nase und machte mich zufrieden.

Ich hätte stundenlang duschen können. Meine Hände streckten sich dem Duschkopf entgegen, mein Mund erfasste offen das wärmende Nass und freudig spuckte ich Fontänen an die Duschwand. Das Handtuch war weich und roch frisch, es fühlte sich schön an, damit über meine Haut zu streichen. Nachdem ich mich abgetrocknet hatte, schlüpfte ich in die frischen Kleider, die die Frau Pfarrerin für mich bereit gelegt hatte. Sie war nicht mehr da. Ich wusste nicht, ob der Pfarrer Kinder hatte, aber ich fand es witzig, dass mir die raus gelegten Kleider fast passten, sie waren nur ein bisschen zu weit.

Es klopfte an der Badezimmertür und die Pfarrersfrau trat ein.

„Du hast bestimmt Hunger?", fragte sie und sammelte meine Kleider vom Boden ein. „Na komm, ich habe dir schon einen frischen Tee gekocht."

Ich ging ihr nach und setzte mich an einen gedeckten Tisch. Zwei Mädchen, ungefähr in meinem Alter, saßen an diesem Tisch und schauten mich neugierig an. Der Pfarrer wusch seine Hände und setzte sich ebenfalls zu uns.

Als alle saßen, wurde mir von rechts und links jeweils eine Hand gereicht und ich verstand nicht, was ich tun sollte. Eines der Mädchen lachte: „Wir beten vor dem Essen, kennst du das nicht?"

Nein, ich kannte das nicht.

Erst als ich den ersten Bissen eines belegten Brotes im Mund hatte, spürte ich, wie groß mein Hunger die ganze Zeit über gewesen war. Fast blind vor Hunger aß ich und aß und aß, und merkte gar nicht, dass alle anderen schon lange fertig waren. Als ich mir das fünfte Brot schmierte, musste eines der beiden Mädchen lachen.

„Kriegst du denn zu Hause nichts zu essen?", fragte sie mich und wurde noch im gleichen Moment von ihrem Vater gescholten. „Entschuldigung", fügte sie sofort hinterher.

Doch der Schlag hatte schon getroffen. Ich hatte den Grund, warum ich von zu Hause wegrennen wollte, längst vergessen. Ich wusste nicht mehr, dass ich mir an dem Morgen geschworen hatte, nie mehr nach Hause zurückzukehren. Meine von mir aufgebaute „Verteidigungsanlage" sprang an, und ich stotterte wirr vor mich hin: „Natürlich bekomme ich zu essen … so viel ich will … und wann immer ich will … meine Mutter kocht mir alles, was ich gerne esse … ich hatte nur heute Morgen keinen Hunger."

Die beiden Mädchen sahen sich an und zeigten sich gegenseitig einen Vogel und grinsten. Dann wurden sie wieder ganz still, weil ihr Vater sie erneut zur Rechenschaft zog.

Nach dem Abendessen brachte die Pfarrersfrau ihre zwei Mädchen zu Bett und ich blieb alleine mit dem Pfarrer am Tisch sitzen.

„Was ist da los bei euch?", fragte er, und ich musste lachen, weil ich mir ertappt vorkam und weil ich es so witzig fand, wie er die Frage formulierte.

„Nichts", sagte ich und zuckte mit den Schultern. Der Pfarrer stopfte sich eine Pfeife und sog an ihr, während er ein Streichholz in den Pfeifenkopf hielt.

„Und warum bist du dann hier?"

Verdammt, das war eine Falle. Wenn ich nicht zurück nach Hause wollte, musste ich etwas von zu Hause erzählen, sonst könnte mich der Pfarrer ja nicht adoptieren.

Zu dieser Zeit wusste ich noch nicht, dass Alkoholismus eine Krankheit ist, unter der meine Mutter und mein Stiefvater litten, ich wusste auch nicht, dass man sie gemeinhin als Alkoholiker bezeichnete, ich wusste nur, dass sie anders waren als andere Eltern, dass es bei uns keine warme Dusche gab, dass unser Haus immer kalt und dreckig war und dass meine Mutter mich noch nie ins Bett gebracht hatte, ich sie aber schon ganz oft.

Ich erzählte davon, und von der Dachbodentreppe, und dass ich es hasste, wenn mein Stiefvater mich dort einschloss, auch wenn ich mittlerweile keine Angst mehr im Dunkeln hatte und oben in dem alten Taubenschlag manchmal sogar ganz gerne saß, weil man von da aus über das Dorf gucken konnte, sogar bis zu ihm, dem Pfarrer, in den Garten. Wieder musste ich lachen. Das Kind in mir hatte gesiegt. Die immer fröhliche, glückliche Cécile, die in allem was Gutes fand. Nichts war so schlimm, als das es nicht zum Aushalten war. Sie hatte wieder gesiegt. Ich konnte es nicht dramatisch erzählen, nicht weinend, denn es war meine Realität, mein Alltag, ich lebte so, und war das schlecht?

Der Pfarrer sog lange an seiner Pfeife und pustete den Rauch langsam aus. Er hielt die Pfeife auf mich gerichtet und mehrmals bewegte er sie vor, so, als wenn sie zuerst bei mir sein sollte, bevor seine Worte ansetzten, doch er zog sie immer wieder zurück und ich sah, wie er seine Worte sorgfältig abwägte. Wie ein teures Gut, schmiss er seine Gedanken hin und her und versuchte die richtigen Worte für mich zu finden. Und ich spürte, dass er mich wegschicken würde. Ich spürte, dass er nicht die Worte hatte, die ich brauchte, um zu überleben und um glücklich zu sein. Nur für eine Nacht. Meine Augen füllten sich mit Tränen und ich schämte mich für sie. Ich senkte den Kopf und dicke Tropfen fielen auf die zu weite Hose und hinterließen dunkle Flecken, die sich stetig vergrößerten. Der Nebel kam und schloss mich ein, von irgendwoher fing das kleine Mädchen in mir an zu singen und hüpfte über eine bunte Blumenwiese und aus dem reifen Löwenzahn schossen die Pusteblumensamen durch die Luft und die gelbe Sonne schien durch strahlendes Blau. Und Cécile lachte und alles war gut. Ich war weit, weit weg in meiner Welt, hier war ich sicher.

„Wo wolltest du hin?"

Die Frage klang so, als wenn sie schon öfters gestellt worden wäre und ich sah erschrocken hoch. Ich zuckte die Schultern.

„Ich weiß es nicht", sagte ich wahrheitsgemäß und in Gedanken fügte ich ein hinzu: „Überall ist es besser, als da."

„Ich werde morgen mit deinen Eltern reden, okay? Heute Nacht bleibst du erst mal hier und morgen früh spreche ich mit ihnen."

Er legte seine Pfeife in einen großen tönernen Teller auf dem Tisch und zeigte zu der Tür, in dessen Rahmen seine Frau stand.

„Meine Frau wird dich zu Bett bringen", sagte er. „Schlaf gut und Gott behüte dich."

Er legte mir kurz seine Hand auf die Stirn und es fühlte sich gut an, wichtig und besonders. Dann folgte ich seiner Frau ins obere Stockwerk und krabbelte in das für mich vorbereitete Bett. Ich schlief sofort ein.

Es war Mamas Lachen, das mich weckte und ich war froh, ihre Stimme zu hören. Ich wusste nicht wie spät es war, aber sie war da und ich wollte die Treppe herunterstürzen und sie in meine Arme nehmen. Ich wollte rufen: „Mama, Mama, ich habe dich so lieb", und sie festhalten und sie würde lachen und alles würde wieder gut werden. So funktionierte das zumindest in den Filmen, die ich gesehen hatte. Ich hörte die blecherne, dumpfe Stimme meines Stiefvaters und alle Freude wich von mir. Ich drehte mein Gesicht in das Kissen und zog es mir ganz um den Kopf.

„Ich hasse dich, ich hasse dich, ich hasse dich", sprach ich immer wieder in das Kissen hinein.

Ich spürte eine Hand auf meinem Arm und erschrak. Schnell ließ ich das Kissen los, mir die Augen wischend, so als wenn ich einen schlechten Traum gehabt hätte. „Cécile wach auf", sagte die Frau vom Pfarrer, „deine Eltern sind da."

Also hatte ich nicht geträumt. Die Sachen, mit denen ich den Abend zuvor dort angekommen war, lagen ordentlich zusammengelegt auf einem Stuhl in der Nähe vom Fußende des Bettes. Ich setzte mich auf und rieb meinen Schlaf aus den Augen. Die Pfarrersfrau lächelte mich an und strich mir über die Wange.

„Jetzt putz dir erst mal die Zähne und spritz dir ein bisschen Wasser ins Gesicht und dann gibt es Frühstück."

Sie lächelte so nett. Ich nahm meine Kleider und folgte ihr in das Badezimmer. Unten hörte ich die Stimmen meiner Mutter und meines Stiefvaters vermischt mit denen des Pfarrers. Ich bekam keinen Bissen runter, als ich am Frühstückstisch saß. Ich hatte die Eingangstür im Rücken und drehte mich alle zwanzig Sekunden um, in der Angst, sie könnten hinter mir stehen. Das Gespräch dauerte und dauerte und ich hörte, wie mein Stiefvater zu streiten anfing.

Dann hörte ich meine Mutter, laut aber bestimmt sagen: „Udo, geh besser, ich regel das schon."

Mein Herz machte einen Freudensprung. Ich hatte das Frühstück komplett vergessen, drehte mich zur Tür und lauschte weiter. Würde Mama ihn verlassen? Würde jetzt alles gut werden? Ich sah durch die Milchglasscheibe, wie jemand in den Flur trat, die Außentür öffnete und verschwand. Ich hörte die Schritte meines Stiefvaters, wie sie sich über den Kies vom Haus entfernten. Endlich war er weg.

Jetzt spürte ich auch den Hunger und fing fröhlich an zu essen, wippte mit den Beinen auf dem Stuhl und aß zufrieden und mit gesundem Appetit. Die Tür ging hinter mir auf und meine Mutter stand in der Tür. Sie sah so schön aus. Sie hatte ein Kostüm an, ihre Nägel waren frisch lackiert. Ihre Haltung war ein bisschen schief und ihr Haar hatte wenig Glanz, doch auf den ersten Blick war sie einfach wunderschön. Ich freute mich so sehr, sie zu sehen.

„Mama", rief ich lachend und wollte schon auf sie zu rennen.

Doch sie lächelte nur abwertend und fragte mich: „Würde es Madame genehm sein, wenn ich sie jetzt mit nach Hause nähme, oder wünschen Sie noch zu speisen?"

Ich musste lachen über ihre Wortwahl und fragte mich, warum sie so komisch sprach. Ihre ganze Haltung war eine Geste abgrundtiefer Enttäuschung. Ich hatte sie so enttäuscht. Doch ich lächelte und ging zu ihr, legte meine Arme um ihre Taille und drückte meinen Kopf auf ihren dünnen, eingefallenen Bauch.

„Ich hab dich so vermisst", sprach ich in den Stoff und endlich legte sie ihre Hand auf meinen Kopf und wuschelte mir durch das Haar. Ich wollte ewig so stehen bleiben. Ihre Nähe spüren, ihre Wärme. Warum lief sie nicht mit mir und Rebecca weg und ließ den blöden Udo,

Udo sein. Gerade wollte ich sie fragen, ob Udo jetzt für immer gegangen war, als sie mich sanft von sich schob.

„Komm, jetzt mach hier nicht auch noch so ein Theater, ich denke du hattest genug Show für die nächste Zeit. Es wird Zeit, dass wir nach Hause gehen."

Ich lachte, bedankte mich viel zu flüchtig und viel zu undankbar bei dem Pastorenehepaar. Meine Mutter gab beiden die Hand und verabschiedete sich höflich. Dann gingen wir den Kiesweg entlang auf die Straße.

Sie schoss an mir vorbei und ihr Schritt wurde energischer, bestimmter. Ich sah, wie sich ihre Hände zu Fäusten ballten und wie sie ihre Arme, lang gestreckt, kontrolliert an ihren Körper presste.

„Was zum Teufel, hast du dir dabei gedacht?", fragte sie mich. „Das wird ein Nachspiel haben, Frollein, uns so vor allen Leuten zu verraten. Was glaubst du eigentlich, wer du bist?" Sie zündete sich eine Zigarette an und sah mich zornig an. „Welches Spiel du auch immer spielen möchtest, ich spiel da nicht mehr mit. Du bist nicht mehr meine Tochter." Sie ging den Berg hinab und meine Welt ertrank in Tränen.

„Mama", wimmerte ich und lief ihr hinterher, fasste nach ihrer Hand, die zornig weggezogen wurde.

„Fass mich nicht an, es hat sich ausgemamat."

Wie ein räudiger Hund lief ich hinter ihr her. Heulte und wimmerte und flüsterte immer wieder: „Ich wollte das nicht, Mama. Es tut mir leid."

Sie drückte die Klinke der Eichentür hinunter und als ich sie erreicht hatte, packte sie mich am Genick und zog mich hinter sich her. Nach zwei Stufen ließ sie mich los. Wütend über ihre eigene Kraftlosigkeit, griff sie nach dem Treppengeländer und zog sich hoch. Sie atmete schwer. Sie drückte die Küchentür auf und mein Stiefvater saß am Küchentisch, vor sich eine Flasche Bier und ein umgekippter Flachmann. Er zog die Stirn kraus. Meine Mutter trat schweigend ein, als ich ihr folgen wollte, schlug sie mir die Tür vor der Nase zu.

„In dein Zimmer", hörte ich sie rufen, und, als wenn es nicht mehr hätte schlimmer kommen können. „Ich hab dir nichts mehr zu sagen."

Ich saß auf meinem Bett, zog die Knie an und weinte. Weinte und weinte und weinte, bis mich das Wunderland wieder eingeholt hatte und das lachende Kind in mir gewann.

~ ~ ~

Als ich das erste Mal den Kirchberg hochging, um am Konfirmandenunterricht teilzunehmen, musste ich daran denken. Ich hatte Angst davor, dem Pfarrer in die Augen zu schauen. Angst davor, dass er mich was fragen würde, was mich vor allen anderen blamierte.

Doch nur ein einziges, fast unmerkliches, vertrautes Nicken, war ein Zeichen dafür, dass er wusste, wer ich war. Keines der Kinder erfuhr je die Geschichte von meinem Ausflug zu ihm.

Ich hoffte immer noch darauf, in eine bessere Welt zu kommen. Hoffte, von Gott erlöst zu werden und war bereit, alles dafür zu tun.

Ich war wahnsinnig strebsam, machte jedes Mal meine Hausaufgaben und konnte Teile der Bibel auswendig zitieren. Ich ging jeden Sonntag in die Kirche und glaubte daran, dass ich eines Tages dafür belohnt werden würde. Ich war davon überzeugt, später einmal selber Pastorin zu sein.

Der Tag meiner Konfirmation rückte näher. Die Jungen in meiner Konfirmandengruppe – ich war das einzige Mädchen – fingen an Sparkonten zu eröffnen und fieberten auf bezahlte Führerscheine und andere Geldsummen. Ich wusste, dass mich kein finanzieller Segen erreichen würde.

Kurz bevor es nun also so weit war, die Einladungen waren schon verschickt, die ersten Gäste würden bald anreisen, da krachte mal wieder das Fundament.

Meine Mutter drohte, alles abzusagen, sie schrie auf mich ein und sperrte mich in meinem Zimmer ein. Ich war für sie nicht zu ertragen und sie machte keinen Hehl daraus.

Was war nur schon wieder passiert?

„Das ist alles nicht zu bezahlen!", hatte sie immer wieder gesagt. Aber auch das ging vorbei, das Abendmahl kam und ich wurde konfirmiert.

Es war ein schönes Fest. Zu meiner Rechten saß mein Vater mit seiner Freundin Dina, zu meiner Linken meine Mutter mit meinem Stiefvater.

Meine Patentante war mit ihrer ältesten Tochter da. Johannes und Janus waren da. Meine Schwester. Eine Schulfreundin von mir und der beste Freund von meinem Stiefvater, Peter.

Und als sich traditionell nach dem Familienfest die Konfirmanden trafen, um eine Runde durch das Dorf zu machen, klingelten sie auch bei mir.

Ich weiß nicht, wie viele Elternpaare auf ihre Jungen eingeredet haben: „Ihr müsst das Mädchen mitnehmen, das gehört sich so."

Es war mir egal in diesem Moment. Ich war dabei. Ich gehörte dazu. Wieder ein Moment, den ich gierig einsaugte. Ich musste nicht am Fenster stehen und den anderen Kindern zusehen, ich ging mit ihnen.

Wir zogen von Bauernhof zu Bauernhof und überall wurde auf uns angestoßen, darauf, dass wir jetzt schon fast erwachsen waren.

In jeder Bauernstube jedes Bauernhauses kam ein Tablett gefüllt mit Schnapsgläsern, aus denen der Selbstgebrannte schwappte, auf fleischigen Händen getragen von rotbäckigen, gut genährten, einfachen Bauersfrauen, die eine Kittelschürze über ihren Kostümen trugen. Alle Bauersfrauen stellten mir stillschweigend den Kurzen vor die Nase. Bei jedem Jungen wurde über den Kopf gewuschelt, sie wurden an die übergroßen Dekolletés gedrückt, die Männer schlugen mit ihren Handflächen auf die rustikalen Eichentische und prosteten immer wieder auf „unsere Jugend" an. Aber ich lachte mit ihnen. Ich genoss es in einem Raum zu sitzen, ohne dass sich die Köpfe von mir wegdrehten. Ich konnte das erste Mal hinter die Kulissen schauen. Konnte sehen, dass viel nur Fassade war, dass gar nicht jedes Kind einen eigenen Fernseher oder Computer hatte. Es gab sogar Kinder, die hatten noch nicht mal ihr eigenes Zimmer.

Und Stück für Stück sah ich gar nichts mehr.

Die Welt fing an sich zu drehen. Ich war zum ersten Mal in meinem Leben betrunken. In meinen roten heißen Wangen pochte das Blut. Ich kicherte leise vor mich hin, wenn die Männer laut auflachten.

Ich fühlte mich erwachsen. Die Welt drehte sich ein bisschen schneller und einmal ließ ich meinen Kopf auf die Schulter von einem der Jungen kippen. Er setzte mich nur gerade auf, aber kein böses Wort. Kein „Ihhh, sie hat mich berührt", kein „Ahhh schnell, wasch mich, wasch mich, ich hab Dreck an den Fingern."

In meiner sich drehenden Welt, die den Kopf des Jungen nicht mehr gerade sehen konnte, da war es mir, als wenn er mich angelächelt hätte.

Irgendwann war es an der Zeit nach Hause zu gehen. Ich taumelte den Berg hinunter, um zu unserem Bauernhaus zu kommen. Die Welt drehte sich. Ich verfehlte die Brücke, die zu unserem Bauernhaus führte und landete im Bach.

Und meine Mutter?

Sie lachte ...

Sie war nicht zu berechnen, nicht vorhersehbar. Ich hätte auf dem Dachboden landen können. Eingesperrt. Vielleicht waren die Gäste in unserem Haus mein Schutzschild, ich weiß es nicht.

Der Tag war ein Rausch, und ich war stolz und fühlte mich so wahnsinnig erwachsen und frei.

Ich bekam von Dina und meinem Vater ein Fahrrad geschenkt und ich sehe mich noch mit ihr sitzen und erzählen, stundenlang. Wie zwei alte Freundinnen von Frau zu Frau. Ich habe sie so geliebt ...

Dina war Zuhause und Flucht.

Immer wenn ich nach Berlin fuhr, war ich bei ihr.

Ich saß oft tagelang allein in ihrer riesigen Berliner Altbauwohnung, saß am Fenster und schaute auf Kreuzberg hinunter.

Die Wohnung war voll mit über einhundert Skulpturen, die ihr einmal ein mittelloser Künstler vermacht hatte.

Unter mir, auf der Straße tobte Kreuzberg, bunt, dreckig, lebendig, fröhlich, multikulturell, Kreuzberg lachend, schnoddrig, vermummt, zerbrochen, auferstanden. Ich saß oben im Fenster, allein. Saß und saß, schaute hinunter und wartete, dass irgendjemand kommt und mich holt. Mich mit ins Leben zieht, mich mit hinein nimmt ins bunte, laute, lebendige Kreuzberg.

Dina arbeitete beim Film. Sie war nicht abgehoben oder überdreht, sie war auf ihre Art liebenswert verrückt. Sie war groß, burschikos und hatte ein Lachen, das ganze Gemäuer zum Einstürzen bringen konnte. So laut, so herzlich, so mitreißend.

Ich liebte ihren Geruch, ein Gemisch aus Parfum, sehr weiches, süßes Parfum und viel zu viel gerauchtem Roth Händle ohne Filter.

Sie war größer als mein Vater, im richtigen wie im übertragenen Sinne, und sie war immer da.

Sie arbeitete für den Film und ihre Arbeitsplätze lagen auf der ganzen Welt verstreut und führten sie überall hin. Doch wann immer ich sie brauchte, war sie da.

In dem Herbst, nach dem ich konfirmiert wurde, gab es mal wieder eine Nacht voller Schreie.

Scherben lagen auf dem Boden, der Regen hämmerte gegen die Scheiben und der Wind heulte und bollerte in den alten Ölöfen.

Meine Mutter schrie und heulte, und er grölte und schlug. Es wurde immer lauter, sie schrien und schrien und schrien.

Ich versuchte mir die Decke über den Kopf zu ziehen, ich versuchte mir einzureden, dass der Ölofen so bollerte, weil er an war und das Feuer bollerte. Doch ich konnte meine Atemluft sehen, es war verdammt kalt und ihre Schreie hörten nicht auf.

Irgendwann hielt ich es nicht mehr aus. Ich setzte meine Füße auf die kalten Dielen und ließ sie vor- und zurücksetzen. Ich starrte in die Dunkelheit und betete, dass es aufhört. Doch es hörte nicht auf.

Gefolgt von gelegentlichen Krachen und Scheppern schrien sie weiter. Ich wusste, dass bei jedem Krachen, das ich hörte meine Mutter zu Boden fiel. Ich wusste, dass er sie schlug. Ich spürte die Kälte nicht mehr unter meinen Füßen und für einen kurzen Moment war die Versuchung riesengroß, die Füße jetzt unter die Decke zu stecken und das warme Prickeln und Knistern zu fühlen, dass meine Füße wieder durchbluten ließ.

Ich stand viel zu lange in meiner Zimmertür, ging schließlich zur Küchentür und wieder zurück, hatte meine Hand an der Klinke und drückte sie nicht herunter. Es war diese bestimmte Tonlage, es war diese ganz besondere Art, wie sie sich anschrien. Es ging nicht um sie, es ging nicht um das Geld, worum immer wieder geschrien wurde, es ging nur um das Streiten an sich. Es ging um diese riesige Frustration aus der Einsamkeit heraus, aus der Langeweile, die nichts von ihnen verlangte.

Dennoch konnte ich meine Mutter nicht mehr weinen hören, ich drückte die Klinge herunter. Meine Mutter lag mit dem Oberkörper auf dem Tisch. Mein Stiefvater stand in Unterhose neben ihr, sein widerwertiger, unförmiger Körper stank. Durch den Streit aufgewühlt bebte seine massige Brust und seine dicken Finger schlossen sich bedrohlich zu Fäusten. Seine verrutschte Unterhose zitterte und ich dachte noch einmal daran, zurück in mein Zimmer zu gehen, denn noch hatten sie mich nicht bemerkt. Meine Mutter hob ihren Kopf von der Tischplatte und stützte sich mit beiden Händen hoch, sie griff nach der Schachtel mit ihren Zigaretten, steckte sich eine in den Mund. Sie musste mit beiden Händen das Feuerzeug halten, ihre Ellenbogen blieben auf der Tischplatte. Als das Feuerzeug weit von ihrem Gesicht entfernt immer wieder aufflammte und sie sich nicht in der Lage sah, die Spitze ihre Zigarette in die Flamme zu halten, da entdeckte sie mich.

Der Schreck gab ihr Treffsicherheit, sie zündete sich ihre Zigarette an, ließ einen Arm abknicken, inhalierte den Rauch und pustete ihn in meine Richtung.

„Was willst du hier?", lallte sie mir entgegen. Mein Stiefvater drehte sich verwundert um, sah mich, zog mit seiner Hand seine Unterhose zurecht und hob drohend seine Faust.

„Du verschwindest sofort in dein Bett, oder ich mach dir Beine. Los, schwing deine Hufe."

Ich konnte jetzt nicht einfach gehen, das wusste ich, es war noch zu viel Spannung im Raum, sie würden sich weiter anschreien.

„Was ist denn los?", fragte ich. „Warum streitet ihr euch?"

Meine Mutter lachte kalt, absonderlich und nicht passend. Ihre Augen waren verheult, an ihrer Bluse war noch der Abdruck von der Hand meines Stiefvaters, als er sie packte, um sie dann gegen die Wand zu schmeißen. An ihren Beinen die Abdrücke der Möbel, gegen die sie flog, wenn er sie schubste.

Ihr Ellenbogen hielt ihren Kopf nicht, er rutschte von der Tischkante und sie landete ungeschickt auf der Tischplatte. Sie versuchte sich mit Würde aufzurappeln und sah mich an.

„Erstens streiten wir uns nicht, und zweitens, Frollein, geht dich das überhaupt nichts an. Wir sind erwachsen. Geh in dein Zimmer und schlaf. So weit ich mich erinnere, musst du morgen zur Schule gehen."

Als wenn das so einfach wäre, als wenn ich mich einfach umdrehen und einschlafen könnte. Sie schrien doch die ganze Zeit, ich konnte doch gar nicht schlafen, die Angst hielt mich wach, der Lärm hielt mich wach, die Kälte hielt mich wach. Wie sollte ich schlafen?

Ich starrte leer und müde durch meine Mutter hindurch. Mein Stiefvater wankte auf mich zu.

„Muss ich dir erst Beine machen?"

Ich sah seine dreckigen Füße auf mich zu kommen, sah die uralten Flecken in dem verdreckten Linoleum, sah den Fleck der eingebrannten Zigarette, sah ihm direkt in die Augen, schrie ihn an: „Ich hasse euch."

Dann rannte ich in mein Zimmer.

Der Schock hielt nicht lange an. Vielleicht eine neue Zigarette lang, die meine Mutter rauchte, für einen kurzen Moment sprachen sie leise, unterhielten sich für einen kurzen Moment, schimpften über mich. Aber dann ging es von vorne los.

In der Dunkelheit suchte ich den Zettel, den Dina mir gegeben hatte, auf dem alle ihre Telefonnummern standen, auch ihr Autotelefon. Dann schlich ich in den Flur und zog leise das Telefon hinter mir her. Ich wählte zuerst ihre Nummer in Berlin. Es klingelte lange, viel zu lange, und ich wollte schon auflegen, als sich eine verschlafene Dina meldete.

„Hallo?"

Ich holte einmal tief Luft. „Hallo Dina, hier ist Cécile."

Ich hörte wie sie sich in ihrem Bett aufrichtete, und ich konnte es bildlich vor mir sehen, wie sie ihre dichte Mähne aus dem Gesicht wischte.

„Hey Bella, was ist los?"

„Sie streiten, Dina, die ganze Nacht streiten sie. Hörst du sie schreien?"

Für einen kurzen Moment ließ ich den Hörer neben mir baumeln und ließ sie Mamas Wimmern hören. Dann hielt ich mir den Hörer wieder ans Ohr und hörte wie sie sich eine Zigarette ansteckte. Ich hörte wie sie den Rauch einatmete, dann sagte ich: „Ich will hier nicht mehr sein."

Dina blies den Rauch laut aus, so dass ich ein lang gezogenes Rauschen im Hörer wahrnahm.

„Pass auf, ich muss morgen in Düsseldorf sein. Ich setz mich jetzt ins Auto und fahr zu dir, ich denke ich bin so in vier Stunden da. Ich möchte nicht mit Marlies sprechen, das mache ich, wenn wir in Düsseldorf sind, bis dahin werden die beiden vermutlich eh schlafen."

Mein Herz schlug wild in meiner Brust und ich musste heulen. Ich war ihr so unglaublich dankbar und versuchte dieses Wort in den Hörer zu stammeln.

„Nein, kein Danke", sagte sie. „Pass auf, versuch' ein paar Sachen zusammenzupacken und versuch', dass du mich hörst. Ich werde bei euch auf den Hof fahren, ich werde nicht aussteigen und nicht klingeln. Okay?"

Ich nickte mehrmals, bis mir klar wurde, dass sie mich nicht sehen konnte. Dann sagte ich: „Ja", legte den Hörer auf und brachte das Telefon leise in den Flur zurück.

Erst als ich bei Dina auf der Rückbank saß, Autolichter uns entgegenkamen, dass monotone, ruhige Brummen des Motors mich beruhigte, rollte ich mich zusammen und schlief ein.

Als ich wach wurde, waren wir bereits in Düsseldorf und Dina hatte das Auto schon ausgeräumt. Sie erzählte mir, dass sie bereits mit meiner Mutter telefoniert hatte Dann zeigte sie mir ihr Apartment.

Ich wollte nie wieder nach Hause zurück.

Dina nahm mich mit zu den Sets, ich saß bei den Visagistinnen in den Bussen und sah ihnen zu, wie sie die Schauspieler verwandelten. Ich stand hinter dem Kameramann und sah die Welt mit seinen Augen, aus seinem Blickwinkel.

Ich saß mit allen in dem großen Bus beim Essen und über den großen Tisch ergoss sich ein Potpourri aus Sprachen und Mentalitäten, wenn alle miteinander lachten und scherzten. Jeder – ob Ober- oder Unterliga – nahm Dina in den Arm und küsste sie, wenn sie den Bus betrat, dann wünschte ich mir immer, ich könnte sagen, dass diese tolle Frau, die hier alle Fäden in der Hand hielt, das sie meine Mutter sei. Aber sie war nur Papas Freundin. Ich hatte den Wunsch schon lange aufgegeben, denn es würde keine Rettung geben, auch diese Zeit würde zu Ende gehen und ich würde zurückgeworfen werden, in die Tretmühle des alkoholischen Verfalls. Umso mehr Tage vergingen, desto stiller wurde ich. Ich wusste, die Zeit meiner Abfahrt nahte, Dina musste mich in den Zug setzen und zurück nach Hause schicken. Sie hätte sonst riskiert, dass Mama mich mit der Polizei hätte abholen lassen, und das hätte uns allen mehr geschadet als genützt.

Ich kam wieder in dem alten Bauernhaus an. Ich wollte da nicht mehr sein. Jede Faser in mir hasste es. In mir tobte die Revolte. Ich wollte raus. Ich wollte weg. Ich war bereit, jeden Preis zu zahlen.

Hauptsache, ich würde weg sein.

So schleppte ich mich zum Jahresende und verbrachte Weihnachten mit Mama und Udo alleine, meine Schwester blieb bei ihrem Vater. Ich schleppte mich durch das Jahr. Spielte Theater, floh.

Die Sommerferien näherten sich, ich hatte keine guten Noten zu erwarten und auch sonst nichts, auf das ich mich hätte freuen können.

Es war kein Urlaub geplant, seitdem meine Schwester ausgezogen war, gab es nichts mehr. Ich sah sechs endlose Wochen vor mir, in denen ich mit dem Fahrrad in den Wald fahren würde, ich würde zum Steinbruch laufen, ich würde mich auf dem Hochsitz verstecken.

Der Horizont war grau und verhangen, ich hasste mein Leben.

Fünftes Kapitel

An einem der ersten Tage der Sommerferien 1993 sagte Johannes, der alte Zirkusclown, den wir durch die, von meiner Mutter gegründete Initiative gegen Ausländerfeindlichkeit kennen gelernt hatten, dass ganz in unserer Nähe ein Zirkus gastieren und er ihn begleiten würde. Ich war 14 und ich wollte mit.

Da war meine Chance. Ein Grashalm, an den ich mich klammern konnte. Flucht, Vagabundenleben, in die Ferne schweifen, fort sein, frei sein.

Ich bettelte, ich flehte, ich weinte, ich schrie, ich wollte unbedingt mit. Irgendwann gaben Mama und Udo nach. Vielleicht weil sie wussten, dass sie mir keine Alternative bieten konnte, vielleicht, weil ich so oft betonte, dass ich nicht wusste, was ich sonst machen sollte in diesen langen sechs Wochen, vielleicht wollten sie aber auch einfach nur, dass ich endlich ruhig war.

Ich würde Johannes begleiten, wenn er mit seinen über siebzig Jahren auf Tour ging. Ich wollte ihn beschützen, und vor allen Dingen wollte ich raus aus diesem Dreck.

Es wurde ein Vertrag aufgesetzt, mit der Direktorenfamilie, meine Sachen wurden gepackt, ich bekam einen eigenen Wohnwagen und dann war ich dabei.

Dieses Gefühl von Freude und Stolz werde ich nie vergessen, als ich damals neben dem Zirkusdirektor, sein Name war Mario und er war 36, in den Truck gestiegen bin. Ich hatte feuchte Hände und Herzklopfen, und ich war wahnsinnig aufgeregt.

Ich stand ein bisschen neben mir, war ein wenig wie berauscht und trotzdem wahnsinnig stolz.

Viele der anderen Wagen waren schon vorgefahren, Johannes fuhr bei einer tschechischen Artistenfamilie mit. Der Wagen des Zirkusdirektors mit dem Viehwagen im Schlepptau war der letzte in der Karawane.

Ich saß neben ihm. Er war mein Held, meine Chance alles hinter mir zu lassen, und ich hoffte, ich würde alles so machen, wie er es von mir verlangte, um niemals, nie wieder, nach Hause geschickt zu werden.

Die Fahrt verging sehr schnell und wir lachten viel. Der Direktor stellte mir viele Fragen und erzählte viel über den Zirkus. Er fragte nach meiner Familie, meinen Freunden, ob ich einen Freund hätte und woher ich Johannes kennen würde.

Ich antwortete, und versuchte manchmal zurückzufragen. Das klappte aber nicht, denn er bestimmte das Gespräch.

Die erste Station meiner Reise war Kaufungen, eine kleine Stadt in der Nähe von Kassel. Wir kamen an, woraufhin er sofort verschwand, und ich völlig belämmert dastand. Doch bevor ich eine Chance hatte, mich zu orientieren, kam jemand auf mich zu und wies mich an, dass ich beim Tierzeltaufbau zu helfen hatte. Das tat ich.

Mein Wagen stand außerhalb des Kreises der anderen. Alle Artisten und Künstler sowie die Direktorenfamilie standen im Kreis, selbst Johannes' Wagen stand im Kreis, nur meiner stand hinter den Viehwagen, aber das störte mich nicht.

Ich war weit weg von zu Hause und hatte endlich eine Chance nie mehr zurückkehren zu müssen.

Die ersten Tage vergingen wie im Flug und ich arbeitete schnell und hart. Ich bekam mit, dass die Ehe des Direktors und seiner Frau Tanja nicht besonders gut war und die beiden eher schlecht als recht voneinander sprachen. Dies sollte mich nichts angehen, nur irgendwie versuchten alle mich in dieses „die ganzen Zirkusleute-beschäftigende-Thema" mit einzubeziehen. Ich versuchte jedoch neutral zu bleiben und mich da rauszuhalten, konzentrierte mich auf meine Arbeit und verbrachte jede freie Minute mit Johannes.

Wir hatten geplant Kaufungen nach einiger Zeit zu verlassen, um nach Worbis aufzubrechen. Doch am Abend davor kam Mario, der Direktor, zu mir und sagte, dass er meinen Wagen, zusammen mit den Viehwagen schon rüber fahren würde, weil er dann am nächsten Tag nicht so oft fahren müsste. Mir war das egal, und ich willigte ein.

Er koppelte meinen Wagen an und sagte mir, ich solle schon einsteigen. Ich tat es. Er war sehr guter Stimmung und wir redeten über alles Mögliche.

„Seit wann macht ihr keine Artistennummern mehr mit den Tieren?", fragte ich.

„Es lohnt sich nicht mehr. Die meisten Menschen sehen es als Tierquälerei an und wollen so etwas nicht sehen. Deswegen haben wir die Tiere nur noch als Streichelzoo."

„Sind sie alle dressiert?"

Er lachte. „Bis auf die Ziegen, ja. Tanja hat früher die Pferdedressuren gemacht, aber seit dem Micky geboren wurde, geht sie nicht mehr in die Manege."

Irgendetwas klang abwertend in seiner Stimme, lieblos, so als spräche er über einen schlechten Arbeiter und nicht über seine Frau. Ich hatte schon so viele Gerüchte über die Ehe der beiden gehört und wollte endlich wissen, was da dran war, deswegen fragte ich: „Wenn Tanja etwas passieren würde, oder wenn sie keine Lust mehr auf den Zirkus hätte, würdest du den Zirkus dann aus Liebe zu deiner Frau aufgeben?"

Mario schaute stur geradeaus auf die Fahrbahn, sein Mund hatte sich spitz zusammengezogen, er wiederholte meine Worte: „Aus Liebe zu meiner Frau ...", sagte er. Dann legte er die Arme auf das große Lenkrad und zündete sich eine Zigarette an. Er blies den Rauch aus und sah mich an. „Nein."

Irgendetwas beruhigte mich an dieser Antwort, machte mich leicht. Ich lächelte. Die Nacht war zwar grau in grau, doch wir redeten sie uns bunt. Wir lachten viel und ich fühlte mich wie in einem Actionfilm. Ich hatte das Gefühl, wir würden die ganze Welt hinter uns lassen.

Ich war zwar erst 14, aber ich fühlte mich so erwachsen und weise, und hatte das Gefühl, alle Bänder hinter mir zu kappen.

Als wir uns Worbis näherten, sagte er: „Wir sind gleich da, aber dann wärst du mit dem Gerätewagen ganz alleine auf dem Platz. Möchtest du noch einmal mit zurückkommen, damit ich dir wenigstens die Tiere dazustellen kann?"

Ich war todmüde, aber ich hatte nicht eine Sekunde darüber nachgedacht, dass ich tatsächlich als einzige auf diesem Platz sein würde. Vielleicht war es die Art, wie er die Frage stellte, dass mir der Platz alleine total gruselig und die Fahrt mit ihm total spannend erschien. Vielleicht wollte ich noch ein bisschen dieses „Actionfilmgefühl" genießen, was auch immer es war, ich willigte ein. Ich half ihm dabei den Wagen abzukuppeln und ihn zu sichern.

„Du bist stark", sagte er, als ich den Wagen von der Anhängerkupplung zog. Sein Blick war bewundernd und anerkennend. Ich fühlte mich gigantisch groß und unbesiegbar. Er machte Scherze mit mir.

Dann stiegen wir wieder in den Wagen, er wendete den Truck auf dem Platz und die Scheinwerfer beleuchteten alle dunklen Ecken. Die

Gegend kam mir groß, einsam und unheimlich vor. Ich hatte die richtige Endscheidung getroffen.

Mario hatte den Wagen auf die Bundesstraße gelenkt und zündete sich eine Zigarette an. Er schmiss die Schachtel auf das riesige Armaturenbrett und wandte mir kurz den Kopf zu.

„Weißt du, was ich mir am meisten wünsche? Wenn ich noch mal so richtig Zeit und Geld hätte?"

Ich zuckte mit den Schultern und lachte ihn an. Irgendetwas in mir wünschte sich, dass sein Wunsch etwas mit mir zu tun haben würde. In Gedanken hörte ich ihn sagen: *„Ich würde dir einen richtig schönen, neuen Wohnwagen kaufen und dir die Artistenausbildung finanzieren, so dass du für immer bei uns bleiben kannst."*

Ich sagte: „Nein, ich weiß es nicht. Würdest du denn was anderes machen wollen? Weggehen vom Zirkus?"

Da lachte er. „Um Gottes Willen, nein! Der Zirkus ist mein Leben." Er zog an seiner Zigarette und starrte für einen kurzen Moment verträumt auf die Straße. „Zwei Braunbären." Er zog noch einmal an seiner Zigarette, lächelte seinem Rauch hinterher und sah mich an.

„Zwei kleine Braunbärenbabys, das ist mein Traum. Sie aufziehen und dressieren." Er sah wieder auf die Straße und sagte mehr zu sich als zu mir: „Bären sind wunderschöne Tiere."

Auch ich liebte Bären und ich war hin- und hergerissen zwischen der Rührung, diesem liebevollen Gefühl im Bauch, mir diesen Mann bei der Aufzucht von kleinen, tapsigen Braunbärenbabys vorzustellen, und dem Wissen, dass Braunbären in die Freiheit gehörten und man sie nicht einsperren durfte. Ich wollte nichts von beidem preisgeben.

„Sind sie schwer zu dressieren?", fragte ich stattdessen.

„Wenn man mit ganz kleinen Tieren anfängt, hat man gute Chancen. Man muss ihnen deutlich machen, dass man über ihnen steht, und das von klein an, denn sonst werden sie zu lebensgefährlichen Bestien."

Er erzählte von seinem tschechischen Freund, der vor Jahren auch bei ihm im Zirkus gewesen, dann aber zum russischen Staatszirkus gewechselt war. Dieser wäre in der Lage kleine Bären zu dressieren, hätte auch eigene Bären und könnte ihm – wenn es denn dann so weit wäre – auch eigene Bären besorgen.

„Aber die sind halt wahnsinnig teuer."

Er schwärmte noch ein bisschen für Bären und sagte mir dann nach einiger Zeit, dass er manchmal mit seinen Kindern auch Tierfilme ansah, und dass auch Micky, sein dreijähriger Sohn, – genau wie er – nicht von Bären abzubringen sei.

„Ich glaube, ich hab als kleines Kind genauso vor den Zoogittern gestanden, wie Micky heute vor dem Fernseher klebt. Mein Sohn hat die gleiche Leidenschaft für diese Tiere, obwohl er noch so klein ist, viel kleiner als ein Bär."

Ich wusste nichts darauf zu erwidern, und es trat ein Schweigen ein, ein unangenehmes Schweigen. Mario schaute stur auf die Landstraße und ich lehnte meinen Kopf an die Scheibe. Für einen kurzen Moment krabbelte die Müdigkeit in meinen Körper, zog mit aller Kraft an meinen Lidern und wollte meine Augen schließen. Langsam ging meine Atmung in ruhige Schlafatmung über, die Schlafwärme krabbelte in meinen Körper und kämpfte gegen die Kühle der Scheibe.

Dann bremste der Wagen.

Ich wurde zurückgeholt und rieb mir die Augen.

Wir waren irgendwo im Nirgendwo. Keine Abzweigung, keine Kurve, kein Tier. Es gab keinen Grund anzuhalten. Mario machte den Motor aus und sich eine Zigarette an.

Er fuhr nicht rechts ran und setzte auch nicht den Warnblinker. Er zog einfach nur an seiner Zigarette, blies den Rauch unter die Decke und sah mich an.

„Cécile, ich sag dir das jetzt nur ein einziges Mal. Ich werde mich nie wiederholen und ich werde mich nie daran erinnern, das gesagt zu haben."

Ich hörte mein Herz ganz laut schlagen, es klopfte schmerzhaft gegen meine Rippen und meine Kehle war trocken. Ich fühlte mich, als wenn mir jemand eine Lanze drohend unter das Kinn hielt.

Er zog noch einmal an seiner Zigarette. Diesmal jedoch schlug der Rauch eine Pirouette an der Windschutzscheibe und zog dann wie eine alte, lahme Schlange aus dem Fenster raus.

„Ich habe mich in dich verliebt."

Ich schaute auf die eingetretenen Zigarettenschachteln auf dem Boden des Beifahrersitzes, zählte die Buchstaben der abgetretenen Plakatfetzen unter meinen Füßen.

„Aber ich ... ich mag dich als Freund ... Tanja ..."

Irgendwann fand ich schließlich den Mut hochzuschauen, für einen kurzen Moment sah ich ihn an. Dann senkte ich wieder den Kopf und sagte: „Danke."

Er lächelte, hatte seine Kippe lässig im Mundwinkel und ließ den Motor an. Als er die Handbremse löste, sah er noch einmal zu mir.

„Wir haben uns verstanden?"

Das klang so geschäftlich, so, als wenn wir gerade einen riesigen Deal beschlossen hätten, tausche Herz gegen ... ja, gegen was eigentlich?

Ich lehnte meinen Kopf wieder an die Scheibe, doch an Schlaf war nicht mehr zu denken. Ich verstand das nicht. Warum konnte etwas so Schönes so weh tun? Und warum fühlte es sich nicht echt an ...?

Einige Kilometer später kam ein Rasthaus, er fuhr auf den Parkplatz und hielt den Wagen an. Mario rannte um den Truck, riss meine Tür auf und strahlte mich an. Er hob mich aus dem Wagen und wirbelte mich durch die Luft. Ich war müde, doch trotzdem ein bisschen Prinzessin und ganz doll verwirrt.

Er nahm meine Hand, während wir über den Parkplatz gingen, mir war das ein wenig unangenehm. Ich fühlte mich verlegen und konnte der Verkäuferin nicht in die Augen schauen. Ich fühlte mich als Verräterin und vor irgendetwas hatte ich auch Angst.

Er scherzte ein wenig mit der Angestellten, bestellte Kaffee und Pommes und ein belegtes Brötchen, und fragte mich immer und immer wieder, ob ich auch was zu essen haben wollte.

Da erst fiel mir auf, dass ich seit Tagen von zu Hause weg war und keinen einzigen Pfennig Geld dabei hatte. Ich wurde sehr dünn in dieser Zeit.

„Einen Kaffee hätte ich gerne." Ich tat so, als wenn ich Geld aus meiner Hosentasche nehmen wollte.

„Ich zahl das", sagte er und sah mich noch einmal an: „Willst du wirklich nichts essen?"

Ich schüttelte den Kopf. Wir setzten uns draußen auf eine Bank. Vor uns lag die Landstraße und hinter uns die Raststätte. Hier war die Zeit stehengeblieben. Die Grenzöffnung war gerade mal vier Jahre her und um so tiefer man in das neue Deutschland hinein fuhr, desto mehr erschien es einem, als wenn die Zeit hier stehengeblieben wäre und es keine Wende gegeben hätte. Der Betonbau, der die Raststätte darstellte, stand grau und trist im Nichts, der Putz bröckelte von der Fassade, lieblos wiesen selbstgemalte Schilder auf schlechtes Essen hin, und spartanisch aufgestellte Bänke und Tische wurden mit abgewaschenen Plastikdecken und viel zu oft benutzten Aluaschenbechern verziert.

Ich pustete in meinen Kaffee und saß mit meinen Füßen auf der Sitzfläche der Bank auf der Lehne. Er stellte sich hinter mich, legte seinen Arm um mich und drückte mich an sich.

Dann setzte er sich, genau wie ich, auf die Lehne, legte das Brötchen in seinen Schoß, aß in aller Ruhe seine Pommes, trank seinen Kaffee, er schien keine Eile zu haben.

Ich umklammerte mit beiden Händen den Pappbecher und pustete noch hinein, als es nur noch eine kalte, eklige, schwarze Brühe war. Mario rauchte ein, zwei Zigaretten, blies Ringe in die Luft und schaute dem Rauch nach.

Dann war es an der Zeit weiterzufahren.

Die Landstraße zog sich dahin, wir fuhren durch schwarze Wälder, dessen Bäume vorbeihuschende Schatten waren, die manchmal ihre Arme auf uns herabhängen ließen, so dass die Äste raschelnd und knarrend über das Dach zogen.

Er erzählte mir, wie seine Kinder es schafften im Schulsystem zu bleiben und wie sie damit lebten in den Schulen keine verbindlichen Freundschaften aufbauen zu können. Am meisten sprach er über seinen Sohn, Micky, richtig hieß er Michael, sein ganzer Stolz. Wenn auch der jüngste, so war er doch derjenige, in den er alle Hoffnungen setzte und mit dem er glaubte, seinen Betrieb eines Tages fortsetzen zu können.

Die Kilometerangaben auf den Landstraßenschildern wurden zunehmend kleiner und als wir uns dem Ort näherten, verlangsamte er das Tempo, setzte den Blinker und fuhr rechts ran.

„Es ist besser, wenn du jetzt aussteigst, denn Tanja sollte dich nicht sehen …"

Es war mitten in der Nacht und wir waren gerade einige Meter aus dem Wald herausgefahren. Ich war seit Stunden auf diesem Weg und hatte nur vereinzelt Menschen gesehen. Mir gefiel der Gedanke nicht. Ich hatte Angst. Vielleicht ahnte er das, vielleicht dachte er auch einfach nur, er müsste noch etwas sagen. Er legte den Kopf schief und sah mich an: „Es tut mir leid, aber es ist wirklich besser so." Er legte seine Hand auf mein Bein. Ich nickte und stieg aus.

Das Starten des Motors kam mir so unglaublich laut vor. Benebelt wechselte ich die Straßenseite.

Ich stand im nassen Gras und apathisch starrte ich den roten Punkten hinterher. Der Morgentau machte meine Knöchel kalt und die unangenehme Nässe holte mich aus der Starre zurück. Ich ging auf die Straße und hüpfte von einem Bein aufs andere. „Was wäre, wenn Tanja jetzt beschließen würde, mitfahren zu wollen? Würde er dann an mir vorbeifahren?"

Von einem Bein auf das andere. Ein Stück die Straße runter, ein Stück wieder hoch. Hüpf, hüpf.

Ich verlor die Lust am Hüpfen. Umklammerte mich mit meinen Armen, lief mit hochgezogenen Schultern, das Kinn auf der Brust, die Straße hinunter und wieder hinauf.

Als ich gerade beschließen wollte, wie ein kleines Häufchen Elend im Gras zusammenzusacken und zu heulen, da sah ich die Lichter des Trucks am Horizont auftauchen. Der Truck kam näher, ich hörte sein Motorengeräusch jetzt ganz deutlich.

„Bitte lieber Gott, mach, dass er alleine ist und mich mitnimmt", sprach ich leise vor mich hin.

Er war allein und er hielt an. Ich stieg wieder in den Truck, lachte ich? Weinte ich? Ich weiß es nicht mehr.

„Nun denn, können wir weiter fahren?", fragte Mario.

Da lachte ich und sagte: „Ja!"

Ich fühlte mich in diesem Moment so berauscht, so groß, so erwachsen.

Was auch immer dieser Mensch von mir wollte, er wollte mich und das versetzte mich in einen Zustand endlos glücklicher Euphorie.

Durch die Übermüdung wurde ich albern. Ich lachte viel mit ihm und fand es wahnsinnig witzig, durch die verschlafenen Ortschaften zu fahren und auf die Hupe zu hauen. Ich kniete auf dem Beifahrersitz und haute mit beiden Händen auf die Hupe. Zügellos, maßlos verhielt ich mich, und lachte laut und ungehemmt. Er lachte mit mir. Manchmal, wenn der Truck über ein Schlagloch fuhr, da drohte ich das Gleichgewicht zu verlieren, doch er fing mich immer auf und strich mir dann mit seinen Fingern durchs Gesicht. Einmal griff er an meinen Po, um mich zu halten, ich kicherte verschämt und er kicherte mit mir. Die Dämmerung setzte ein. Wir kurbelten unsere Fenster runter. Als wir die nächste Stadt erreicht hatten, hing ich mich aus dem Fenster und rief: „Besuchen Sie den Zirkus, ab morgen in Ihrer Stadt."

Mario lachte. Als der Truck auf dem Platz anhielt, fühlte ich mich gar nicht müde. Nur widerwillig stieg ich aus dem Wagen und ging in meinen Wohnwagen. Doch noch während der Motor des Trucks startete, schlief ich schon ein.

Ich wurde davon wach, dass andere Wagen auf den Platz fuhren und kurz danach setzte ein wildes Stimmengewirr unterschiedlichster Nationen ein. Die anderen Artisten waren angekommen.

Ich war müde und wusste nicht, wie spät es war. Ich kontrollierte, ob meine Gardinen richtig zugezogen waren, und krabbelte aus dem Bett, um mich anzuziehen. Ich hatte kein Wasser, um mich zu waschen, also putzte ich mir trocken die Zähne und spuckte die Zahnpasta in ein Taschentuch, das ich später wegwarf.

Als ich aus dem Wohnwagen stieg, fiel mir auf, dass ich schon wieder ganz am anderen Ende des Platzes, weit weg von den anderen Wagen, stand. Johannes' Wagen war weit von mir entfernt, um mich herum waren nur die Vieh- und Gerätewagen.

Als ich mich zu den anderen stellte, lachte Mario mich an: „Na, auch endlich mal aufgestanden?"

Ich hatte keine Ahnung, wie spät es war und fühlte mich angegriffen. Ich dachte, dass alles vorher nur ein Traum war, dass es die letzte Nacht nie gegeben hatte. Ich war traurig und ging zu Johannes. Der saß auf den Stufen seines Wohnwagens mit einem Becher Kaffee in der Hand und strahlte, als er mich sah.

„Na, meine Kleene, das hat mir Sorgen gemacht, dass se dich heut Nacht hierher gefahren haben, aber wie ich sehe, biste wohlauf. Wie geht es dir?"

Er deutete neben sich auf die Stufen. Ich setze mich neben ihn und schüttelte stumm lächelnd den Kopf. Ich hätte Johannes niemals die Wahrheit sagen können, dass ich glaubte, mich verliebt haben zu müssen, weil man sich in mich verliebt hatte, dass ich gestern Nacht im siebten Himmel war, wundervoll träumte, und dass heute Morgen die Wolken aufgegangen waren und mich hatten hart auf die Erde klatschen lassen. Ich lächelte ihn an.

„Ich hab's gut überstanden und, voilà, hier bin ich."

Ich streckte die Arme aus und machte eine große Verbeugung. Er lachte, ich lachte und die Welt war in Ordnung.

Es war sein Traum, sein Leben, auch wenn mehr als vierzig Jahre vergangen waren, seit er das letzte Mal mit einem Zirkus durch die Straßen gezogen war. Es war dieses Blitzen in seinen Augen, dieser

Stolz. Er erzählte mir, dass er sich gleich um „seine" Tiere kümmern würde und fragte mich, ob ich Lust hätte, ihm zu helfen. Natürlich hatte ich Lust, denn alles, was ich jetzt brauchte, war eine Aufgabe. Wir halfen beim Tierzeltaufbau und ließen die Tiere in die Manege laufen. Dann bürsteten wir sie.

Die Zeltwand ging auf und Marios älteste Tochter, Isabel, die ein Jahr jünger war als ich, kam herein.

„Mein Vater sucht dich", sagte sie zu mir. „Er ist im Plakatwagen, ich soll dich mitnehmen."

Ich zögerte, schaute zu Johannes, hoffte, dass er sagte, ich solle noch ein bisschen bei ihm bleiben, aber er lächelte mich nur an: „Geh nur, meine Kleene, ich bin hier eh gleich fertig. Den Rest schaff ich allein. Danke für deine Hilfe."

Er tippte dem Pony an die Flanke, sodass es seinen Fuß hob. Ich sah noch, wie er den Hufkratzer aus der Kiste nahm, dann ließ ich die Zeltwand hinter mir zufallen.

Ich ging über den Platz und sah die Artisten vor ihren Wagen sitzen. Einige halfen noch mit bei den großen Zelten, aber die meisten machten Pause, es war Mittagszeit und unweigerlich spürte ich den großen Knoten in meinem Bauch, denn ich hatte ja seit Tagen nichts gegessen.

Ich sah die Artisten im Vorbeigehen und lächelte ihnen zu. Direkt neben dem Hunger mischte sich auch ein anderes Gefühl in meinem Bauch. Ich fühlte mich fehl am Platz. Sprachen die Artisten über mich? Mir kam es vor, als würden sie mir nachsehen. Sie sprachen in ihren eigenen Sprachen, es war mir nicht möglich zu erkennen, worum es ging, doch es kam mir vor, als würden sie über mich sprechen.

Mario stand an der seitlichen Öffnung des Plakatwagens, er warf Plakate aus dem Wagen auf den Boden. Als ich kam, reichte er mir seine Hand, damit ich hochklettern konnte. Sein Blick war völlig neutral, als sich unsere Augen streiften.

„Deine Eltern haben angerufen."

Die Angst war ein wummernder Bass in meiner Halsschlagader, ich hatte das Gefühl, dass mein ganzer Kehlkopf einem elektronischen Bass-Solo auf einem Heavy Metall Konzert gewichen war. In Gedanken beendete ich seinen Satz: *„Sie haben es sich anders überlegt, sie werden dich heute abholen."*

Mario sah mich ein wenig irritiert an, ich hatte meine Hand ein wenig zu schnell aus seiner gezogen.

„Was schaust du denn so erschrocken?", fragte er und lachte ein wenig von oben auf mich herab. „Sie haben angerufen, und ich wusste nicht, wo du bist, also habe ich mit ihnen gesprochen. Du weißt doch, es ist so teuer über das Autotelefon, da wollte ich nicht erst über den ganzen Platz rennen und dich suchen. Sie haben mit mir und Tanja abgemacht, dass sie, wenn sie das nächste Mal kommen, uns Geld geben und du dafür bei uns mitessen kannst. Für Tanja macht es keinen Unterschied, ob sie für sechs oder sieben Leute kocht und unser Tisch ist groß genug."

Ein riesiger Stein fiel von meinem Herzen, das Heavy Metall-Konzert war beendet und das Karussell hörte auf sich zu drehen. Ich bekam meine Fassung wieder und lächelte: „Das ist eine schöne Idee", sagte ich und hatte gleichzeitig riesige Angst davor, mit Tanja an einem Tisch zu sitzen.

Was passierte nur mit mir?

Er zündete sich eine Zigarette an und bückte sich zu den anderen Plakaten, die er dann in großen Stapeln aus dem Wagen auf die Erde draußen schmiss.

„Ich denke, in einer halben Stunde wird das Essen fertig sein. Ich werde nicht mitessen, ich habe hier noch genug zu tun. Ich werde die Plakate umkleben, um heute Abend plakatieren gehen zu können."

Er stellte sich aufrecht vor mich, nahm seine Zigarette aus dem Mund und schnippte eine lange Reihe Asche auf den Boden.

„Ich dachte, ich nehme dich mit", sagte er und zog grinsend an seiner Zigarette. Dann kam er auf mich zu, nahm mit seiner Hand vorsichtig mein Kinn, strich mit seinem rauen Daumen über meine Wange und legte den Kopf schief. „Na, was hältst du von dem Gedanken, mich heute Abend zu begleiten?"

Da war der Schwindel wieder und die Angst. Es müsste nur jemand von der falschen Seite auf den Platz kommen und er würde uns hier stehen sehen – er mit meinem Kopf in seiner Hand, er mit seinen Augen, die mir die größte Liebe vorgaukelten, und ich, die nichts sagen konnte, weil sich alles drehte, weil eine Armee von Schmetterlingen durch meinen Köper zog und mir die Beine so weich und schwach machte.

Ich versuchte zu nicken, konnte es jedoch nicht, und fühlte mich, als hätte ich die Kontrolle über meinen Körper verloren. Ich hatte auf einmal das Verlangen, mich in seine Arme fallen zu lassen und zu weinen. Stattdessen ging ich einen Schritt zurück und löste mich aus seiner Umklammerung.

„Ja", sagte ich, „wann willst du denn starten?"

Er lächelte und dieses Lächeln zog mich an ihn, da war diese Schwere in mir, die sich so gerne gelöst hätte, dieses Verlangen, mich anzulehnen und gehalten zu werden. Es kostete mich Kraft, den Abstand zwischen uns zu halten.

„Nach der Vorstellung", sagte er und ich wiederholte, plump wie ein Papagei: „Nach der Vorstellung."

Dann griff ich mir einen Stapel Plakatwände.

„Sollen die alle raus?", fragte ich und zeigte auf den riesigen Berg, der im Anhänger aufgestapelt war. Auch er hob einen Stapel Plakate an.

„Nur die, die beschädigt sind. Die muss ich ganz neu plakatieren, bei den anderen ändere ich nur das Datum."

Wir arbeiteten still, monoton nebeneinander her, manchmal berührten sich unsere Hände, manchmal trafen sich unsere Blicke, einmal strich er mir übers Bein. Es war eine unglaubliche Stille in mir, ich war doch noch ein Kind und dennoch fühlte ich mich so erwachsen. Fühlte meine kleine, frisch gewachsene und neu entstandene Weiblichkeit, und ich genoss jede Sekunde, gesehen und begehrt zu werden.

Dann stand auf einmal Isabel in der Ladeöffnung und lächelte. Sie wollte mich zum Essen rufen. Isabel war froh, dass ich da war. Wir waren fast gleich alt, und sie hatte natürlich nicht viele Freundinnen. Wir gingen langsam zum Küchenwagen. Sie erzählte mir, dass Johannes schon da war, und dass sie es hasste, Plakate umzukleben, aber dass sie das zum Glück jetzt nicht mehr machen musste, weil sie jetzt ja eine eigene Nummer hätte und froh darüber war. Sie hüpfte die Treppen zum Küchenwagen hoch und erntete gleich wütende Blicke von ihrer Mutter.

„Ich habe dir schon 100mal gesagt, dass der ganze Wagen bebt, wenn du auf der Treppe Turnübungen machst."

Ich mochte Tanja nie. Das hatte am Anfang überhaupt nichts mit meinen verwirrten Gefühlen für ihren Ehemann zu tun, den ich haben, vor dem ich jedoch zu gleich fliehen wollte. Ich konnte nie definieren, was das war.

Ja, ich war ein Kind, 14 Jahre alt, gerade meine erste Periodenblutung hinter mir, war frisch konfirmiert, hatte im Ägyptenurlaub das erste Mal einen Jungen geküsst, also richtig mit Zunge und so, und fand das gar nicht toll. Dennoch hätte ich viele Monate schwören können, dass ich Marcel heiraten würde, bis irgendwann seine Briefe ausblieben und ich einsehen musste, dass er mich vergessen hatte ...

Und Kinder fasst man nicht an. Nicht so.

Wie groß war meine Sehnsucht abzuhauen von zu Hause, frei zu sein von der Vergangenheit, und wie groß war meine Sehnsucht das Bauernhaus zu verlassen, gesehen zu werden, beachtet zu werden, nicht alleine zu sein ...

Tanja war herrisch, bestimmend und oft verbittert. Sie hatte immer einen melancholisch, traurigen Gesichtsausdruck und war gleichzeitig so wahnsinnig unnahbar.

Als beschlossen wurde, dass ich mitfahren würde, wurde das ohne sie beschlossen, denn sie war dagegen. Sie hatte mit Mario lange gestritten deswegen, wollte mich nicht. Sie kannte ihren Mann, und vielleicht wollte sie mich schützen, vielleicht wollte sie sich ein weiteres Mal diese abgrundtiefe Demütigung ersparen, ersetzt zu werden. Vielleicht beides.

Johannes saß am Tisch und alberte ein wenig mit dem kleinen Michael. Tanja wies uns an, uns unsere Hände zu waschen, dann setzten auch wir uns an den Tisch. Es war ein stilles Essen, denn man durfte bei Tisch nicht sprechen. Der einzige, der das nie einhielt, war Johannes. Er machte immer Witze und Sprüche und ließ sein Mittagessen auf seinem Teller Kunststücke machen. Ich musste aufpassen, dass ich mich nicht verschluckte, wenn ich heimlich in mein Glas lachte.

Während des Essens betrat Mario den Wagen, um in den angrenzenden Duschraum zu gehen. Er sagte nur, dass in zwei Stunden

Vorstellungsbeginn wäre und er jetzt duschen würde. In der Zeit könnten die Plakatwände trocknen. Er sagte es zu allen und zu niemand. Tanja nickte.

Sie sah, dass wir aufgegessen hatten, schaute ihre Mädchen an und sagte: „Ihr habt jetzt noch eine Stunde frei, dann ist Umziehen und Maske angesagt."

Johannes und mir hatte sie hingegen nichts zu sagen. Sie sah uns einmal kurz fragend an, dann goss sie sich einen Kaffee aus der fauchenden Kaffeemaschine ein und stellte auch Johannes und mir wortlos einen Becher Kaffee vor die Nase. Sie zündete sich eine Zigarette an, lehnte sich weit in ihrem Stuhl zurück, machte kurz die Augen zu, inhalierte tief den Rauch, und ließ ihn langsam aus ihrem Mund zur Decke ziehen. Dann setzte sie sich wieder gerade hin, sah in die Runde und sagte: „Wer möchte, kann aufstehen."

Noch bevor sie den Satz zu Ende gesprochen hatte, sprangen ihre Kinder auf und tobten aus dem Wagen.

Johannes und ich saßen weiter bei ihr. Auch er zündete sich eine Zigarette an. Einen Moment lang schaute ich auf seine Hände, er war so alt. Seine dünnen, alten Fingerchen zitterten ungeschickt und es gelang ihm nicht sofort die Glut an der Zigarette zu entfachten. Dann wandte ich meinen Blick von ihm ab und sah Tanja an.

„Soll ich dir beim Spülen helfen?", fragte ich sie, und nahm Johannes damit die Worte aus dem Mund, was er auch mit einem beleidigten Gesichtsausdruck deutlich machte.

„Nein", sagte Tanja und grinste über Johannes' Schmollmund, „das macht alles die Spülmaschine."

Wir saßen noch ein bisschen bei ihr und unterhielten uns über den Küchenwagen, seit wann sie den hatte und wie viel Arbeit ihr dadurch genommen war. Dann verließen auch Johannes und ich den Wagen.

Ich sollte später beim Verkauf der Süßigkeiten helfen, also lief ich direkt ins Vorzelt, um mir meinen neuen Arbeitsplatz anzuschauen.

Die Vorstellung an diesem Tag wurde abgesagt.

Nur drei Leute kamen, um sich den Zirkus anzusehen, und das hätte sich nicht gerechnet. Die Löhne der Artisten wären deutlich höher gewesen als die Einnahmen. Irgendwie fühlte ich mich schuldig und Mario tat mir unglaublich Leid in diesem Moment.

Wir fuhren also früher als geplant nach Mühlhausen, um die Plakate zu kleben. In Mühlhausen würden wir als nächstes gastieren. Es war eine wahnsinnig mühselige Arbeit, dauerte unglaublich lange und war sehr, sehr anstrengend.

So sehr ich mich auch bemühte, meine Laune sank mehr und mehr dem Tiefpunkt entgegen. Ich hatte wahnsinnigen Hunger und versuchte, gegen das Gefühl anzukämpfen. Wenn man lange nichts gegessen hat, ist es leicht, das Hungergefühl zu ignorieren, doch wenn der Magen erst mal „angefüttert" wurde, ist es ein sehr anstrengender Prozess das Hungergefühl zu verdrängen.

Irgendwann jedoch hörten die Laternen an den Straßen auf und es gab keine freien Flächen mehr, an denen kein Plakat vom Zirkus klebte. Mario war glücklich.

Er parodierte einen Eisenbahnschaffner und fasste sich an seine imaginäre Trillerpfeife und rief: „Einsteigen, alles einsteigen, der Zug fährt ab."

Dann schwang er sich lachend in das Fahrerhäuschen und als ich nachgeklettert kam, lächelte er mich an. „Wollen wir mal hoffen, dass sich das alle in ihre Kalender eintragen."

Er legte seine Arme auf das Lenkrad und streckte sich. Wie eine Katze machte er einen Buckel und ließ sich dann in sich zusammenfallen.

„Und jetzt lad ich dich zum Essen ein", sagte er zu mir und strich mir über das Gesicht.

„Es ist so schön, dass du da bist", sprachen seine Lippen, doch seine Augen, fern von mir, sprachen eine andere Sprache, sahen durch mich hindurch, griffen nach etwas, was ich beschützen wollte und nicht definieren konnte. Ich fühlte mich nicht wohl. Während er den Motor startete, lachte er. Es war so ein fremdes Lachen, passte nicht und war fehl am Platz. Er schaltete in den ersten Gang und legte seine Hand auf mein Bein. Es war kein zufälliges Streifen, weil mein Bein so nah an der Kupplung war. Er sah mir direkt in die Augen, sicher, bestimmend und kalt lächelnd. „Wonach ist dir?", fragte er.

Ich begriff nicht, dass er das Essen meinte, und zuckte mit den Schultern. Den Wagen auf die Straße lenkend gab er Gas und schaute nach vorn. Ich fühlte mich dennoch von ihm beobachtet, fühlte mich nicht wohl, sondern hatte das Gefühl, etwas falsch gemacht zu haben.

„Also ich hab Lust auf Schnitzel und Pommes", sagte er und verließ die große Straße, um in den Ort zu fahren. Nahe am Zentrum stellte Mario den Wagen auf einem großen Parkplatz ab und stieg aus, ich tat es ihm nach.

Er blieb auf seiner Seite des Fahrerhäuschens stehen und zündete sich eine Zigarette an. Als ich um den Wagen kam und neben ihm stand, blies er den Rauch aus und deutete mit seinem Kopf in Richtung der Fußgängerzone.

„Ist wohl besser, wenn wir jetzt zu Fuß weitergehen", sagte er. „Ich bin mir sicher, dass wir in der Fußgängerzone etwas finden werden, wo wir lecker essen können."

Unsere Hände berührten sich, als wir nebeneinander liefen, hielten sich fest, dann lief ich in seinem Arm. Irgendetwas war nicht richtig daran, ich hatte das Gefühl, es ging gar nicht um mich. Ich fühlte mich nicht mehr, wie ich glaubte, mich fühlen zu wollen oder zu müssen. Ich wollte doch geliebt werden, aber ich fühlte mich fremd, so als wenn ich hinter mir selber gehen würde und mir so gerne etwas sagen würde. Ich schluckte es runter. Schob es beiseite. Lächelte.

Wir saßen uns im Restaurant gegenüber, er bestellte Schnitzel mit Pommes und ein Bier. Ich hingegen bestellte einen Beilagensalat und ein Wasser, denn es war das Billigste. Ich fühlte mich verpflichtet, das Billigste zu nehmen und ich hatte auch keinen Hunger mehr. Irgendetwas hatte den Hunger ersetzt.

Ich stocherte in meinem Salat und machte Mario glauben, dass ich müde sei. Dann stupste er mich mit seiner Fußspitze unter dem Tisch. Ich sah ihm in die Augen und eine Armee von Schmetterlingen lief im Stechschritt durch meinen Körper. Da war das Prinzessinnengefühl wieder. Seine Augen sahen mich so sanft an, als würde er mich in seine Hand nehmen, ich könnte mich schutzsuchend in ihr zusammenrollen und er würde mich tragen und beschützen. So, wie wenn man liebevoll und voller Achtung einen Marienkäfer auf seine Hand lässt. Ich fühlte mich geborgen und aufgehoben und ehe ich mich versah, war der Salatteller geleert. Ich musste verlegen kichern, und er kicherte mit mir und legte mir seine Hand auf meine.

Ich sah auf die Tischdecke und fuhr mit dem Auge das Stickmuster nach.

„Und?", fragte er irgendwann. „Hat das Spaß gemacht, mit den Kindern zu essen? Das ist doch besser als allein, oder?"

Er nahm seine Hand von meiner und tunkte seine Pommes in Ketchup. Ich fischte die Zitrone aus meinem Wasserglas und versuchte meine Worte hinter ihr zu verstecken. Als ich die Zitrone zum Mund führte, antwortete ich: „Ich habe das Gefühl, dass es Tanja nicht passt, wenn ich so nah bei euch bin. Sie war sehr zickig heute."

Er sah mich einen Moment an, trank einen Schluck aus seinem Bierglas, und sah mich dann weiter an. Kein Lächeln. Was überlegte er?

„Man kann nicht sagen, dass sie blöd ist", sagte er, kalt und gefühlsneutral. Er fuhr eine Ketchupstraße auf seinem Teller mit einer Pommes und schüttelte den Kopf. „Nein, blöd ist sie nicht."

Er fuhr noch ein paar Bahnen auf seinem Teller, schien mich für einen kurzen Moment vergessen zu haben, dann nahm er seinen Geldbeutel aus der Gesäßtasche und winkte die Kellnerin zu sich, um zu bezahlen. Selbstredend sah er mich an: „Deswegen müssen wir jetzt auch zurück. Ich will nicht, dass es Ärger gibt."

Es setzten keine Streicher ein, das Licht wurde nicht gedimmt. Kurz nach der Schmetterlingsarmee schlug jemand auf den Lichtschalter und blendete die verklärten Augen mit grellem Neonschein. Die Welt lief einen Takt zu schnell für mich, und ich lief ihr taktlos hinterher.

Zurück auf dem Platz, gingen unsere Wege wortlos auseinander, wir wünschten uns keine gute Nacht, sondern gingen ein jeder in seine Richtung. Ich atmete in großen, tiefen Zügen, sog die Abendluft durch meine Lungen ein und fühlte mich so gottverdammt einsam.

Das Licht aus Johannes' Wagen war wie die Fackel eines Leuchtturms, den ich ansteuerte. Ich bewegte meinen Kiefer, um den Sog der Erde von meinen Mundwinkeln zu lösen und probte in der Dunkelheit ein Lächeln. Dann klopfte ich leise an seine Tür.

Johannes ließ mich wieder ein bisschen Cécile werden, ließ mich eintauchen in die Welt des kleinen Mädchens in der großen weiten Zirkuswelt. Mein Lachen kam wieder und spielte Fangen in meinem

Bauch. Da wo vorher schmerzhaft kranke Armeen durchgelaufen waren, ergriff jetzt ein kehliges, junges, gesundes Lachen den Raum.

Ich umarmte Johannes und ließ ihn Schlafen.

Ich ging in meinen Wohnwagen und zündete mir meine Kerze an. Der Strom wurde nicht bis zu meinem Wagen verlegt, und ich hatte somit keinen. Ich hatte auch kein fließendes Wasser, aber Johannes hatte mir einen Kanister besorgt, der gefüllt mit Wasser in meinem Waschbecken stand. Eine Katzenwäsche war möglich.

Ich setzte mich an meinen Tisch und schrieb in mein Tagebuch, und in meiner Fantasie waren die Szenen ein bisschen rosiger. Hier konnte ich jede falsch gespielte Szene erklären, fand für jedes falsche Worte einen Grund, bog es mir zurecht, und holte somit die Schmetterlinge zurück. Ich gab meiner Angst vor Tanja die Schuld, ich gab meinem nicht vorhandenen Geld die Schuld, alle waren Schuld, und sicher war, dass er mich retten würde.

Ich starrte in die Kerze und ließ meiner Fantasie freien Lauf.

Dann putzte ich mir lang und ausgiebig die Zähne und spielte lange mit dem Wasser in meinem Mund, um die Zahnpasta auszuspülen. Ich verriegelte die Wohnwagentür, zog mich aus und krabbelte unter meine Decke. Ich schlief schnell und fest ein.

In meinem Traum war ein Flüstern, dass nicht in die Szenen passte, dann wurde es lauter, war fast neben meinem Ohr, und ich wurde wach. Mario stand draußen vor meinem gekippten Fenster und bat mich flüsternd, ihn rein zu lassen.

„Ich muss mit dir reden", flüsterte er. Ich zündete die Kerze an und wischte mir den Schlaf aus den Augen.

„Kann das nicht bis morgen früh warten?", fragte ich, noch eingemummelt in meine Schlafwärme.

„Nein!"

Ich schüttelte die Decke von mir und stieg mit meinen Füßen auf den viel zu kalten Fußboden. Ich war so verschlafen und wusste nicht so ganz einzuschätzen, ob es sich hier um einen Notfall handelte oder ob ich einfach schlafen wollte. Ich schlüpfte in meine Jeans und zog mein Schlafshirt ein bisschen tiefer, so dass ich mich besser wärmen konnte. Ich wurde langsam wacher und hatte Angst, dass etwas passiert war. Ich machte die obere Klappe der Wohnwagentür auf und flüsterte in die Dunkelheit: „Was ist denn passiert?"

Mario lehnte an der Wohnwagenwand und kippte seinen Kopf in meine Richtung. Er hatte getrunken. Er lachte mich aus.

„Mach die Tür auf und lass mich rein. Willst du, dass alle mitbekommen, dass ich hier bin?"

Ich entriegelte die Tür und ging zurück auf mein Bett. Ich wickelte meine Beine in die Decke und lehnte mich mit dem Rücken an die kalte Wohnwagenwand. Mario hatte die Wohnwagentür hinter sich zugezogen und stand im Gang. Ich konnte seine Mimik nicht erkennen, weil ich mich im Licht und er sich im Dunkeln befand.

„Warum schließt du denn ab?", fragte er mich.

Die Frage kam mir so surreal vor. „Weil ich nicht will, dass jemand reinkommt, während ich schlafe", sagte ich.

Mir kam in diesem Moment meine eigene Stimme ein wenig schrill vor. Aber Mario schien das nicht zu beeindrucken.

„Lass' demnächst offen", sagte er, „damit ich dich besuchen kann, ohne alle zu wecken."

Ich nahm an, dass er lächelte, denn seine Stimme klang warm. Er kam näher und fragte mich, ob er sich setzen dürfe und ich zog meine Beine an mich heran, so dass Platz auf dem Bett war. Von ihm ging ein starker Geruch von Alkohol und Zigaretten aus, und durch die Nähe merkte ich, dass sein Blick glasig war. Er war sehr stark angetrunken.

Irgendetwas schien ihn zu bedrücken und ich war mir sicher, dass ich die Schuld dafür trug. Lange Zeit saß er einfach nur da, still. Dann erzählte er mir, dass er und Tanja sich gestritten hätten, sie würde jetzt bei den Kindern im Wagen schlafen und er hätte sich so geärgert, dass er einen trinken gegangen wäre. Er kicherte ein bisschen. Er sagte, dass es in Ordnung sei, dass er mir das alles erzähle, er habe sich so alleine gefühlt, und während er sprach rutschte er näher.

Ich konnte seine Worte jetzt riechen, er kam immer näher, jetzt war sein Gesicht nur noch wenige Zentimeter von meinem entfernt, und ekelhaft machte sich der schale Geschmack von Bier in mir breit.

Er griff nach meinem Kinn, ein bisschen zu grob, fand ich, verwirrend auf jeden Fall, und er schien in meinen Augen zu sehen, dass er mich erschrak. Er lockerte daraufhin seinen Griff, aber er ließ nicht los. Sein Oberkörper schwankte leicht vor und zurück und er war ganz nah vor meinem Gesicht. Mario atmete dabei heftig, so als wenn er ganz doll böse wäre und das machte mir Angst. Er riss mein Kinn hoch. „Liebst du mich?", fragte er.

Es wirkte einsam, verzweifelt, flehend. Es war nicht richtig, das spürte ich, und ich hatte nichts mit ihm zu tun. Aber als er nach der Liebe fragte, da spürte ich in seiner Einsamkeit meine Einsamkeit, und sein Daumen drückte so fest in meinen Kiefer. Eine Stimme in mir schrie: „Nein, nein, nein, geh weg", eine Sirene heulte in meinem Kopf, ich versuchte den Verstand auszuschalten, meine Kehle war zugeschnürt. Der Griff wurde fester, mein Kiefer tat jetzt an beiden Seiten weh, mein Mund formte eine spitze Vogelschnauze, unfreiwillig. Ich wusste doch gar nicht, was Liebe ist, wusste nicht, ob ich ihn liebte, hatte eine unglaubliche Angst, einen Fehler zu machen und zurück nach Hause zu müssen. Wenn ich nein sagen würde, dann würde er mich verstoßen, dann müsste ich sicher nach Hause fahren.

Fast schluchzend mit einer weiteren Steigerung des Drucks auf meinen Kiefer schüttelte er meinen Kopf.

„Liebst du mich?"

Ich nickte, aber es war kaum zu merken, in dem festen Griff, in dem ich mich befand. Durch die Zähne hindurch sagte ich leise: „Ja", und jetzt schien er zu merken, wie fest er mich gehalten hatte.

Erschrocken zog er seine Hand weg, sah sie einen kurzen Moment irritiert an, so als wenn sie nicht zu ihm gehörte.

Fast entschuldigend streichelte er meine Wangen, sagte nichts und sah mich auch nicht an. Dann veränderte sich irgendetwas in seinem Blick, ein bisschen Zorn flackerte kurz in seinen Augen auf. Gier. Er griff in meinen Nacken und riss meinen Kopf an meinen Haaren zurück: „Dann zeig es", sagte er und presste seine Lippen auf meine, schob mit seiner Zunge meine Lippen auf, schob seine Zunge in meinen Mund. Erst war es ekelhaft, es schmeckte abscheulich und ich wusste nicht, wie ich atmen sollte. Aber dann merkte ich, dass sich seine Atmung beruhigte, dass er ruhiger wurde, dass es ihm gut tat und dann fühlte es sich besser an, fühlte sich kurz gut an.

Er rieb sein Gesicht an meinem, ganz vorsichtig, zärtlich und das fühlte sich schön an, und ich kicherte ein bisschen, er streichelte mein Gesicht, meinen Hals, dann küsste er meine Augen, meine Wangen, meinen Nacken und das war aufregend. Er fuhr mit seiner Hand am Kragen meines T-Shirts lang und es kribbelte, wenn er die darunter liegende Haut berührte. Seine Atmung wurde schneller und lauter, viel lauter. Das Kribbeln verschwand, weil ich das Gefühl bekam, es nicht mehr kontrollieren zu können, es war nicht mehr zärtlich, sondern es tat weh. Er schubste mich zurück, zog mir die Decke weg, riss an meinen Beinen, so dass ich mit dem Kopf an die Wohnwagenwand knallte, dann lag ich flach auf dem Rücken. Ich war erschrocken und er schnaufte: „Tschuldige."

Sein Atem hetzte. Er stöhnte, riss mein T-Shirt hoch und schmiss sich auf mich, sein Becken rieb sich an meinem Bein. Er schwitzte und saugte gierig an meinen winzigen Hügeln, die später mal meine Brüste werden sollten. Ich konnte kaum atmen. Ich hatte Angst. Ich versuchte mir zu sagen, dass das so sein muss, aushalten. Seine Zunge wanderte über meinen Bauch und er biss leicht hinein. Das löste all die Anspannung, ich musste lachen. Er zog meine Hose runter und drückte sein ganzes Gesicht zwischen meine Beine, dann legte er sich wieder auf mich, er hatte seine Hose noch an, er rieb sich an mir, schneller und schneller und schneller, sein Körper war heiß, er schwitzte und machte komische Verrenkungen mit seinem Gesicht, dann schrie er einmal auf und sackte auf mir zusammen. Sein gesamter Körper fiel auf mich, sein Kopf sank neben mir ins Kissen, und er zuckte.

Mir war warm und ich fühlte mich dreckig. Mir war nach Heulen zumute. Doch als er sein Gesicht mit den verschwitzen Strähnen in seiner Stirn aus dem Kissen nahm, strahlte er mich glücklich an, küsste mich liebevoll auf die Wange, streichelte mich, setzte sich auf, deckte mich zu und zündete sich eine Zigarette an. Er behielt seine Hand auf meinem zugedeckten Bauch und lächelte. Da war ich so froh, so froh, dass er nicht gegangen war, dass er bei mir war und immer wieder sagte er: „Schön ist es mit dir."

Das machte mich so unglaublich glücklich, und ich fühlte mich so wahnsinnig erwachsen und frei.

Am nächsten Morgen wurde ich von der Sonne auf meinem Gesicht geweckt. Ich hatte in der Nacht, als ich seine Stimme hörte, die Gardinen zurückgezogen und anscheinend vergessen, sie in ihre

Ausgangsposition zurückzubringen. Wie ich unschwer an den Geräuschen erkennen konnte, war die ganze Mannschaft schon auf den Beinen. Ich hörte Musik aus dem großen Zelt und wusste, dass die Artisten beim Proben waren.

Wie spät war es? Ich musste so dringend … aber wie? Ich konnte nicht in die Büsche gehen, da der Platz voll mit Artisten war, die mich sehen würden, ganz abgesehen von Johannes.

Ich hatte ein zweites Paar Schuhe in einer Plastiktüte. Ich nahm sie aus der Tüte und verriegelte meine Tür, um sicherzugehen, dass keiner hereinkam, dann schloss ich die Fenster und zog die Gardinen fest zu.

In der Hocke sitzend hielt ich mir die Tüte zwischen die Beine und tat, wonach die Natur mich drängte. In diesem Moment war mir nach weinen zumute und ich wünschte mich an einen anderen Ort, denn das hier war auch nicht das Prinzessinnenland, und ich fühlte mich in der Zwickmühle, weil ich nicht nach Hause zurück wollte. Meine Beine zitterten vor Wut und die Plastiktüte zwischen ihnen.

Ich machte so viele Knoten wie möglich in die Tüte, um sicherzugehen, dass sich der Inhalt auf dem Weg zur großen Mülltonne nicht zeigen würde. Ich zog mich an, schob die Gardinen zurück und riss alle Fenster auf.

Während ich über den Platz ging, versuchte ich mir ein Bild von der Lage zu machen. Das Training war beendet und die Artisten steuerten ihre Wohnwagen an. Auf meinem Rückweg fand ich mit leeren Händen den Mut einige anzusprechen. Ich erfuhr, dass Mario mit seinem Bruder in Mühlhausen war, um alles für die nächsten Tage zu regeln. Johannes hatte noch keiner gesehen. Alle gingen davon aus, dass er noch schlief. Das passte aber nicht zu ihm und machte auch keinen Sinn. Johannes war ein Frühaufsteher, und er würde niemals die Fütterung der Tiere verschlafen. Viel zu gerne machte sich Johannes über meine „Murmeltier-Eigenschaften" lustig, als dass er mir nacheifern würde.

Mittlerweile war es elf Uhr und dies war weit über Johannes' Aufstehzeit hinaus. Ich machte mir Sorgen, ging zu seinem Wohnwagen und stellte erleichtert fest, dass die Gardinen zurückgezogen waren. Doch als ich an seine Tür klopfte, reagierte niemand.

Irgendwie wusste ich, dass er nicht mit nach Mühlhausen gefahren war, irgendetwas in mir sagte mir, dass hier etwas nicht stimmte, und dass er meine Hilfe brauchte. Immer und immer wieder klopfte ich an seine Tür.

„Johannes, ich bin's, Cécile, mach auf. Johannes …" Klopf, klopf, klopf … „Johannes …" Langsam krabbelte Panik in mir auf, und ich bekam Angst. Tränen schossen in meine Augen und mein Rufen war jetzt hysterisch geworden. Ich nahm all meinen Mut zusammen und schmiss mich gegen seine Tür.

Da lag er. Rücklings auf den Boden, alle Viere von sich gestreckt, die Augen halb geöffnet und für einen kurzen Moment konnte ich ihn – mit aufgerissenem Mund, stumm, unfähig etwas zu sagen – nur anstarren. Dann erlangte ich meine Fassung wieder, kletterte in den Wagen und kniete mich neben ihn. Ich rief seinen Namen, schlug ihm mit der flachen Hand immer wieder ins Gesicht.

Ich hatte das Gefühl, die ganze Welt würde mit mir schreien. Ich konnte hier nicht weggehen, und war mir sicher, die anderen würden mein Schreien hören und angelaufen kommen, um mir zu Hilfe zu eilen. Minuten vergingen, doch niemand kam. Ich hatte keine Kraft mehr auf Johannes einzuschreien. Ich schaute durch die Tür auf den leeren Platz und Tränen liefen meine Wangen hinunter. Ich schluchzte, während meine Hand unter Johannes' Hinterkopf lag.

„Warum hilft mir denn niemand?"

Ich stand auf. Wenn ich ehrlich war, kannte ich niemanden von den Artisten, aber ich musste es versuchen. Der erste Wagen bei dem ich klopfte, war der eines ostdeutschen Paares, die gekündigt hatten und den Zirkus noch an diesem Tag verlassen würden. Sie wiesen mich schroff ab. Was sie das denn anginge, fragten sie mich durch ihre verschlossene Tür. Im nächsten Wagen wohnte das tschechische Schlangenmädchen mit ihrer Mutter, doch wieder öffnete niemand. Ich lief in die Mitte des Platzes und sah mich nach allen Seiten um. Wo waren denn die alle hin?

Ich hämmerte an die Tür von Tanjas Wohnwagen, den Küchenwagen, den Wohnwagen ihrer Kinder, aber nirgendwo war jemand.

Ich lief zurück zu Johannes. Er atmete noch. Ich schlug ihm wieder und wieder ins Gesicht, wollte, dass er zu sich kam, aber ich bekam keine Reaktion. Ich versuchte mit ihm zu reden. Ich sprach unzusammenhängende Sätze stotternd vor mich hin und hatte so Panik ihn zu verlieren.

Dann hörte ich Kinder lachen. Ganz weit hinten kam Tanja mit einer jungen Artistin, ihrer Schwägerin und den drei Kindern, und ich lief auf den Platz und winkte. Die Kinder lachten und hüpften und winkten zurück. Ich lief so schnell ich konnte auf sie zu. Ich hatte so viel Angst im Bauch und Panik, dass ich meine Angst vor Tanja vergaß. Ich schrie über den Platz: „Einen Krankenwagen … Wir brauchen einen Krankenwagen!"

Tanja blieb auf der Stelle stehen, die ganze Truppe stoppte. Tanjas Gesichtszüge entglitten, sie schien Angst zu haben. Ich verfolgte ihren Blick und erkannte, dass sie aus der Routine heraus den Parkplatz abcheckte, wo der gemeinsame Mercedes stehen würde, wenn er denn da wäre, er war aber nicht da, weil Mario ja nicht da war. Als sie das sichergestellt hatte, schien sie erleichtert zu sein, sie stellte ihren verdatterten Sohn auf dem Boden ab und kam auf mich zu gelaufen. Als alle Kinder mit lautem Geschrei hinterherliefen, wurden sie jedoch von ihrer Tante zurückgehalten. Tanja versuchte, genau wie ich zuvor, Johannes durch Ohrfeigen zurückzuholen. Auch sie scheiterte.

„Wie spät ist es?", fragte sie nach draußen, an mir vorbei, ihre Schwägerin.

Ich verstand die Antwort nicht, aber Tanja schien erleichtert. „Dann werden die Männer gleich zurück sein. Das Autotelefon ... Hast du einen Schlüssel?"

Noch bevor ihre Schwägerin darauf antworten konnte, stand Mario auf einmal im Rahmen der Wohnwagentür.

„Was is'n los?", fragte er und Tanja und ich schrien gleichzeitig: „Einen Krankenwagen, wir brauchen einen Krankenwagen!!!"

Mario rannte los.

Nur einen kurzen Moment später hörten wir die Sirenen, und sahen, wie sich das Blaulicht in der Zeltplane spiegelte. Ich weinte, hatte Johannes' Kopf in meinem Schoß und wiegte ihn hin und her.

Als die Notärzte kamen, musste ich den Wohnwagen verlassen. Ich setzte mich auf die Stufen meines Wohnwagens, und hatte Angst. Sollte Johannes sterben? Ich versuchte es, mir schönzureden, dass es sein größter Wunsch war, noch einmal mit einem Zirkus mitzufahren, dass er hier glücklich war, dass alles gut werden würde. Mario warf mit seinem Körper einen Schatten auf mich, als er vor mir stand. Ich sah zu ihm auf.

„Beruhige dich wieder", sagte er, „er ist schon wieder bei Bewusstsein und liegt jetzt auf der Bahre. Der Krankenwagen wird gleich losfahren, wenn du dich beeilst, können wir hinterherfahren."

„Würdest du das tun?", fragte ich ihn und stand auf.

Ich wischte meinen Rotz an meiner Jeans ab und versuchte zu lächeln.

„Geh schon mal vor zum Auto", sagte er und ging zu Tanja.

Ich sah im Vorbeigehen, dass sich ihre Mine verzog, ihr war das nicht recht, aber sie schien nicht zu diskutieren, sie ließ ihn widerspruchslos gehen und wandte sich gleich ihrer Schwägerin zu. Ich spürte die Messerstiche ihrer Blicke in meinem Rücken, aber ich drehte mich nicht um. Ich saß im Wagen, starrte stier auf die Straße und meine Kehle war wie zugeschnürt. Mario rauchte eine Zigarette nach der anderen.

„Das ist nicht gut für's Geschäft", wiederholt er immer wieder. „Zum Glück fahren wir morgen, bevor sich hier die schlimmsten Gerüchte verbreiten."

Ich hätte ihn am liebsten angeschrien, dass mir sein Scheißgeschäft scheißegal war, aber stattdessen sagte ich leise: „Es tut mir Leid."

Als wir ankamen, wurden wir angewiesen zu warten. Ich suchte mir eine Telefonzelle und rief meine Eltern an. Mario, immer noch rauchend, lief vor dem Haupteingang der Klinik auf und ab. Als ich zurückkam, sagte er mir, dass er zurück zum Zirkus müsse, und dass eine Dame gebeten hätte Johannes' Personalien anzugeben. Mit einer Kopfbewegung zeigte er auf ein kleines Schreibbüro hinter einer großen, leicht bräunlichen Glasscheibe. Er könne da nicht soviel zu sagen, ich würde ihn ja besser kennen, ob ich das bitte übernehmen könnte. Er würde mich später hier abholen. Väterlich legte er kurz seinen Arm auf meine Schulter, dann ging er.

Der Druck in meinen Augenhöhlen hörte nicht auf, die Schwerkraft zog an mir, am liebsten hätte ich mich auf den Boden geschmissen und bitterlich geweint. Meine Füße liefen auf das Schreibbüro zu und trugen meinen Körper irgendwie mit. Die Tür stand offen, ich trat ein. Ich war wahnsinnig sensibel, schrie die Sekretärin an, die Johannes permanent mit Patient *Nr. 8376* ansprach: „Wir reden hier über einen Menschen! Einen ganz tollen, wertvollen Menschen, ist das zuviel verlangt, dass sie ihn beim Namen anreden?"

Die Schreibkraft schien mit meinen Gefühlsausbrüchen definitiv überfordert zu sein. Sie schob sich mehrmals nervös ihre Brille zurecht, ihre Lippen kräuselten sich und mehrmals fragte sie ins Nichts: „Liegt denn der Herr noch auf dem Gang?"

Woher sollte ich das denn verdammt noch mal wissen? Irgendwann beruhigte ich mich aber dann doch, und diktierte der Dame brav alle Angaben.

Meine Füße zogen schwarze Bahnen im Kies unter der Bank, auf der ich saß. Ich hockte mit vorgezogenen Schultern und hatte meine Hände unter dem Po. Ich saß in der Sonne vor dem Krankenhaus und wartete auf den Arzt, der mir sagen würde, wie es um Johannes steht, und ich wartete auf Mario. Ich hoffte, dass er mich in den Arm nehmen würde, wenn er kam und dass alles wieder gut werden würde.

Johannes sollte überleben, das war alles, was durch meinen Kopf ging, und ich wusste, dass ich ihn heute nicht mehr mit zurücknehmen könnte.

Ich hatte Angst, dass ich zurückgehen musste, wenn er nicht mehr war, all das schwappte wie Treibgut auf hoher See in meinem Kopf, und manchmal, für einen kurzen Moment, wenn das Treibgut eine Synapse berührte, dann dachte ich den Gedanken und im nächsten Moment war er wieder weg, wie Treibgut eben, auf hoher stürmischer See. Ich schaukelte leicht vor und zurück und sah den Spiralen unter meinen Füßen zu.

Wieder einmal nahm Mario die Sonne aus meinem Gesicht und riss mich aus meinen Gedanken, als er vor mir stand und seine Zigarette aus dem Mundwinkel nahm. Er stand im Gegenlicht. Sagte seine Mimik etwas? Ich weiß es nicht mehr. „Und?", fragte er.

Ich zuckte nur mit meinen Schultern. Er wollte sich gerade setzen, als ein alter Mann im weißen Kittel aus dem Haupteingang kam und auf uns zusteuerte.

„Sind Sie die Herrschaften vom Zirkus?", fragte er und streckte schon von Weitem seine Hand zum Gruß aus.

„Sie können jetzt zu ihm", sagte er und wies mit einem Wink auf das Gebäude. Er nannte uns die Zimmernummer.

„Wie geht es ihm?", fragte ich.

Der Mann zuckte mit den Schultern und sah mich entschuldigend an. „Ich darf Ihnen keine Auskunft geben", sagte er.

Dann verschwand er. Wir liefen durch das Krankenhaus. Es erschien mir uralt, riesig und wahnsinnig dreckig. Die Hitze von draußen kam mir auf einmal angenehm und frisch vor, als wir durch die stickigen Flure liefen, in denen ein beißender Uringeruch hing. Die Schuhe knartschten auf dem Plastikboden und aus den Zimmern sahen ungesunde und traurige Gesichter auf den Gang. Leidvolles Stöhnen war zu hören, es stank. Wer hier nicht vorher krank war, war es danach ganz gewiss.

Wir fanden Johannes' Zimmer, ein kleiner Schlauch, in dem zwei Betten Fußende an Fußende standen. Johannes teilte das Zimmer mit einem weiteren Herrn, der still und apathisch an die Decke schaute.

Johannes war bei Bewusstsein und lächelte uns schwach entgegen. Er streckte seine Hand aus, hielt sie mir zitternd entgegen und ich ergriff sie.

„Meine Kleene", sagte er, „schön, dass du da bist. Mach dir keine Sorgen, morgen bin ich wieder draußen und dann setzen wir unsere Tour fort. Ich kann doch den kleinen Micky nicht alleine lassen."

Ich drückte seine Hand und lächelte ihn an. Ich wusste aber gleichzeitig, dass all das gelogen war, ich spürte, dass Johannes' Zirkusreise hier und jetzt zu Ende war, und ich erahnte, dass meine Eltern ihn mit nach Hause nehmen würden. Ich wusste all das. Trotzdem lächelte ich ihn an und drückte seine Hand.

„Genau so machen wir das", hörte ich mich selber sagen.

Meine Augen suchten hilfesuchend nach Marios Augen. Johannes schaute von ihm zu mir.

„Na?", lachte er. „Ihr beiden Turteltauben."

Mario räusperte sich verlegen in seine Hand. Ich sah zu Boden. Johannes war zu alt, als das man ihm ein Theater hätte vorspielen können. Er sah, wie sehr ich zu Mario aufsah, und er sah die Blicke, die Mario auf meinen Körper warf, er kannte die menschlichen Züge zu lange, zu gut, und hatte sich Eins und Eins zusammengezählt.

„Pass mir ja gut auf meine Kleene auf", sagte er zu Mario gewandt und zog seine Hand aus meiner zurück, müde und schwer ließ er sie neben seinen Körper sacken. „Wir werden jetzt wieder aufbrechen", sagte Mario und stand schon im Türrahmen. „Du brauchst Ruhe."

Er nickte mir zu. Ich küsste Johannes noch einmal auf seine trockene, schuppige Stirn.

„Morgen sehen wir uns wieder", sagte ich zu ihm und lachte ihn an.

Wieder zogen die Neonröhren Fratzen auf den Gesichtern, und wieder knartschten die Schuhe auf dem Linoleum und hallten durch die Stille. Die Welt drehte sich einen Tick zu schnell für mich und ich war hin- und hergerissen, zwischen dem Wunsch, mit Johannes zurück nach Hause zu fahren und auf ihn aufzupassen und dem

Wunsch, für immer beim Zirkus zu bleiben und nie wieder nach Hause zurückkehren zu müssen. Die Sonne schlug blendend auf mich ein und mit der Hand schützend über den Augen lief ich Marios Füßen hinterher, die ich mit gesenktem Kopf vor mir ausmachen konnte. Er schloss meine Tür auf, öffnete sie wortlos und ging zu seiner Seite des Wagens.

Mario fuhr von der großen Straße ab und folgte den Schildern, die den Weg zum Schwimmbad wiesen. Auf dem großen Parkplatz des Bades stellte er den Wagen ab.

„Komm, wir gehen spazieren", sagte er. „Das wird dich auf andere Gedanken bringen."

Er stieg aus, wartete auf mich und nahm meine Hand. Das Schwimmbad schien seit Jahren geschlossen zu haben, denn weiße Farbe bröckelte bereits von den Gittern, die die Besuchermassen in ordentliche Bahnen lenken sollten. Die Schilder, die einem sagten, wie man sich auf dem Gelände verhalten sollte, waren über und über mit Sprayversuchen überzogen. Die Hitze drückte alles nieder. Das leere Becken sah ohne Wasser und mit seinem hochgeklappten Sprungbrett so bemitleidenswert nutzlos aus. Von irgendwo zirpten Grillen. Auf den Besucherwiesen des Schwimmbades saßen Familien, picknickten und ihre Kinder spielten daneben. Sie lagen in der Sonne. Für einen kurzen Moment kam es mir so vor, als wenn ich eine Horde Kinder laut lachend ins Wasser springen hören würde, aber das war nur eine Täuschung, ein Geräusch, das zwangsläufig zu diesem Bild gehörte, denn da war kein Wasser. Dennoch war das Bad als nachmittäglicher Treffpunkt erhalten geblieben.

Mario zog mich zu sich und nahm mich in die Arme. Wir gingen jetzt dicht nebeneinander und ich sah, dass sein Blick nervös war. Er schien sich permanent umzugucken, seine Augen scannten jeden

Bereich, auch weit über die Flächen, über die wir gingen, hinaus. Für einen kurzen Moment setzten wir uns auf die Wiese und ich strich mit meinen Handflächen über das Gras und ließ es zitternd durch meine Finger tanzen. Er setzte sich sehr nah zu mir, zog mein Gesicht zu sich, um mich zu küssen, und strich über meine Schultern. Ich war froh nicht alleine zu sein. Manchmal lächelte ich ihn an, legte meinen Kopf schief, um ihn besser sehen zu können, strich mit meinen Handflächen weiter durch das Gras und dachte an Johannes. Ich fragte mich, was jetzt aus ihm und mir und uns werden würde, und sprach meine Gedanken laut aus: „Was machen wir jetzt nur?"

Mario stand auf. Er schien meine Gedanken fehlinterpretiert zu haben.

„Du hast Recht", sagte er. „Lass uns fahren, hier ist man ja eh nie alleine."

Ich traute mich nicht, ihn zu korrigieren und auch nicht zu fragen, was er damit meinte. Ich nickte nur, stand auf und folgte ihm zum Truck.

Auf dem Platz angekommen lief uns Micky entgegen. Seine braunen, kurzen Locken hüpften im Wind und umsäumten sein freches, kleines Gesicht. Er stürmte auf mich zu, mit weit aufgerissenen Armen. Als er vor mir stand und seine Hände keck in die Hüften stemmte, da sah er zu mir hoch und fragte: „Geht es dem Opa wieder gut?"

Ich ging in die Hocke und hob ihn hoch. „Ja", sagte ich, und versuchte nicht loszuheulen. „Ja, Johannes geht es wieder gut."

Der kleine Kerl tat so gut auf meinem Arm, da er genau wie ich, aufrichtig traurig darüber war, dass es Johannes so schlecht ging, und es ging ihm nur um Johannes, um nichts anderes. Ich behielt ihn auf dem Arm und lief weiter Mario hinterher. Eigentlich war ich schon lange an meinem Wagen vorbeigegangen, aber ich lief weiter, ferngesteuert. Ich wartete auf irgendetwas, ein Zeichen, einen Wink. Ich wollte jetzt nicht alleine sein. Ich sah, wie Tanja zwischen den Wohnwagen hervorkam. Ihr Gesicht war sehr ernst. Wortlos nahm sie mir Michael vom Arm, sah bewusst an mir vorbei. Durch mich hindurch fragte sie ihren Mann, ob alles in Ordnung wäre. Ich blieb einfach stehen. Die Gruppe lief ohne mich weiter und ich gehörte nicht mehr dazu. Eben noch fühlte ich mich Mario so nahe und noch mehr an ihn gebunden, durch die Wärme seines Sohnes an mir, und jetzt gingen sie da.

Rückblickend bin ich mir sicher, dass Tanja von Anfang an wusste, was passieren würde und dass sie genau den Zeitpunkt kannte, an dem alles anfing. Jeder war sich selbst am nächsten, und der eigene Schmerz war immer der größte. Ich hatte ihren Sohn nicht auf dem Arm zu halten, erst recht nicht, wenn ich auf Augenhöhe mit ihrem Mann lief. Das war ihr Platz, ihre Welt, und ich gehörte da nicht hinein.

Ich verbrachte den Rest des Tages alleine. Ich wurde nicht zum Essen gerufen und keines der Kinder kam, um mit mir zu spielen. Ich fühlte mich alleine. Ich schrieb Mario einen Brief, in dem ich ihm sagte, dass ich Angst vor Tanja hätte und ihn fragte, ob er mich wirklich mochte und wie er sich all das weiter vorstellte. Bis spät in die Nacht hinein saß ich in meinem Wohnwagen, lauschte in die Dunkelheit und wartete darauf, dass irgendetwas passierte. Der Platz war totenstill. Ich hörte kein Lachen, kein Geräusch, nur ab und an hörte ich ein Schnaufen oder Scharren aus dem Tierzelt, ansonsten war alles ruhig. Ich löschte das Licht und schlief unruhig ein.

Umso mehr Mario sich von mir entfernte, umso abweisender er zu mir war, desto mehr glaubte ich, dass ich ihn lieben würde. Er lebte mir ein vertrautes Muster vor. Wenn ich nicht beachtet wurde, hinterfragte ich mich und gab mir die Schuld dafür. Ich musste ihn also lieben, musste brav sein. Doch in dieser Nacht beschloss ich, stolz zu sein, mehr mit den jungen Artistinnen und den Kindern zu machen, nicht immer nur zu warten.

Der nächste Tag war Reisetag und alle waren sehr beschäftigt. Ich sah Mario einmal kurz, wie er Johannes' Wagen ankuppelte. Im Vorbeigehen rief er mir zu, dass er meinen Wagen als nächstes fahren würde. Ich nickte und sagte, dass alles reisefertig wäre. Dann drehte ich mich um. Das Tiergehege wurde gerade abgebaut, und ich fühlte mich verpflichtet, so wie Johannes es vorher immer getan hatte, den Tieren in ihre Boxen zu helfen. Er fehlte mir. Ich fragte mich, wie es ihm wohl gehen würde. Meine Mutter und mein Stiefvater würden heute kommen und, soweit ich wusste, wollten sie direkt zur nächsten Station, nach Mühlhausen fahren. Es war noch relativ früher Vormittag und ich sah Isabel über den Platz laufen. Ich ging auf sie zu.

„Wir essen noch hier zu Mittag", sagte sie „in circa einer halben Stunde. Kommst du?"

Ich fühlte mich unwohl ohne den Schutz von Johannes, versuchte mich aber selbst zu ermahnen, was ich mir heute Nacht vorgenommen hatte. Ich willigte ein. Neben uns räumten die ostdeutschen Artisten ihren PKW ein. Isabel schaute in die Richtung. „Die reisen heute ab", sagte sie, „für immer."

Ich folgte ihrem Blick, um sicherzugehen, dass wir außer Hörweite waren, dann sagte ich: „Ein Glück, die blöde Kuh, die hätte Johannes einfach verrecken lassen. Wenn deine Mutter ... ihr, gestern nicht gekommen wäret, ich mag gar nicht dran denken." Isabel musste lachen.

„Keiner konnte die je leiden, und in der Manege waren die auch nie besonders gut, und da Antonia ab jetzt zwei Auftritte hat, hat Papa sie weggeschickt."

Wir alberten, während wir weiterliefen, lästerten ein bisschen über die zwei und gingen gemeinsam zum Mittagessen. Mit Isabel an meiner Seite fühlte ich mich sicher. Sie wurde eine sehr enge Freundin von mir, so lange ich beim Zirkus war, und irgendwie konnte mein Gewissen diese Doppelmoral aushalten. Es war, als wenn das eine mit dem anderen nichts zu tun hätte. Direkt anschließend an das Essen kam Mario, um mich nach Mühlhausen zu fahren. Er hatte verdammt schlechte Laune, wollte nicht reden und machte alle Arbeiten in Rekordzeit alleine.

Während der Fahrt legte er manchmal seine Hand auf mein Bein, und dann verzog sich sein Gesicht zu einem Versuch von Lächeln. Die meiste Zeit aber starrte er nur stur auf die Fahrbahn, und schien in seiner eigenen Welt zu sein bzw. hing seinen eigenen Gedanken regelrecht hinterher. Ich fühlte mich schuldig und dachte die ganze Zeit daran, wie schlecht es dem Zirkus finanziell ging, und dass ich ja noch zusätzlich eine Belastung war.

Kurz nachdem wir Mühlhausen erreicht hatten, kamen meine Eltern. Mario gab mir für den Rest des Tages frei. Meine Eltern gingen mit mir in die Stadt und ich aß später zu Abend mit ihnen. Sie tranken, gaben mir Taschengeld und waren so anders als sonst. Ich wünschte mir, dass dieser Zustand immer anhalten würde, dass sie sich freuen würden mich zu sehen, dass es etwas Besonderes wäre, und dass es verdammt noch mal endlich mal um mich ginge.

Sie verließen mich in der Abenddämmerung.

Ich saß in meinem Wohnwagen, und schrieb in mein Tagebuch. Ich dachte lange über Johannes nach und über das, was meine Eltern über ihn gesagt hatten. Dass die Wahrscheinlichkeit sehr hoch wäre, dass er jetzt zu einem Pflegefall werden würde und dass es dann besser wäre, ihn in ein Heim zu geben. Heute denke ich, als wenn sie das hätten entscheiden können, aber damals war es wie ein Beschluss, und ich rebellierte dagegen, war wütend auf sie, wollte, dass sie ihn ziehen ließen, dass er solange beim Zirkus sein konnte, bis er irgendwann abends in seinem Wohnwagen einschlafen und nie wieder aufwachen würde. Also stritt ich mich zum Schluss mit meinen Eltern, aber es war nicht wie sonst, wo man keine Meinung haben durfte und man angehalten wurde, die Klappe zu halten und ihrer Meinung zu sein. Es war anders: Fürsorglicher, verständnisvoller, es war ein bisschen die kitschige Bilderbuchfamilie, von der ich immer geträumt hatte und ich wünschte mir, sie würde immer so bleiben.

Durch den Spalt der Gardine konnte ich die tschechischen Artisten vor ihren Wohnwagen sitzen sehen. Sie hatten viele Lichter an und hörten laut Musik. Es sah so aus, als wenn der ganze Platz dort versammelt saß. Manchmal hörte ich Marios Stimme heraus. Einer der Artisten schien Geburtstag zu haben und das wurde gefeiert. Sie sangen Lieder in ihrer Sprache und lachten viel. Ich saß stundenlang da, lugte durch den Spalt in der Gardine und fragte mich, warum sie mich nicht dazu holten. Dann sah ich etwas auf mich zukommen. Ich freute mich, dachte, jetzt würden sie mich zu sich holen. Sie kamen laut gackernd, mit einem Bettlaken über dem Kopf und wollten mich erschrecken. Da ich sie schon von Weitem gesehen hatte, erschrak ich nicht. Das fanden sie langweilig. Sie zogen sofort wieder ab.

Als sie gingen, wollte ich die Tür verriegeln, doch dann musste ich an den Streit mit Mario denken und daran, dass er so böse war, als ich das letzte Mal abgesperrt hatte. Ich stand da mit den Fingern auf dem kalten Metall und konnte die Flut nicht zurückhalten, die heiß und gewaltig in meine Augen schoss. Ich ließ den Türknauf los und setzte mich auf mein Bett. Ich heulte vor Wut und Einsamkeit und dem Gefühl, dem allem nicht gewachsen zu sein. Ich hatte das Gefühl in einer Zwickmühle zu stecken. Ich wünschte mir, irgendjemand würde kommen und mich in den Arm nehmen und trösten, wünschte mir, Mario würde kommen. Aber niemand kam, sondern ich deckte mich nur mit meiner Einsamkeit zu.

Ich musste schon einige Stunden geschlafen haben, als ich eine kalte Hand in meinem Nacken spürte. Ich erschrak fürchterlich und richtete mich auf. In der Dunkelheit erkannte ich vage Marios Konturen.

„Es tut mir leid", sagte er und strich mir über die Wange. „Ich konnte nicht vorher kommen."

Ich setzte mich auf und zündete die Kerze an. Er sah zur Tür und lächelte mich an, während er sich eine Zigarette ansteckte. Er gab mir wortlos zu verstehen, dass er sich freute, dass ich die Tür offen gelassen hatte.

„Was war los heute?", fragte ich ihn.

Ich musste an sein ernstes Gesicht denken, dass er den ganzen Tag gemacht hatte. Er erzählte mir von finanziellen Schwierigkeiten und dass er froh wäre, dass die beiden von drüben jetzt weg wären. Da musste ich lachen, weil wir doch drüben, also in den neuen Bundesländern, waren, aber er fand das gar nicht komisch und redete einfach weiter. Er sprach weiter und erzählte gereizt und angespannt, dass es mit den beiden immer nur Ärger gegeben hätte, denn sie wollten jede Vorstellung von ihm bezahlt bekommen. Mit allen anderen hatte er den Deal, dass nur dann bezahlt wurde, wenn die Vorstellung auch wirklich stattfand. Aber mit den beiden war das alles anders.

„Das hat nur böses Blut gegeben, zumal die ja noch nicht mal besonders gut waren, und ehrlich, ich hab diesen Sommer schon genug drauf gezahlt."

Mario hatte seine Zigarette aus dem Fenster geworfen und wütend hinzugefügt, dass er sich zu allem Überfluss auch noch mit seinem Bruder gestritten hatte. Ich strich ihm mit meiner Hand über den Rücken, mütterlich, schuldbewusst und irgendwie wünschte ich mir, dass er seinen Kopf einfach in meinen Schoß fallen ließe. Ich wollte, dass ich für ihn wichtig werden, und dass auch er mich brauchen würde. In meinen Träumen war ich immer die Starke, die, die für alle anderen da war und dafür geliebt und bewundert wurde. Doch die Realität sah anders aus. Mario legte seinen Kopf in den Nacken, als ich ihn dort zu kraulen begann. Dann drehte er mir seinen Kopf zu und sah mich an.

„Er weiß von uns."

Ich zog die Stirn in Falten und fragte mich, ob er jetzt zwei Tage gebraucht hatte, um zu begreifen, dass auch Johannes wusste, was hier los war. Das machte keinen Sinn. Also fragte ich: „Wer?"

Er drehte die Zigarettenschachtel in seinen Händen und hielt seine Augen auf sie gerichtet.

„Mein Bruder, Peter."

Ich war überrascht, erschrocken, das musste er gesehen haben. Er nahm mein Gesicht in seine Hände und zog mich zu sich, um mich zu küssen. Während des Küssens sprach er weiter: „Ich hatte das Gefühl, es jemandem erzählen zu müssen, ich musste mich jemandem anvertrauen, mein Bruder und ich reden über alles, da hab ich es ihm erzählt."

Dann sprach er nicht mehr, sondern legte mich zurück ins Bett, vorsichtiger diesmal, küsste mich überall, und rieb sich wieder an mir, bis er sich erlöst hatte. Dann saß er noch ein bisschen da und streichelte mich.

Als er schon fast aus der Tür war, drehte er sich noch mal um.

„Ach ja, das hatte ich ganz vergessen. Isabels Hase ist heute gestorben, sie ist sehr traurig. Vielleicht kannst du ja morgen was mit ihr machen."

Ich war verdattert, und fragte mich, warum sie mir das nicht selber erzählt hatte, aber dann fiel mir ein, dass ich sie ja gar nicht mehr gesehen hatte, seitdem wir zusammen zu Mittag gegessen hatten. Ich sagte, dass es mir Leid täte, und er griff zur Tür. Auf der ersten Stufe drehte er sich noch einmal um, griff in seine Brusttasche und hielt kurz meinen Brief hoch.

„Danke", sagte er und verschwand.

Einen kurzen Moment fragte ich mich, ob ich wollte, dass er all meine Gedanken kannte, meine Angst vor Tanja, die Frage ob er mich mochte. Dann wurde mir etwas ganz anderes bewusst, ich hatte ihm den Brief gar nicht gegeben, er musste wohl auf meinem Tisch gelegen haben, und er hatte ihn wahrscheinlich an sich genommen, als ich schlief.

Ich schlief unruhig wieder ein.

Ich wurde am nächsten Morgen sehr früh wach und zog mich an. Ich beschloss heute einen Tag mit den Mädchen zu verbringen, und ihnen morgens beim Training zuzuschauen. Als ich auf den Platz hinausging, war alles noch sehr still. Kaffeegeruch vermischte sich mit dem verschlafenen, feuchten Geruch des Morgens, und aus den Wohnwagen waren vereinzelt müde Stimmen zu hören, die den aufwachenden Tag begrüßten. Es hingen dicke Wolken am Himmel, und die Zelte leuchteten nicht in ihrem üblichen festlichen Glanz, sondern standen müde und blass auf dem Platz. Kein Sonnenstrahl reflektierte sich in ihnen. Es war wie eine kleine Stadt oder eine Ritterfestung. Ich sog die Morgenluft ein und folgte dem Zeltverlauf. Ganz vorne, nach dem Kassiererhäuschen kam ein tunnelartiges Zelt, das einen geschützt vor Regen zum Hauptzelt führte. Das Vordach des Hauptzeltes und seine weit geöffneten Seitenflügel gaben den direkten Blick auf die Manege frei. In der Manege schliefen noch die Trapeze und Hochseile, und nur die Sägespäne lagen müde in ihr und blinzelten dem neuen Tag entgegen. Hinter dem großen Vorhang folgte das Artistenzelt, hier fand man die Schminktische, die gesamte Licht- und Bühnentechnik, die Garderoben, das Lager und einen kleinen Bereich, in dem die Artisten in Ruhe Luft holen konnten, bevor sie ihren großen Auftritt hatten. Danach stand man im Freien, war umgeben von einem Kreis Wohnwagen und schaute auf das Tierzelt, in dem jetzt gerade gefüttert wurde. Ich hörte es an dem unruhigen Scharren der Hufe und ich sah vor meinem inneren Auge, wie die kleinen Ziegen unruhig mit ihren Köpfen an die Gitter stupsten. Ich musste lächeln. Ich streckte mich lang und ausgiebig und begrüßte den Tag mit quietschenden Lauten, die während des Streckens aus mir heraus brachen. Nichts sollte mir das zerstören. Nomadenkind, Zigeunerkind, ohne festen Wohnsitz von Stadt zu Stadt ziehend, nie mehr nach Hause zurückkehrend. Ich war mir sicher, dass ich das Richtige tat.

Ich sah Isa mit einer Zahnbürste im Mund aus ihrem Wohnwagen kommen. Ich winkte ihr zu und wedelte spöttisch mit meinem Zeigefinger vor meinem Gesicht, denn ihre Mutter mochte es ganz und gar nicht, wenn man nicht zum Zähneputzen vor dem Waschbecken stehenblieb. Aber wie alle jungen Mädchen hatten Isa und ich so früh am Morgen wichtige Dinge zu erledigen, die man ruhig schon mal mit einer Zahnbürste im Mund beginnen konnte. Sie musste lachen und ein Schwall Zahnpasta ergoss sich schuldbewusst auf ihrer Kleidung. Jetzt war es an mir zu lachen, als Isa schnellen Schrittes wieder in ihrem Wohnwagen verschwand und kurz darauf mit geputzten Zähnen und neuem Oberteil aus ihrem Wagen kam.

Ich ging zu ihr und schloss mich mit ihr dem gemeinsamen Familienfrühstück an. Mario stand an die Küchenzeile gelehnt und lächelte, als wir den Wagen betraten. „Guten Morgen, ihr zwei", sagte er fröhlich und versenkte seinen Kopf in der Kaffeetasse.

Tanja sah mit ernster Miene von ihm zu uns. Irgendwas war fremd in ihrem Gesicht.

„Seit wann freust du dich denn so deine Tochter zu sehen?" Sie stellte den Brotkorb auf den Tisch und schüttelte den Kopf. „Wir erleben jeden Tag was Neues", sagte sie leise vor sich hin, während sie dem Tisch den Rücken zukehrte. Sie nahm sich eine Zigarette, zündete sie an und ging hinaus. Mario lachte mich an.

„Was habt ihr heute geplant?", fragte er und sah jedem seiner drei Kinder, und dann auch mir, einzeln ins Gesicht. Wir berichteten, dass wir gemeinsam trainieren wollten und, wenn es die Zeit erlauben würde, wollten wir noch gemeinsam mit einer anderen Artistin und ihrer Mutter in die Stadt gehen. Er freute sich, trank lächelnd seinen Kaffee und sagte immer wieder: „Schön, macht das."

Isa zog die Stirn in Falten und trat mich unter dem Tisch. Als Mario sich umdrehte, um sich neuen Kaffee einzuschütten, flüsterte sie mir zu: „Irgendwas ist passiert. Mama hat heute Nacht bei uns geschlafen."

Mario machte ein freundlich verdutztes Gesicht, als er unsere Köpfe zusammenstecken sah, er zuckte mit den Schultern und wandte sich zur Tür. „Wie ich sehe, kommt ihr zurecht", sagte er, bevor er hinausging.

Der Kleine winkte mit seiner Nutella verschmierten Hand, wir anderen ließen ein eintöniges „mmmh" ersummen. Nachdem seine Schritte die Treppe verlassen hatten, fing Isa an zu berichten. Sie flüsterte immer noch, da sie nicht wollte, dass Lisa, ihre drei Jahre jüngere Schwester, und Micky etwas mitbekamen, aber das Resultat war nur, dass ich gar nichts verstand und Lisa irgendwann zu weinen anfing.

„Ihr sollt nicht flüstern, das ist gemein", weinte sie.

Also aßen wir still weiter. Tanja saß auf der Treppe des Küchenwagens. Sie hatte ihre Arme auf ihre Knie gestützt und starrte apathisch über den Platz. Sie schaute noch nicht einmal auf, als wir an ihr vorbei gingen. Sie saß einfach nur da, kalt und unnahbar. Als wir das Zelt erreichten, drehte ich mich noch einmal um. Unsere Blicke trafen sich und standen einen kurzen Moment, wie zwei Ringkämpfer zum Kampf bereit, mit donnerndem Atem in der Luft. Dann senkte ich den Blick, drehte mich um und trat ins Zelt. Jetzt wusste ich, was mir an ihrem Gesicht so fremd erschienen war. Sie hatte ein blaues Auge, nur leicht geschwollen und gut geschminkt, aber doch verkleinert. Ihr Blick war so sicher, resigniert aber kampfeslustig. Ich hasste sie und wollte, dass sie verschwand, im Grunde hatte ich Angst vor ihr, denn sie zeigte mir die Wahrheit. Eine Wahrheit, die ich nicht sehen wollte. Sie schien mir durch ihren Blick zu sagen: „Irgendwann bist du ihm nicht mehr gut genug und dann macht er mit dir, was er will." Ich wollte das aber in diesem Moment nicht sehen und auch nicht glauben.

Ich stand wohl einen Moment zu lange dort, mit dem Vorhang in der Hand, den Blick auf die im Kreis liegende Sägespäne geheftet, die vor meinen Augen schon langsam zu tanzen anfingen, denn es war viel zu laut und viel zu gereizt, als ich Isas „Cécile, kannst du bitte die

Musik anmachen" endlich wahrnahm. Ich schaute auf. Schaute in dieses liebe Gesicht, das ein wenig Zorn in seinen Augen hatte, aber auch so viele kleine Fragezeichen. „Was war hier nur los?", musste sie sich gefragt haben, aber sie hat nie etwas gesagt.

Von diesem Tag an, sprach sie auch nie wieder mit mir über ihren Vater und ihre Mutter. Vielleicht wusste sie alles oder hatte es zumindest geahnt.

Nach dem Mittagessen kam Mario zu mir und bat mich zu Johannes' Wagen zu kommen. Schon von Weitem sah ich, dass die Tür offen stand und sich Schatten in dem Wagen bewegten. Ich beschleunigte meinen Schritt und lachte. Ich rannte fast, wollte gerade ansetzen Johannes' Namen zu rufen und zu winken, als ein junger, fremder Mann aus dem Wagen kam. Ich hatte ihn noch nie zuvor gesehen. Er hatte eine Kiste im Arm und stieg ungelenk die Wohnwagensprossen hinab. Dann stellte er die Kiste ins Gras und verschwand wieder im Wohnwagen.

„Das sind Johannes' Kassetten", sagte ich, mehr zu mir selbst.

Ich bückte mich und nahm eine nach der anderen aus der Kiste. Johannes hatte einen scheußlichen Musikgeschmack. Ich blätterte Heintje und Heino zwischen meinen Händen und musste lächeln. Für ihn war das das Schönste. Laute Musik hören, die einfach und sorgenfrei war und ihn in eine unbeschadete Welt entfliehen ließ. Dann dirigiert er fröhlich ein Luftorchester, summte oder sang sogar mit, lachte und drehte sich im Kreis.

Ich sah die fremden Männer an und drehte mich um. Irgendwo hinter mir war doch eben noch Mario gewesen.

Ohne groß von mir Notiz zu nehmen, kam der erste wieder heraus und warf eine große Tüte auf den Karton. Ich zog sie in meine Richtung und erkannte sofort, dass das Johannes' Sachen waren.

„Was um alles in der Welt machen Sie hier?", fragte ich die zwei.

Meine Stimme bebte vor Zorn. Mit Erschrecken musste ich feststellen, dass eine große Tränenlawine an den Ausgängen meiner Augenhöhlen pochte, und ich machte die Augen groß, um nicht loszuheulen, sondern wischte mir vorsorglich mit meinen Händen durchs Gesicht. An dem Schatten neben mir merkte ich, dass Mario neben mir stand. Mario nannte mir beide Männer beim Namen.

„Und?", fragte ich „Was wollen die hier?"

Ich sah es an Marios Gesicht, dass er gereizt war, dass er heute schon zu viel diskutiert hatte, sich schon zu oft mit zu vielen Menschen auseinander gesetzt hatte. Mario hatte keinen Nerv mehr, mir irgendetwas zu erklären, und er wollte es auch nicht. Er zog seine Stirn in Falten und sah mich an.

„Arbeiten?", fragte er ironisch, denn warum sonst sollte man ihn begleiten. Er drehte sich um und ging, ließ mich einfach stehen, drehte sich noch einmal um und sagte: „Nimm bitte Johannes' Sachen in deinen Wohnwagen. Deine Eltern können sie ja mitnehmen, wenn sie das nächste Mal kommen."

Ich stellte mich ungeschickt an. Der Tüte und dem Karton war ein weiterer Karton gefolgt und ich versuchte die ganzen Sachen übereinander zu stapeln, um alles in einem Rutsch mitzunehmen. Zweimal fiel der Berg aus meinen Händen, bis es mir schließlich doch gelang. Mit dem Kinn als Stütze balancierte ich schwankend den Johannes-Schatz in meinen Wohnwagen. Ich war so wütend. Jenseits jeglicher Realität war ich davon überzeugt, dass es sich um Johannes' persönlichen Wohnwagen handelte, und dass sie ihm den mit dieser Aktion wegnehmen würden. Ich hasste diese Männer. Ich lästerte im Kopf mit mir selbst über den sächsischen Dialekt und fluchte leise vor mich hin. Nachdem ich die Kisten in meinen Wohnwagen geräumt hatte, fühlte ich mich leer. Irgendwie war es jetzt eindeutig. Johannes würde nicht mehr zurückkommen.

Nach einer Stunde stand Mario in der Wohnwagentür und fragte, ob ich Lust hätte mit ihm in der Stadt Abendbrot zu essen. Wir müssten nur getrennt von einander den Platz verlassen und wieder kommen, dann würde schon keiner etwas merken. Es war dieses diebische, spitzbübische in seinen Augen, was mich für einen kurzen Moment meine Wut vergessen und mich lachen ließ. Diese Freude am verbotenen Handeln, dieses Wissen durch den Adrenalinkick noch am Leben zu sein. Es war unvernünftig und falsch und vielleicht genau deswegen stimmte ich zu.

Es wurde Abend und ich verließ den Platz um an den verabredeten Treffpunkt zu kommen. Ich wartete eine Ewigkeit. Ich zog mit meinen Füßen Kreise in den Schotter. Zwischen dem Grau der Kiesel zeigten die schwarzen Kreise meiner Schuhe, wie lange ich auf ihn gewartet hatte. Doch als er dann endlich kam und hundert Meter von mir entfernt seine Zigarette wegschnippte und mich anlachte, da war meine Wut verflogen. Mein Herz klopfte wild. Ich wollte alles tun, um ihm zu genügen. Ich wollte endlich frei sein und begriff nicht, welchen Preis ich bereit war zu zahlen.

Wie ein verliebtes Pärchen liefen wir durch die Stadt. Er nahm mich an der Hand, nahm mich in den Arm, legte seinen Arm um meine Taille. Das war alles so vertraut und schien alles so richtig. Wir fanden ein kleines Lokal, in das wir uns setzten. Er wählte die dunkelste Ecke und hielt während des Essens die ganze Zeit seine Hand auf meinem Bein. Er aß Schnitzel, ich aß Salat. Die Hand war warm und ich genoss es so, dass mir jemand Aufmerksamkeit schenkte, dass mir jemand körperliche Nähe gab. Ich wollte nur in den Arm genommen werden. Ich freute mich, und dachte, dass er genauso dachte, und dass er mich einfach auch nur im Arm halten wollte und wollte, dass ich da war.

Viel gesprochen haben wir nicht.

Auf dem Rückweg brachte ich den Mut auf, nach den beiden Männern in Johannes' Wohnwagen zu fragen. Mario reagierte sehr gereizt. Wir stritten darüber und er gab mir klar zu verstehen, dass ich nicht in der Position war, ihm irgendwelche Vorschriften zu machen.

„Ich musste diese Entscheidung treffen und damit basta!"

Ich dachte an die Kreise, die ich in den Schotter gezogen hatte, harte, schwarze Grenzen, die mich umgaben, aus denen ich nicht ausbrechen konnte und keiner war bereit, die Steine für mich zu verschieben. Ich stand wieder alleine in meinen schwarzen Kreisen, und Mario war ganz weit weg, sein Gesicht nur noch verschwommen. Ich konnte mich nicht mehr daran erinnern, dass er mir die Hand gereicht hatte. Ich fragte mich selbst, was ich tun musste und sollte, damit ich endlich ins Licht treten konnte. Ich hielt meinen Kopf gesenkt und schwieg.

Wir mussten uns nicht absprechen, wer zuerst auf den Platz zurückkehrte und wer nicht. Mario war durch seine Wut immer schneller geworden, ich durch meine Traurigkeit immer langsamer. Seine Silhouette verlor sich in der Dunkelheit, und ich meinte zu erahnen, dass er den Platz von links ansteuerte, da wo auch sein Wohnwagen, der Küchenwagen und der Wagen der Kinder standen. Ich lief langsamer, dann blieb ich stehen. Ich zählte die Autos auf dem Parkplatz und fragte mich für einen kurzen Moment, ob ich einfach weglaufen sollte. Aber wo sollte ich denn hin? Jeder Schritt hier weg, war ein Schritt zurück. Ich musste einfach die Zähne zusammenbeißen und durchhalten. Irgendwann würde er mich schon wieder mögen. Ich war bereit alles dafür zu tun.

Ich verriegelte die Tür von meinem Wohnwagen, saß lange wach und starrte in die Kerze. Später schrieb ich Tagebuch und fühlte mich leer. Was war nur an mir, dass jeder mich verstieß? Ich wollte doch nur Johannes' Platz bewahren, warum konnte er mir nicht ruhig eine Erklärung dafür liefern? Ich wusste nicht, wo ich hingehörte und wenn es woanders war als hier, dann wusste ich nicht, wo es war.

Ich ging nicht zum Frühstück am nächsten Morgen, und es kam auch niemand um mich zu holen. Ich zog immer wieder die Decke über meinen Kopf, wollte das Licht aussperren und den Tag vertreiben. Doch das sollte nicht mein Leben sein, ich sollte nicht weinend im Bett liegen. Langsam beruhigte ich mich wieder, redete mir schöne Gedanken ein und ließ dem neuen Tag eine Chance, mir seine Schönheit zu zeigen. Vielleicht hatte Mario es einfach nicht so gemeint und vielleicht hatte er einfach einen schlechten Tag. Ich wusste nicht, was es war, aber mein Glaube daran, dass die Welt gut war und alles gut werden würde, kam langsam wieder zurück, und ich saß in der Sonne auf meiner Wohnwagentreppe, genoss ihre Strahlen und beschloss, dass dies ein guter Tag werden würde.

Ich hatte, als meine Eltern das letzte Mal da gewesen waren, ein bisschen Geld bekommen, und ich wollte mir ein paar neue Kleidungsstücke kaufen. Vielleicht einen schönen Rock oder ein neues Oberteil. Als ich Isa auf dem Platz sah, rannte ich zu ihr und fragte sie, was sie von einem Besuch in der Stadt halten würde.

Nachdem wir alle zusammen getrommelt hatten, gingen wir los. Isa wollte in einem Zoogeschäft nach einem neuen Hasen schauen und während wir da standen und Isa einen Hasen nach dem anderen aus dem Käfig nahm und verzweifelt versuchte, ihren Hasen wiederzufinden, da sah ich eine kleine weiße Maus, die zusammengerollt und abgesondert von ihren Mäusekameraden in den Sägespänen ganz hinten in einer Ecke des Käfigs hinter der Glasscheibe lag. Die sollte meine werden, mein kleiner, neuer Freund, der mich begleitete. So bildete ich es mir zumindest ein und ignorierte total, dass ich mich eigentlich vor den scharfen Zähnen von Mäusen fürchtete. Auch hatte ich Angst das kleine Tierchen zu zerbrechen, denn eigentlich war es doch nur eine winzige Hand voll Fell. Doch in diesem Moment erschien sie mir so gleich, gleich mit meinem Leben. Sie wurde mein Begleiter.

Zurück auf dem Zirkusplatz, hatte ich ein paar neue Klamotten erstanden, in denen ich mich, ohne jedes modische Verständnis, unsagbar gut aussehend fand. Ich hatte einen neuen kleinen Freund bei mir und fühlte mich wieder leichter. Im Kreise von fünf Mädchen fühlte es sich endlich einmal so an, wie es sich wohl anfühlen sollte, so mitten in der Pubertät. Die Welt würde eines Tages uns gehören, und bis dahin machten wir sie noch ein bisschen verrückt.

Ich musste an dem Tierzelt vorbeigehen, um in meinen Wohnwagen zu gelangen, und ich kam nicht drum herum an Johannes zu denken. Zwangsläufig kam dieses Bild wieder hoch, wie er dort im Zelt stand, eine leicht schiefe Haltung, die Hose schlabberig an den Beinen, die eine Hand hält zitternd den Eimer, der viel zu schwer ist für seine alten Knochen. Er hält eine Handvoll Streu aus dem Eimer vor sich und lacht, lacht über das ganze Gesicht, während er den kleinen Zicklein das Futter zuschmeißt. Und er redet mit ihnen, mit dieser liebevollen Stimme: „Na, meine Gudsden, habt ihr schon auf mich gewartet?"

Aber es war nicht Johannes, der dort im Zelt stand, nicht seine, keine Stimme kam aus dem Zelt und kein Lachen war zu hören.

Dieses Mal nahm ich nur Streit und harte Worte wahr, als ich an dem Zelt entlangging. Als ich einen Blick hineinwarf, sah ich die beiden neuen, wie sie mit zwei Artisten stritten. Ich kam nicht drum herum ein wenig Schadenfreude zu empfinden, und dieses Gefühl nahm ich mit in meinen Wohnwagen und fand Lust und Muße, zwei Stunden lang mit der Maus zu verbringen.

Mario war nicht beim Abendbrot, und als ich in das erste meiner geschmierten Brote biss, fiel mir auf, dass es das erste war, das ich heute aß. Isa und Lisa berichteten von unseren Einkäufen und Tanja mimte die interessierte Mutter. Wäre nicht der Spannungsbogen bis ans äußerste gespannt gewesen, vielleicht wäre es ein richtig netter Abend geworden. Nach dem Abendbrot fragte mich Tanja, ob ich duschen wollte – bei Gott, das wollte ich.

Nach der Dusche ging ich in meinen Wohnwagen und schlief, bis ich in der Nacht von Mario geweckt wurde. Ich wurde davon wach, dass er über meinen Körper strich. Das war irgendwie nicht richtig, sondern fühlte sich falsch an, und ich wollte nicht, dass er bei mir war. Ich war schroff zu ihm, denn das alles machte keinen Sinn.

Er ging, drehte sich nicht um, und versuchte sich auch nicht zu erklären. Er zog die Tür hinter sich zu und war weg. Ich wollte ihm nachlaufen, wollte ihn bitten, so nicht mit mir umzugehen. Ich war hin- und hergerissen, und wollte nicht, dass er ging. Ich wollte doch nur, dass alles gut war, wollte alles richtig machen, aber irgendwie war alles falsch.

Ich lehnte an der Wand des Wohnwagens, hatte meine Knie vor den Körper gezogen und hielt die Kiste mit der Maus vor mir. Ich wusste nicht, wohin mit mir. Ich hatte das Gefühl, etwas ganz Schönes zu verlieren, eine Chance zu verpassen und das wollte ich nicht. Es musste in meiner Macht liegen, das zu behalten. Irgendwann habe ich die Maus auf den Tisch gestellt und bin über meinen Gedanken eingeschlafen. Am nächsten Tag würden meine Eltern kommen und ich wollte nicht, dass sie irgendetwas mitbekamen und eigentlich wollte ich auch gar nicht, dass sie kamen. Ich wollte nie mehr nach Hause zurück. Noch war es zu Hause schlimmer, und ich wusste in dem Moment noch nicht, dass ich das eines Tages anders sehen würde.

Ich verbrachte den Vormittag mit meinen Eltern und dem Gefühl in völliger Normalität zu leben. Ich genoss die Freude, die sie empfanden mich zu sehen. Ich versuchte, meine Eltern immer und überall als besonders cool und tolerant zu verkaufen und freute mich, als sie mir erlaubten, die Maus zu behalten. Wir gingen in die Stadt, um etwas zu essen, sie tranken ihr Bier und ihren Wein und ich versuchte mir einzureden, dass das normal sei. Ich lenkte das Gespräch auf Johannes und ließ meine Eltern erzählen, wie es ihm ging. Als wir zurück auf dem Platz waren, gingen sie noch kurz zu Tanja und Mario, um alle weiteren Tage zu besprechen. Sie kamen noch einmal zu mir zurück, verabschiedeten sich und dann fuhren sie.

Die Nachmittagsvorstellung näherte sich und alle Artisten fingen langsam an, sich vorzubereiten. Man sah sie in ihren Wohnwagen, wie sie sich umzogen und sich dehnten. Mehrmals an diesem Tag lief mir Mario über den Weg. Er sprach nicht mit mir, sondern war sehr gereizt, und immer, wenn ich mich ihm näherte, schickte er mich weg. Ich fühlte mich hundeelend. Mario sollte mich doch mögen, vielleicht sogar lieben, und ich kam nicht umhin, dass ich mich angezogen fühlte durch seine kalte Schulter. Ich wollte ihm beweisen, dass das Leben schön sein konnte, ohne daran zu denken, dass ich selbst das gar nicht wissen konnte. Ich wollte einfach nur, dass diese Schwere verschwindet. Alles sollte wieder so leicht und so schön sein, wie es am Anfang war. Aber er ignorierte mich.

Ich saß hinter der Bühne und lauschte der laufenden Vorstellung. Man gab mir kleine Hilfsjobs, die mich ablenkten. Ich konnte die Ansagen, Witze und Szenen auswendig mitsprechen. Ich saß einfach nur da, tat monoton meine Arbeit und fragte mich, warum er mich nicht wollte. Es tat so unglaublich weh, denn wir waren doch Freunde. Das hatte er doch selbst gesagt. Wenn ich etwas falsch gemacht hatte, dann wollte ich mich dafür entschuldigen, aber er wollte ja nichts von mir hören.

Tanja saß an der Tontechnik und sagte kein Wort. Mechanisch machte sie ihren Job. Ich wurde das Gefühl nicht los, dass es für sie eine Genugtuung war, dass ihr Leben durch mich und die Situation nicht aus dem Ruder gelaufen war, und dass jetzt alles wieder so werden würde, wie es war. Ich wollte nicht mit ihnen zu Abend essen, sondern ging anstelle dessen in meinen Wohnwagen und wollte mit meiner Maus spielen. Doch diese hatte sich einen Weg durch den Schuhkarton gefressen und war auf und davon. Ich robbte auf allen Vieren durch meinen Wagen, unter meinen Wagen und um meinen Wagen herum, aber ich fand sie nicht. Ich lief zu Isa und weinte. Gemeinsam mit den Mädchen suchten wir jetzt den ganzen Platz ab, robbten über den Boden, schauten in jede Ecke, nahmen überall die große Zeltplane hoch, aber wir fanden sie nicht. Es war ein bisschen wie die Nadel im Heuhaufen suchen. Irgendwann gaben wir auf. Die Mädchen gingen ins Bett und auch ich verriegelte meinen Wohnwagen, um mich schlafen zu legen. Ich war alleine. Ich hörte die Autos einer weit entfernten Straße, und versuchte sie wie Schäfchen zu zählen, versuchte die Trabanten raus zu hören und schlief irgendwann darüber ein.

Direkt neben meinem Kopf schlug etwas gegen die Wand. Es war mitten in der Nacht. Ich war sofort hellwach. Der Schreck hatte den Schlaf weggescheucht. Dann schlug es wieder gegen meine Wand, diesmal lauter. Der ganze Wagen wackelte. Ein drittes Mal, ein viertes Mal. Jetzt war es ein Hämmern, dem vereinzelt ein Klatschen folgte. Ich verstand, dass jemand vor meinem Wagen stand. Kein Erdbeben, kein Angriff, nur jemand der wollte, dass ich ihn hörte. Ich schob die Gardine zurück und sah direkt in Marios Gesicht. Er zog an seiner Zigarette. Die Glut leuchtete auf und ließ mich sein Gesicht ganz deutlich erkennen. Sein Blick war zornig. Ich spürte diesen Kloß im Hals. Warum konnte er nicht zu mir kommen und sagen, dass wir wieder Freunde waren? Warum war er so wütend auf mich? Ich sah ihn einfach nur an, und er sah mit starrem Blick Richtung Wohnwagentür und wieder zu mir.

„Mach auf, verdammt noch mal!"

Ich schüttelte den Kopf. Seine Hand schlug flach an die Scheibe und ich schrie auf, machte instinktiv einen Satz zurück, klammerte mich an meiner Bettdecke fest und sah der Gardine zu, wie sie aufgeregt vor dem Fenster auf- und abwippte.

„Verdammt noch mal, mach auf!"

Ich schüttelte wieder den Kopf, schob die Gardine zurück und sah ihn an. Ich sah, dass er getrunken hatte, und ich hatte Angst vor ihm. Er lehnte mit der flachen Hand an der Scheibe und drückte seinen Kopf ganz fest an das Glas, um mich besser sehen zu können. Seine Finger klopften nervös auf das Glas und ich konnte sehen, wie die Adern auf seinem Handrücken immer mehr hervortraten. Dann ging er um den Wohnwagen rum, ich konnte seine Schritte genau verfolgen, denn er schlug, während des Gehens, permanent an die Außenwand des Wohnwagens. Dann war er vor der Tür. Ich konnte ihn ganz deutlich hören. Ich ging leise zur Tür. Wir standen uns vís a vís gegenüber, nur die Spanplatte der Wohnwagentür zwischen uns. Mein Herz klopfte wie wild, ganz vorsichtig schob ich mich an die Tür und flüsterte: „Was willst du denn von mir, es ist mitten in der Nacht?"

Er trat als Antwort gegen die Tür. Ich musste einen Schritt zurückgehen, um nicht umzufallen. Der Wagen wackelte.

„Mach auf, verdammt, noch mal, oder ich schreie den gesamten Platz wach!"

Das wollte ich nicht, wollte nicht, dass irgendjemand sieht, dass er nachts bei mir war. Ich wollte nicht, dass Tanja mich nach Hause schickte, nur weil sie ihn bei mir sah. Ich öffnete die obere Luke und sah ihn an. Er roch stark nach Alkohol und hielt sich leicht schwankend mit beiden Händen an der Luke fest.

„Lass uns morgen reden", sagte ich zu ihm.

„Nein!", schrie er und trat erneut gegen die Tür. „Mach jetzt endlich auf!"

Am anderen Ende des Platzes ging in einem der Wohnwagen Licht an und der Hund bellte. Es war Tanjas Wohnwagen. Ich konnte sehen, dass sich in dem Wagen etwas bewegte. Auch Mario war meinem Blick gefolgt. Er schnaubte verächtlich, dann drehte er sich um und ging. Ich hatte Angst. Ich war traurig und wütend. Warum konnten wir nicht schön miteinander umgehen? Ich verriegelte erneut die Luke und kroch wieder ins Bett. Mein Herz schlug schmerzhaft in den Hals hinauf, und bis in die Morgenstunden wälzte ich mich unruhig hin und her. Der Schlaf ließ sich lange Zeit, aber er kam, senkte sich über mich, machte meine Glieder schwer und nahm mich mit ins Traumland, irgendwo in eine andere Welt, wo es den Menschen gut ging und sie glücklich waren.

Ich gab mir die Schuld und war davon überzeugt, dass ich es mir nicht hätte anmaßen dürfen, mit ihm über Johannes und seinen Wohnwagen zu reden. Ich versuchte einen Weg zu finden, damit er sah, dass ich einsichtig war und schrieb ihm einen Brief, in dem ich ihn um Verzeihung bat und darum, mir eine neue Chance zu geben. Doch zwei Tage zogen sich wie Kaugummi. Ich wollte nichts essen, nichts trinken, und spürte mich schließlich nicht mehr. Ich versuchte, weiter zu laufen in dem Hamsterrad, aus dem ich nicht entfliehen konnte. Ich schloss nachts die Tür nicht ab, lag wach, wartete und schlief somit kaum. Ich hörte auf jedes Geräusch, schreckte bei jedem kleinen Knacken hoch, und legte mich immer wieder traurig, alleine in meine Kissen zurück.

In der dritten Nacht klopfte es an meine Tür. Ich war verdattert, weil die Tür doch offen war. Es klopfte wieder, als ich mir die verschlafenen Augen rieb. Jemand rief leise meinen Namen. Ich ging zur Tür und öffnete die Luke. Marios Bruder Peter stand vor dem Wohnwagen.

„Darf ich reinkommen?"

Ich war sehr verwirrt, wischte mir müde durch das Gesicht und fragte ihn: „Ist was passiert?"

Er ging an mir vorbei.

„Darf ich mich setzen?", fragte er der Form halber, während er sich auf die unbenutzte Bank gegenüber meinem Bett setzte.

„Warum klappst du eigentlich das Bett nicht ganz aus? Das wäre doch viel gemütlicher."

Ich war total verwirrt, hatte keine Vorstellung, wie spät es war, aber es fühlte sich an wie zwei oder drei Uhr nachts. War dieser Mann mitten in der Nacht zu mir gekommen, um mich zu fragen, warum ich nur eine der beiden Essbänke neben dem Tisch in meinem

Wohnwagen zum Schlafen nahm und nicht beide Elemente mittels des Tisches miteinander verband?

„Ich finde es gemütlicher so", erwiderte ich. „Für mich reicht es alle mal, ich brauche kein großes Bett."

Ich lehnte mich mit dem Rücken an die Küchenzeile und trippelte von einem Fuß auf den anderem, mir war kalt. Die Schlafwärme war jetzt völlig aus meinem Körper gekrabbelt, und ich wäre am liebsten wieder ins Bett gekrochen. Was um Himmels Willen wollte er? Meine Frage war immer noch unbeantwortet. Er ignorierte sie und in meinem Kopf waberte sie in Fetzen auf und ab. Es konnte nichts passiert sein, das wusste ich. Also, was wollte er? Hatte er mit Mario zusammen gesessen? Werde ich jetzt nach Hause geschickt? Mitten in der Nacht? Was war hier verdammt noch mal los? Ich sah ihn fragend an, und gleichzeitig mich nicht in der Lage seinem Blick standzuhalten. Ich verlor mich irgendwo in den Fugen der PVC-Fliesen und schaute nur manchmal für kurze Momente hoch in seine Augen. Ich hörte mein Herz schlagen und manchmal seine Füße unruhig über den Boden scharren. Er suchte nach Worten. Von irgendwo waren Schritte zu hören, doch im ersten Moment glaubte ich, nur das Blut in meinen Ohren pochen zu hören. Doch auch Peter hob den Kopf und lauschte in die Stille. Er stützte die Ellenbogen auf den Tisch und rieb sich lange und nachdenklich mit beiden Händen das Gesicht. In Zeitlupe gaben seine Finger seine Augen frei und er sah mich an. Ich versuchte erneut seinem Blick standzuhalten.

„Sei nicht so hart zu ihm", sagte er. „Es ist für alle eine harte Zeit."

Schließlich stand er auf, strich mir im Vorbeigehen einmal über die Wange und ging die Stufen hinab. Draußen hörte ich ihn mit jemandem reden, und dann stand Mario in der Tür. Er schnippte seine Zigarette weg und lehnte sich in den Rahmen, die Beine lässig überkreuzt und die Arme vor der Brust verschränkt. Er lachte, und zum ersten Mal, nach so langer Zeit, schien er nicht mehr böse auf mich zu sein. „Bist du jetzt endlich wach?", fragte er und sah mich an.

Ich wusste immer noch nicht, was er von mir wollte.

„Was ist denn los? Das ihr hier einfach beide mitten in der Nacht auflauft?"

Mario stand nur da, lachte leise und schüttelte den Kopf. „Nichts ist los, ich wollte nur sichergehen, dass du aufmachst, schließlich hast du mich ja die letzten Male rausgeschmissen."

Das war nicht wahr und es war auch nicht fair. In mir tobte es. Ich wollte ihm sagen, dass all die Nächte meine Tür offen war, dass ich auf ihn gewartet habe, und dass er nur hätte kommen müssen, aber ich traute mich nicht. Ich sah nur auf den Fußboden und sagte leise zu den dreckigen Streifen unter meinen Füßen: „Es tut mir Leid."

Mario griff mit seiner Hand unter mein Kinn, nicht hart, nicht brutal, aber auch nicht sanft und väterlich. Einerseits froh, dass er wieder bei mir war und andererseits ängstlich, dass er mir weh tun könnte, sah ich ihn an. Er lächelte.

„Ich habe dich nicht verstanden, was hast du gesagt?"

Ich schämte mich, dass ich so böse über ihn gedacht hatte, und schüttelte den Kopf. „Nichts, es war nicht wichtig."

Mario entfernte sich von mir, um die Tür zu schließen. Er verriegelte die Tür von innen. Es war mir nie aufgefallen, dass er das jemals zuvor getan hatte. Für mein Gefühl kontrollierte er auch ein bisschen zu genau, ob die Tür wirklich verschlossen war. Dann zeigte er auf mein Bett.

„Wollen wir uns nicht setzen?"

Ich ging langsam, fühlte mich ein bisschen wie das Schaf vor der Schlachtung, merkte, wie die Spucke in meinem Hals verschwand und meine Hände schwitzten. Was würde jetzt passieren? Was würde er jetzt sagen? Er nahm ein Stück Papier und faltete es, legte es auf den Tisch, zündete sich eine Zigarette an und rauchte. Er legte seine rechte Hand auf mein Bein und zog an seiner Zigarette. Seine linke Hand zitterte dabei. Er zog, zweimal, dreimal, viermal, immer gieriger an seiner Zigarette, und drückte sie dann auf dem Papier aus. Seine rechte Hand wandert an meinem Bein hoch, er kniff mir in den Oberschenkel. Seine Augen waren so fremd. Ich wusste nicht, was geschah. Ich spürte ein Stechen zwischen meinen Beinen, und er grunzte laut. Er zog an meiner Hose und grub seine Hand zwischen meine Schenkel. Er hatte Speichel in den Mundwinkeln und drückte mich zurück. Er drückte meine Schulter an die Wand und es schmerzte. Ich gab einen Laut von mir und er sah mich an: „Das gefällt dir, nicht wahr?"

Dann setzte er sich wieder auf, zündete sich eine neue Zigarette an, und ich zog die Knie zu meinem Körper. An die Wohnwagenwand gelehnt, hielt ich mich selbst ganz fest. Er kreuzte seine Arme auf dem Tisch und seufzte tief.

„Was soll ich nur mit dir machen, Cécile?"

Er sah mich an und schüttelte den Kopf.

„Du weißt, dass es mir nicht recht ist, wenn du mit meinen Kindern spielst. Du bist seit Tagen so zickig, und anstatt, dass du dich dezent zurückziehst, wenn ich in deiner Nähe bin, wackelst du mit deinem Arsch und reißt deine Augen weit auf."

Jetzt riss ich meine Augen wirklich groß auf. Was hatte er da gerade gesagt? Es ist ihm nicht recht, wenn ich mit seinen Kindern spiele? Ich mache was??? Ich fühlte dieses heiße Pochen in meinen Augenwinkeln und konnte und wollte die Sturmflut nicht zurückhalten. Langsam schob sich die Flut zur Brandung.

„Aber ich ..."

Dicke Tränenbäche schossen meine Wangen hinunter, und ich merkte, dass das Weinen allmählich in einen Krampf überging und ich die Kontrolle darüber verlor. Er saß einfach nur da und schaute auf seine Arme, zog manchmal an seiner Zigarette, schüttelte den Kopf, aber sagte kein Wort. Er war meilenweit von mir entfernt, war so kalt. Ich wischte Rotz und Tränen an meinem Ärmel ab, währenddessen er seine Zigarette ausmachte und langsam das Papier wegschob. Er griff meinen Fuß und zog mich runter.

Ich wehrte mich nicht, als er sich auf mich legte.

Ich spürte sein Gewicht kaum auf mir, nur ein wenig Druck auf meinen Hüften und ein Beißen zwischen meinen Beinen. Es ging sehr schnell. Er hielt meine Arme nach hinten gedrückt und sah über mich hinweg. Sein Atem ging in hektischen Zügen. Manchmal klang es, als würde er „Ja, so ist gut" sagen. Dann fühlte ich mich für einen kurzen Moment besser, weil ich ihm genügte. Manchmal sah er mich dabei an. Ich sah ihn dann nur kurz, verschwommen durch einen Schleier von Rotz und Regen.

Es zuckte noch einmal heftig durch meinen Körper, irgendwo tiefer, schmerzhafter in mir. Gefolgt von einem lauten Grunzen, sackte sein Körper auf meinen und ich spürte seinen Schweiß an meiner Wange und sein Gewicht drückte sich auf mich.

Mario setzte sich auf, zog ein Kondom von seinem Penis, machte einen Knoten rein und ließ es auf den Boden klatschen. Er stieg in seine Unterhose und zündete sich eine Zigarette an.

„Das war sehr schön", sagte er.

Er hielt die Kippe im Mundwinkel, stieg in seine Hosen, stellte sich auf die Zehenspitzen, um seinen Reißverschluss zu schließen, und nahm dann schließlich seine Zigarette aus dem Mund.

„Oder nicht?"

Während er seinen Gürtel schloss, sah er mich an, so entspannt, so vertraut und so lieb. Was sollte ich jetzt sagen? Ich nickte. Ich begriff, dass er es mit mir getan hatte und dachte für einen kurzen Moment, dass ich mir das anders vorgestellt hatte. Ich wusste auch nicht, ob ich es mir mit ihm hätte vorstellen können, aber ich versuchte mir deutlich zu machen, dass das vielleicht der Preis war, den ich zahlen musste. „Das müssen wir öfter machen, so was Schönes. Nur es muss unser Geheimnis bleiben, nur du und ich dürfen davon wissen. Versprochen?"

Dann setzte er sich noch einmal neben mich und strich mir über die Wange. „Jetzt haben wir zwei ein kleines, schönes Geheimnis", und Mario lächelte.

Er lächelte so vertraut und liebevoll, dass ich auch lächeln musste. Ich war glücklich, weil er nicht mehr böse war und er mich nicht wegschicken würde. Dann hob er das feuchte Plastik vom Boden auf und ging zur Tür. Er entriegelte sie leise und drehte sich noch einmal zu mir um.

„Unser kleines Geheimnis, versprochen?"

Als er die Tür hinter sich schloss, stand ich auf, um sie zu verriegeln. Ich hörte Stimmen auf dem Platz und kletterte auf mein Bett, um aus dem Fenster sehen zu können. Auf halber Strecke, zwischen meinem und seinem Wohnwagen, begegnete er seiner Frau. Die beiden stritten. Vorsichtig kippte ich das Fenster, um ihre Stimmen verstehen zu können. Sie stritten über sein Wegbleiben und er sprach von einer nächtlichen Kneipentour. Dann sah ich, wie er sie am Arm packte und in den Wohnwagen zerrte. Jetzt kamen nur noch sehr gedämpfte Laute bei mir an. Es klang nicht mehr nach Streit, sondern eher, als wenn jemand weinte.

Ich überlegte, ob es vielleicht nicht doch besser wäre, meine Eltern zu bitten, mich nach Hause zurückzuholen, aber ich wollte nicht nach Hause zurück. Ich wollte alles tun, um es ihm recht zu machen, um weiterhin mit ihm durch Deutschland reisen zu können. Ich würde still sein und mich nicht beklagen.

Am nächsten Morgen wurden die jungen Männer, die Johannes' Wohnwagen bewohnt hatten, entlassen. Für alle anderen war Abreisetag und auf dem Platz herrschte hektisches Treiben. Die großen Zelte mussten abgebaut und verladen werden. Die ersten Wagen sollten schon starten. Den ganzen Vormittag arbeitete ich beim Abbau mit und fragte mich immer wieder, wo Tanja sei. Sie war die einzige, die ich den ganzen Morgen noch nicht gesehen hatte, ihre Kinder hingegen schon. Um Mario nicht erneut zu verärgern, hielt ich Abstand zu ihnen und schob die Arbeit vor. Es missfiel ihnen deutlich und sie wirkten still und traurig an diesem Tag. Generell lag eine Wolke über dem Platz. Auch ich fühlte mich matt und traurig, und versuchte still und monoton meine Arbeit zu machen.

Als der Kassenwagen angekuppelt wurde, sah ich Tanja.

Ihre ganze rechte Gesichtshälfte war blau geschwollen, ihre Unterlippe stand blutrot hervor. Sie starrte apathisch auf ihre eigenen Hände, als sie mit Hilfe eines Artisten den Wagen ankuppelte.

„He du, kommen helfen", rief er mir zu.

Ich ging langsam und zögerlich zu ihnen. Tanja war schwach und blass.

„Lassen sie Chefin sitzen, hatte Unfall. Muss hier ankuppeln, komm."

Tanja sah mich einen Moment lang an und ich sah mich in der Pflicht zu fragen: „Was ist passiert?"

Sie ließ ein wenig Luft durch ihre Lippen zischen, was mit unge-schwollener Lippe ein verächtliches Schnaufen geworden wäre. So war es nur ein jämmerlicher kleiner Laut aus einem jämmerlich zugerichteten Gesicht.

„Was soll passiert sein? Entweder ist mir die Hauptstange aufs Ge-sicht gefallen, oder …"

Sie sah einmal kurz zu dem Artisten, der zwischen dem Kassenwa-gen und dem Mercedes die Kabelverbindungen zusammensteckte. Er hörte nichts. Dann sah sie wieder zu mir.

„Wir wissen beide, was passiert ist und wir müssen nicht darüber sprechen."

Dann kam sie direkt auf mich zu. Ich hatte Angst vor ihr. Einen Meter vor mir änderte sie ihre Richtung und stieg auf der Fahrerseite in den Mercedes. Während sie die Scheibe herunterkurbelte, sah sie mich die ganze Zeit mit leeren, enttäuschten Augen an, die zu verletzt waren, um solidarisch zu sein.

„Gib mir ein Zeichen, wenn ich starten kann", sagte sie zu mir und kurbelte das Fenster wieder hoch.

Der Artist kam aus dem Zwischenraum geklettert und gab mir ein Zeichen, woraufhin ich Tanja einen Wink gab, und sie losfuhr.

„Schlimme Sache", sagte der Artist zu mir, „ich glaube, ist passiert mit Pferd. Früher sie hat gut geritten, aber der Hengst ist viel zu wild. Schlimme Sache."

Dann ging er, ohne die Doppeldeutigkeit seiner Worte zu ahnen. Ich ging zu meinem Wohnwagen, um ihn für die Fahrt zu sichern. Dann kam Mario, um ihn abzukuppeln. Er war ernst und zynisch, und wies mich schroff zurück, ob das auch mal schneller ging mit dem Ankuppeln und dass ich mich beeilen und jetzt endlich einsteigen sollte. Es war eine lange Fahrt, die sich endlos zog, da er stur auf die

Fahrbahn starrte und kein Wort sprach. Manchmal haute er aufs Lenkrad und brüllte: „Immer nur Ärger!"

Ich zuckte jedes Mal zusammen. Einmal nahm ich seine Hand und streichelte sie. Ich wollte ihn beruhigen, wollte, dass alles wieder gut wird, und dass es ihm gut ging. Doch dann zog er sie mit einem Ruck weg und schrie mich an: „Nein, das geht jetzt nicht", und haute wieder mit seiner Hand auf das große Lenkrad. „Immer nur Ärger!"

Ich wusste noch nicht mal, was er meinte, traute mich auch nicht zu fragen, sondern saß nur still neben ihm und wartete, dass die Fahrt zu Ende ging.

Von diesem Tag an, sollte ich noch drei Wochen beim Zirkus bleiben. Die Tage veränderten sich nicht mehr. Ich aß stetig weniger, und hielt mich, wenn ich nicht zu arbeiten hatte, fast nur noch in meinem Wohnwagen auf. Ich schlief erst ein, wenn er gekommen und gegangen war und bemühte mich, die erste zu sein, die morgens auf dem Platz das Arbeiten anfing. Doch so sehr ich mich auch bemühte, er wurde tagsüber immer schroffer und abweisender zu mir.

Auf den letzten Stationen stand ich mit in der Manege. So hatten wir das geplant und geübt. Es waren kleine Sketche, in denen ich seine Kumpanin spielte und wir das wenige Publikum, das sich die Zeit für seine Vorstellung nahm, zum Lachen brachten. Doch es reichte ihm nicht. Nichts schien ihm mehr zu genügen. Er brauchte einen größeren Kick, mehr Zunder.

Friedrichroda war meine letzte Station. Als wir die Wohnwagen umfuhren und ich mal wieder neben ihm auf dem Beifahrersitz saß, sagte er: „Heut Nacht kommst du mal zu mir."

„Aber was ist mit Tanja?", fragte ich, vielleicht zu schnell, vielleicht zu unüberlegt.

Er holte tief Luft und trommelte mit seinen Fingern auf das Lenkrad, dann sog er von neuem Luft ein und noch mal. Dann wurde sein Atem ruhiger. Er streckte seinen Körper durch, in dem er die Arme fest gegen das Lenkrad drückte, dann sah er mich kurz an: „Mach dir keine Sorgen, die schläft schon seit einiger Zeit bei den Kindern drüben, und ich find es einfach schöner bei mir. Das Bett ist größer und der ganze Wagen ist einfach geräumiger, schöner …"

Ja, da hatte er Recht. Zwanzig Schritte musste ich gehen, um die volle Länge des Wagens abzugehen. Ich war bis zu diesem Tag nie darin gewesen, aber ich hatte einmal heimlich durch die Fenster geschaut, als ich wusste, dass niemand da war. Es war ein richtiges Wohnzimmer, mit einer kleinen Bar, ein Schlafzimmer und von diesem ging ein großes Badezimmer ab. Aber trotzdem, so schön es auch war, es war nicht richtig, dass ich da war, es gehörte Tanja.

„Ehrlich gesagt, hab ich da ein bisschen Angst vor", sagte ich vorsichtig.

Er strich mir über die Wange. „Musst du nicht. Ich hab den Wagen von meinem Geld gekauft, Tanja hat überhaupt kein Anrecht darauf. Das mit ihr und mir läuft schon lange nicht mehr. Das hat mit dir überhaupt nichts zu tun. Sie hat auch vorher schon nicht mehr in meinem Bett geschlafen, sondern auf der Couch im Wohnbereich, oder sie hat auch früher schon oft bei den Kindern geschlafen. Auch wenn sie dann immer Micky vorgeschoben hat."

Mir gingen die Argumente aus.

In der Nacht klopfte Mario an mein Fenster, um mich rüber zu holen. Der Wagen stand jetzt anders, nicht Tür an Tür mit dem Wohnwagen der Kinder und nur wenige Schritte entfernt, sondern es waren gut zehn Meter, die die beiden Wagen voneinander trennten. Keine Wagenseite zeigte zur anderen.

Es ging nicht gleich los.

Die neue Umgebung schien auch Mario Respekt einzuflößen. Er schaute mehrmals durch die Vorhänge. Er hatte alle Lichter gelöscht und nur eine Kerze angezündet. Als er sie anmachte, lachte er.

„Siehst du, ist doch fast wie bei dir drüben."

Ich hatte in all den Wochen keinen eigenen Strom gehabt. Wir saßen uns im Schneidersitz gegenüber auf seinem Bett und er erzählte, wie es früher gewesen war, als sie noch keinen Küchenwagen gehabt haben.

„Das war schon besonders heimelig, wenn man morgens von dem Gluckern der Kaffeemaschine und dem Duft von frischem Kaffee geweckt wurde. Halt so ein bisschen, wie das in einer richtigen Wohnung auch ist. Der Kaffeegeruch zieht durchs ganze Haus und krabbelt einem in die Nase."

Er wirkte so zart, so liebevoll, und ich schämte mich wieder, manchmal so hart über ihn gedacht zu haben. Mein Blick verlor sich auf dem Fußboden, und ich zählte im Kopf die Fliesenapplikationen auf dem PVC-Fußboden.

„Seit wann habt ihr denn den Küchenwagen?", fragte ich.

Mario nippte währenddessen an seinem Bier. Er dachte nach: „Seit Mickys Geburt", sagte er. „Ja, das muss ziemlich genau um diese Zeit gewesen sein. Das ist schon anders, wenn die Kinder nicht mehr morgens zu dir ins Bett krabbeln, sondern du musst erst duschen gehen, dich fertig anziehen, bevor du frühstücken kannst. An Regentagen heißt das, zweimal duschen vor dem Frühstück."

Er lachte über seinen eigenen Witz, und ich lachte ein bisschen mit. Er streichelte meine Schulter und sagte: „Es ist schön mit dir", und ich nickte heftig.

Mario strich daraufhin mit seiner Hand vorsichtig über meinen ganzen Körper und streichelte mich. Er spielte lange mit den Rändern von T-Shirt und Hose und ließ seine Finger lange an den Nähten kreisen. Heute war er vorsichtiger und liebevoller als sonst. Er warf mich nicht zurück aufs Bett, sondern küsste mich und legte mich sanft in die Kissen. Er ließ sich Zeit und es tat nicht mehr weh. Es war vertraut geworden, gewöhnt.

Als er fertig war, musste ich gehen.

„Morgen kommst du von alleine, ok?", fragte er mich, und ich nickte und lachte.

Doch mit dem Morgengrauen war wieder alles anders. Mario würdigte mich keines Blickes, sondern war ungehalten und barsch, und als ich einen Stapel Plakate fallen ließ, weil sie einfach zu rutschig waren und auf meinen Armen keinen Halt mehr hatten, da hob er seine Hand.

„Muss ich denn immer alles alleine machen?"

Ich drehte mich augenblicklich um und lief weg. Ich lief in meinen Wohnwagen und weinte, denn ich sah immer wieder Tanjas Gesicht vor mir, an dem Morgen, an dem wir umgezogen waren. Ich hörte ihre Stimme in meinem Kopf: „Wir wissen beide, was passiert ist und wir müssen nicht darüber sprechen."

Ich wollte diese Stimme nicht hören. Aber sie lachte höhnisch und wurde immer lauter in meinem Kopf.

„Wir wissen beide, was passiert ist und wir müssen nicht darüber sprechen."

„Wir wissen beide, was passiert ist und wir müssen nicht darüber sprechen."

„Wir wissen beide, was passiert ist und wir müssen darüber nicht sprechen."

„Wir wissen beide, was passiert ist und wir müssen nicht darüber sprechen."

Ich schlug mit beiden Händen auf die Tischplatte, und die beinahe schon im Kreis um mich tanzende Tanja verschwand. Ich fegte mein Tagebuch vom Tisch. Dann, ganz langsam, beruhigte ich mich und krabbelte unter den Tisch, um mein Tagebuch und die mühsam zusammengesammelten Erinnerungsschnipsel aufzulesen. Plötzlich sah ich jemanden an der Tür stehen. Ich wischte mit meinem Handrücken durch mein Gesicht, verteilte den Schnodder auf meiner Jeans und kam unter dem Tisch hervor. Da stand Mario.

„Tut mir leid, Cécile, ich wollte das nicht, ich … die Plakate sind so teuer, und es geht uns diesen Sommer echt mies und … es tut mir leid, bitte …"

Er kniete sich vor mich und strich meine Haare aus meinem Gesicht. Die Tränen hatten nicht aufgehört. Er zog mich an sich, legte seinen Kopf auf meine Brust und strich mir durch das Haar.

„Ist ja schon gut. Es tut mir so leid. Bitte beruhige dich."

Der Krampf in meinem Bauch löste sich und ich wurde langsam ruhiger. Ich legte meine Hände um seinen Hals und sagte: „Ich hatte so Angst, dass du mich nicht mehr magst."

Da lachte er leise und strich mir mit seiner Hand zart über meine Wange. Seine Hand hielt meinen Hals und Daumen und Zeigefinger streichelten zart meine Wange.

„Ja bist du denn wahnsinnig? Wie kommst du denn auf so was? Du bist doch mein Goldstück! Es gibt für dich keinen Grund, warum ich dich nicht mögen sollte."

Dann schob er mich von sich weg und hielt meine Schultern fest. Er küsste mich sanft auf jedes meiner Augen.

„Ist jetzt wieder gut?", fragte er mich und lächelte.

„Ich freu mich auf heut Abend."

Mario sah nach draußen und dann zurück zu mir.

„Sei mir nicht bös, bitte, aber es ist noch so viel zu tun. Wenn du magst, dann kümmere dich um die Tiere. Ich werde Isa bitten, dass sie mir bei den Plakaten hilft."

Dann ging er. Einige Meter von mir entfernt blieb er noch einmal stehen, um sich eine Zigarette anzuzünden. Er kniepte mir noch einmal mit dem rechten Auge zu. Danach verschwand er in dem großen Zelt, und ich ging langsam zum Tierzelt. Alles würde wieder gut werden, ich musste nur daran glauben.

Ich ließ mir viel Zeit mit den Tieren, fühlte mich sicher in ihrer Wärme, streichelte lange die kleinen Ziegenköpfchen und sprach mit ihnen. Ich versuchte, ganz langsam, wieder in meine Welt einzutauchen, in der alles in Ordnung war, in die die Bilderbuchfamilie gehörte und in der alles geregelt seinen Gang ging. Doch das Bilderbuch war zerrissen und ich bekam die heile Welt nicht mehr zusammen.

Auf meinen Schultern lag eine Schwere und ich fühlte mich mit dem Rücken zur Wand, in einer Sackgasse stehend. Ich spürte, wie mein Herz raste, und ich sah den Feind nicht.

Später ging ich früh in meinen Wohnwagen und ließ das Essen ausfallen. Irgendwie hatte ich verstanden, dass auch das nicht meine Welt war und niemals werden würde. Ich lag auf dem Rücken in meinem Wohnwagen. Bewegungslos und unglaublich müde starrte ich an die Decke, bewegungslos, Sekunden, die wie Stunden waren, dann schlief ich darüber ein.

Das Klopfen baute sich in meinen Traum ein, fügte sich zwischen die bekannten Szenen in wonniger Wattepackung und brauchte seine Zeit, bis es sich aus den Szenen absetzte und mir bewusst störend ins Ohr klang. Mittlerweile war die Stufe des höflichen Klopfens schon lange überschritten und es war zu einem hämmernden Rhythmus geworden. Wie ein Pferd mit Tobsuchtanfall trommelten Fäuste gegen meine Wohnwagenwand und ich zog klebrig die Traumfetzen aus meinem Gesicht. Ich setzte mich auf, weil ich wusste, dass es Mario war, doch zum ersten Mal, nach all der Zeit, wollte ich nicht aufstehen. Ich wollte nicht zu ihm gehen. Vielleicht war es zu Hause doch gar nicht so schlimm.

Ich wollte weg von ihm und von dem Scheißzirkus. Mario hatte mir viel zu sehr weh getan. Ich wusste, dass ich ihm das nicht sagen konnte und so saß ich wortlos in meinem Bett und weinte. Die Tür war doch offen, er konnte doch einfach reinkommen. Ich hatte keine Lust mehr aufzuspringen und wie ein räudiger Hund hinter ihm her zu laufen. Alles war mir zuviel, aber ich würde ihm das niemals sagen können.

Es setzte kein Streichersolo ein, das den Ritter auf dem weißen Ross ankündigte und die Luft schwirrte auch nicht oder schickte Sternenstäube, die mich transparent werden ließen. Das Donnern neben mir war in blanke, rasende Wut übergegangen und ich wusste, erst wenn ich aufstand und mit ihm in seinen Wagen ging, würde auf dem Platz wieder Ruhe sein. Ich hatte Angst, dass alle anderen alles hörten, und ich hatte auch keine Wahl, dachte ich. Als das Klopfen für einen Moment aufhörte, als ich sein Gesicht an der äußeren Wohnwagenwand spüren konnte, als ich ihn sagen hörte: „Bitte, Cécile, sei nicht mehr böse mit mir.", da tat es mir wieder Leid, dass ich so hart geurteilt hatte. Er mochte mich, liebte mich vielleicht, und ich war gerade dabei, alles kaputt zu machen. Ich schlüpfte langsam in meine Jeans, zog mein T-Shirt über und stieg mit blanken Füßen in meine Schuhe. Ich konnte nichts machen gegen das Hoffnungsfünkchen, das da langsam wieder an Glut gewann und die Angst, abgewiesen zu werden. Vielleicht sollte ich uns eine neue Chance geben, sagte ich mir und ging zur Tür. Ich öffnete sie leise und schlich mich hinaus. Auf leisen Sohlen lief ich auf die andere Seite des Wohnwagens und ich sah ihn da stehen, eine Zigarette rauchend an meinen Wohnwagen gelehnt, ganz still, nachdenklich. Ich stellte mich neben ihn und nahm seine Hand.

„Ich habe tief und fest geschlafen", sagte ich und ich sah, dass er wusste, dass das gelogen war. Sein Gesicht war ernst. Dennoch lag eine Entspannung in seinen Zügen, vielleicht, weil ich neben ihm stand. Ich wusste es nicht.

Ich weiß nicht mehr, auf welchem der Plätze mein Traum in den Sägespänen liegen geblieben war, ich wusste nur, ich hatte ihn verloren.

Mein Herz schlug heftig in meiner Kehle, und ich versuchte zu lächeln. Ich spürte, wie sich meine Mundwinkel fratzengleich in meinem Gesicht verzogen. Er strich über meine Wange und sah mich an.

„Gehen wir", sagte er und ging vor.

Wir sprachen nicht und es gab kein Streicheln. Es ging schnell und ich zählte die Sekunden. Rein, raus, rein, raus, rein, raus, 254, 255, 256. Ende. Ein Zittern, zornig irgendwie. Seine Hand ein wenig zu fest in mein Haar gekrallt. Meine Gedanken fanden keine schönen Worte mehr. Ich konnte es nicht mehr reparieren. Ich stand mit dem Rücken an der Wand und merkte, dass ich mich nicht länger verstellen konnte und Mario merkte das auch. Noch bevor ich zu meiner Jeans griff, sagte er: „Es ist besser, wenn du jetzt gehst", und ich ging.

Ich spürte die Grashalme nicht, die an meinen Fußgelenken streichelten und ich hörte die Geräusche der Nacht nicht. In mir schien sich ein klebriger, beißender Ball zu befinden, der brennend hinter meinen Augenlidern stand. Der Weg erschien mir so weit und mühsam. Ich dachte an Tanja und sagte mir: „Soll sie doch kommen."

Ich hatte keine Angst mehr vor ihr, weil ich nicht mehr um jeden Preis bleiben wollte, ich wollte überhaupt keinen Preis mehr zahlen, und konnte es auch nicht mehr.

Ich fühlte mich so leer.

Als ich mich umzog, um ins Bett zu kriechen, sah ich an mir herunter. Ich war ein Skelett, mit knochigen, kalten Fingern und eingefallenen Wangen. Ich sah in den Spiegel, aber ich erkannte mich nicht, es war zu dunkel.

„Ich möchte leben", dachte ich, als ich ins Bett krabbelte.

Ich schlief viel zu lange. Es musste schon Mittag gewesen sein, als ich von wütenden Stimmen auf dem Platz aus dem Schlaf gerissen wurde. Ich zog mich schnell an und machte nur eine Katzenwäsche. Als ich aus meinem Wohnwagen trat, stand Isa vor mir. Sie sah verängstigt aus.

„Geh am besten gleich zu den Tieren", sagte sie. „Papa ist fuchsteufelswild, der Hengst muss geputzt werden."

Ich nickte, sagte nichts, und ging an ihr vorbei. Meine Schultern hingen zu weit vor, mein Kopf hing zu weit unten. Ich hatte das Gefühl, einen dicken Sack Zement zu schleppen.

Im Zelt angekommen stand da der schöne Hengst vor mir. Er wackelte mit seinen Ohren und legte seinen Kopf schief. Mir war es, als würde er mich anlächeln. Nur für einen kurzen Moment wollte ich ihn losbinden, nur für einen kurzen Moment meine Arme um seinen schönen Hals legen. Ich wusste, dass er stehenblieb, er hatte mir nie etwas getan. Meine Wange lehnte an seinem weichen Fell, und ich strich über seine Nüstern. Der alte Hengst, der nicht mehr eingesetzt wurde und ich, die kleine Doofe, die keiner gebrauchen konnte. Das verband uns so, dass wir enge Freunde waren.

Mein Kopf lehnte an einem alten Freund und in meinem Kopf lief ein Film. Ich sah darin uns über Wiesen rasen, er im schnellen Galopp und ich die Arme in den Himmel, schreiend vor Glück. Ich musste lächeln und küsste dankbar seinen Hals.

Dann wurden die Zeltflügel aufgerissen. Der Hengst bockte, schlug aus, galoppierte ein paar Schritte vor, autoritätshörig tänzelte er zurück und legte die Ohren an.

Mario stand vor uns. Er bebte vor Zorn, sein Gesicht war krampfhaft verzogen und weiß, und ich konnte hören, wie seine Zähne aufeinander mahlten. Er zeigte auf mich.

„Mir reicht es!", schrie er.

Er nahm seine Hand nicht runter, prangernd zeigte sein Finger auf mich. „Geh!!! Ruf deine Eltern an! Verschwinde!!! Ich will dich nie wieder sehen!!!"

Der Hengst zuckte mit den Ohren. Ich merkte, wie ihm mein Gewicht entgegen kippte, er hielt mich. In sein warmes Fell an meiner Wange, spürte ich eine Flut von Tränen darin versickern. Dann wurde ich am Arm gepackt und die Welt drehte sich viel zu schnell. Ich hörte ihn schreien: „Kannst du nicht hören? Du sollst verschwinden!"

Von irgendwo ganz weit weg hörte ich ihn. Ein Motor wurde gestartet. Ich lief ein paar Meter in die eine, dann in die andere Richtung, ich ging vor und zurück und drehte mich im Kreis. Ich sah die Welt durch den sternenüberzogenen Nebel meiner verheulten Augen und spürte den klebrigen Rotz in meinem Gesicht. Ich wusste nicht wohin. Meine Eltern? Mein Zuhause? Wo ist das? Was war denn überhaupt passiert? Das Gras unter mir bebte und ich hätte mich am liebsten fallen lassen wie ein kleines Kind. Einfach im Gras liegen und die Büschel ausreißen. Ich musste aber stark sein. Wo war mein Wohnwagen? Die Erde drehte sich zu schnell, und ich kam nicht mehr mit. Dann spürte ich eine Hand auf meinem Arm.

„Komm, Cécile, du kannst von uns aus telefonieren. Beruhig dich erstmal …"

Peter. Warum wusste er das schon? Was war denn passiert? Wussten alle Bescheid außer mir? Ich hörte mich hundertmal dieselbe Frage stellen. Ich wusste nicht, wie die Nummer gewählt wurde, war ich das? Null fünf fünf null vier acht eins zwei sechs. Ich hörte das Tuten, und in meinem Ohr tutete es immer noch, nachdem meine Mutter schon dreimal „Hallo?" gerufen hatte. Ich sagte meinen Namen und dass sie mich holen sollte, dann drückte ich Peter den Hörer in die Hand und ging in meinen Wohnwagen. Die Welt drehte sich zu schnell für mich.

Ich saß auf gepackten Koffern, in meiner eigenen Wolke, irgendwo im Wattebäuschchenland, in dem nichts mehr wehtat. Von weit her hörte ich die Stimmen der anderen, die sich von mir verabschiedeten, hörte, dass Isa weinte, hörte, dass sie sagten, dass sie es nicht verstünden. Ich sagte nichts, saß einfach nur da und starrte stumm vor mich hin.

Mario kam nicht, um mir zu sagen, dass das alles ein schlechter Scherz war. Er kam gar nicht mehr. Und als meine Mutter mit mir meine Sachen ins Auto trug, drehte ich mich immer und immer wieder um. Ich suchte sein Gesicht zwischen all den Gesichtern, die mich anstarrten, aber ich fand ihn nicht. Was hatte ich nur falsch gemacht? Warum war ich nicht mehr willkommen? Warum warf sich keiner vor das Auto meiner Eltern? Ich war zu allem bereit.

Meine Kehle brannte, und ich glaubte, nie wieder sprechen zu können. Ich fühlte mich so leer und war davon überzeugt, zu lieben und enttäuscht worden zu sein. Ich kannte die Liebe nur als Gebende und sehnte mich so nach dem Empfangen.

Ich lag auf der Rückbank meiner Eltern und heulte mir die Augen aus dem Kopf. All ihre Fragen konnte ich nicht beantworten. Manchmal fielen mir auch einfach die Augen zu, doch die meiste Zeit lehnte mein Kopf heiß an der kalten Scheibe. Ich atmete den Rauch meiner Mutter ein, die neben meinem Stiefvater auf dem Beifahrersitz saß und Kette rauchte. Mir war so schlecht. Ich fühlte mich, wie ein einziger Haufen Kotze und wusste nicht, wohin mit mir.

An die Nacht

Ich ruf Dich an,
Abendhimmel,
der, der Du mir meine Träume bringst.

Ach Stern,
der du leuchtest,
wo ist die Elfe in Deinem Feuer,
ist sie mit Dir
ferne Welt verbrannt?

Ach Elfe komm,
ich ruf Dich an,
trag mich auf Deinen Schwingen,
halt die Zeit,
ach halt sie an,
sie wird mir nichts mehr bringen ...
Dreh sie zurück,
zieh, trete, mach es weg,
mach anders was geschah.
Ach Elfe komm,
und zeige Dich,
ich schenk Dir meine Tränen,
nimm meinen Schrei,
nimm meinen Schmerz,
nimm, was die Zeit mir brachte,
und frage mich,

frag mich bitte,
was ich mir dabei dachte.

Ich ruf Dich an,
Mondenschein,
Glanz der fernen Welt,
in Deinem Licht
oh kalter Mond,
tropften zeitliche Züge.
Ich ging auf,
ich ging ab,
im Schmerz in Deinem Lichte,
ich sah nichts mehr,
ich spürte nur,
und das auch zu genüge.

Ach Mond, ach komm,
ach schick mir Deine Elfe,
schick mir ihr glänz'es Silberhaar,
ich schenk Dir alle Wölfe.
Sie heulen Dich an,
sie ehren Dich,
bejubeln deinen Glanz,
sag mir nur,
wo ist das Kind,
das in deinem Lichte tanzt.

Noch heute fehlt mir die kindliche Freude über ein Zirkuszelt, wenn ich die bunten Wipfel in einer Stadt prangern sehe. Ich habe die Leichtigkeit verloren, mit der ich mich der Illusion eines Zauberers oder der Komik eines Clown hingeben kann.

Ich war doch noch ein Kind.

Heute weiß ich, dass ich – wenn ich gesunde Schutzmechanismen gehabt hätte – schon nach dem ersten Tag beim Zirkus hätte gehen müssen. Mir war die Gefahr und die Tragweite meiner so heiß bei meiner Mutter erbettelten Endscheidung nicht bewusst.

Die Zeit beim Zirkus hat das letzte bisschen Standfestigkeit, das ich in mir trug, zerrüttet und mich ins Bodenlose fallen lassen.

Aufgrund der Erfahrungen, die ich in meinem Elternhaus gesammelt hatte, hatte ich keine klare Vorstellung davon, was „normal" ist. Ich sehnte mich so nach Liebe und Aufmerksamkeit und war wie ein verhungerter Dackel gewillt alles zu tun, um anerkannt und geliebt zu werden. Ich hatte keine gesunde Ressource, die mir ein Signal gibt, dass hier eine nicht zu überschreitende Grenze überschritten wird, sondern hatte andauernd das Gefühl noch mehr geben zu müssen, um endlich zu bekommen, wonach ich mich sehnte. Die Sehnsucht nach Liebe und Geborgenheit hat mich damals fast zerrissen. Der Direktor des Zirkus hat dies bewusst zu seinen Gunsten genutzt und heute würde ich ganz klar sagen: es war Missbrauch.

Sechstes Kapitel

Im Grunde ihres Herzens war meine Mutter ein aufopferungsvoller Mensch, der voller Hingabe die christlichen Gelübde der Nächstenliebe und Brüderlichkeit praktizieren wollte. Obwohl sie schon lange aus der Kirche ausgetreten war, zelebrierte sie Weihnachten mit uns jedes Jahr, in dem sie uns das Evangelium vorlas und mit uns in die Kirche ging. Jedes Jahr Weihnachten brachte sie Geschenke in die Heilsarmee und in die Flüchtlingslager, die sich 10 Kilometer von uns entfernt in Friedland befanden. Obwohl wir selber meist nie länger als bis zum fünfzehnten des Monats Geld hatten, bedachte sie immer ihre Umwelt mit Fürsorge und Umsicht.

Ich denke, dass ein großer Teil ihrer Motivation in dem Wunsch lag, einen Teil ihrer Liebe zurück zu bekommen. Doch der Mann, dem sie den Platz in ihrem Leben gab, die Hauptrolle spielen zu dürfen, war geblendet von seinem eigenen Wahnsinn, hatte nicht den Klarblick, die Unglaublichkeit zu erkennen, die meine Mutter umgab. Seine endlosen und abgehobenen Forderungen, die er an sie stellte, sein stieres Verlangen, von ihr geheilt zu werden, seine Blindheit ihrer eigenen Welt gegenüber, vergrößerten den Schmerz, der ihr Herz verhärmte.

Die Wut, die meine Mutter oft an mir und meiner Schwester ausließ, war nie davon getragen, dass sie mit uns im Disput stand, es war ein Ventil um dem Druck, der in ihrer Kehle weilte, eine Stimme zu geben. Oft konnte ich sie, nachdem sie mich stundenlang zusammengeschrien hatte, noch weit in die Nacht hinein weinen hören. Sie bestrafte sich selbst für die unglaubliche Ohnmacht, in der sie sich befand. Ich weiß nicht, wie viele unzählige Male ich nachts aufgestanden bin, ihren Arm auf meiner Schulter, und habe sie ins Bett gebracht. Wie oft habe ich mir gewünscht, sie wäre glücklich.

Die Wertvorstellungen meiner Mutter haben es aus einem gewissen Blickwinkel betrachtet meiner Schwester und mir nicht besonders leicht gemacht, einen guten Einstieg in die Schule zu bekommen. Wir trugen keine Markenklamotten, spielten nicht mit Barbie oder Playmobil und wussten nichts über die neusten amerikanischen Serien, die den deutschen Markt überfluteten. Einiges davon resultierte aus der Überzeugung, die meine Mutter in sich trug, dass wir nicht uniform gehen sollten, dass sie uns erst erlauben würde mit Barbies zu spielen, wenn es für selbige ein Krematorium gab … doch im Laufe der Jahre war es einfach nur ein Resultat aus den Mauern, die sich immer höher zogen und sie von ihrer Umwelt abschotteten. Ich weiß nicht, ob sie irgendwann wahrgenommen hat, dass die Menschen nicht mehr auf die Straßen gingen, dass die besetzten Häuser zu Bonzen-Villen geworden waren, dass die Ideale zerschossen wurden, und ihre alten Freunde auf geregelten Bahnen liefen. Ich weiß nicht, ob sie wusste, dass sie, dass wir, anders waren, und ob sie je darüber nachgedacht hatte, dass der Weg vielleicht falsch sein konnte und ob sie überhaupt einen bewussten Weg ging.

Ich erinnere mich daran, dass ich oft versucht habe, die Dinge so zu drehen, dass sie uns von nichts und niemandem unterschieden. Ich redete mir Überzeugungen ein, um Erklärungen zu finden, erfand imaginäre Freunde und eine Familie die zusammengehörte. Ich wollte dazugehören, aber oft stand ich nur am Rande und schaute zu. Meine Mutter hatte immer versucht, meiner Schwester und mir deutlich zu machen, dass es die inneren Werte waren, auf die es im Leben ankommen würde. Ich hätte damals nie die Worte gefunden, die ihr erklärt hätten, dass wir aber überhaupt keine Chance bekamen, an die inneren Werte heranzukommen. Wir lebten in einer anderen Welt, mit anderen Wertvorstellungen, die es uns nicht erlaubten, einen Zutritt in die Welt der „Benetton-Pulli-Träger" und „Gameboy-Spieler" zu bekommen.

Heute führe ich meinen eigenen Haushalt, habe mein geregeltes Einkommen, und meinen täglichen Alltagstrott. Mir sind Markenklamotten nicht wichtig. Irgendwann habe ich mit all dem meinen Frieden gefunden und habe eingesehen, dass es nicht entscheidend ist, in welcher Verpackung ein Mensch steckt. Doch mit den Augen eines Kindes ist das nicht zu begreifen, denn mit den Augen eines Kindes wünscht man sich einfach nur dazuzugehören.

~ ~ ~

Wenn ein Junge höflich zu mir war, verliebte ich mich in ihn und verbrachte einen großen Teil meiner Zeit damit, ihn in mich verliebt zu machen. Bis zu meinem 14. Lebensjahr, in dem man normalerweise erst anfängt, ein Interesse dafür zu entwickeln, waren all diese Versuche größtenteils zum Scheitern verurteilt. Getragen waren diese einseitigen Lieben oft von dem Wunsch, jemanden an meiner Seite zu haben, der mich so akzeptieren würde, wie ich war.

Von der fünften Klasse an hatte ich eine ganz liebe Freundin, ihr Name war Pia, ihr Vater war in meiner Grundschule mein Lehrer gewesen. Sie widersetzte sich der Mehrheit, die mich mied, und sie ignorierte die Schikane, der sie ausgesetzt war durch den Kontakt mit mir. Wenn ich heute zurückdenke, dann waren die Momente, die ich mit ihr und ihrer Familie verbrachte, jene, die mir ein Stück geborgene Kindheit mitgaben. Meine Anwesenheit wurde nie in Frage gestellt und ich fuhr selbstverständlich mit in den Ferien zu den Großeltern, zelten oder auf den Ponyhof. Die Erinnerung an die Zeit mit Pia und ihrer Familie ist wie ein kleiner, funkelnder Edelstein, etwas Besonderes in diesem grauen Potpourris der Vergangenheit.

So oft es ging übernachtete ich bei ihr, verbrachte die Zeit nach der Schule bei ihr und nahm teil an ihrer heilen, schönen, geregelten Welt. Wenn ich bei ihr schlief, wusch ihre Mutter manchmal über Nacht meine Wäsche und legte sie mir am nächsten Tag getrocknet und gefaltet hin. Wir badeten oft zusammen, spielten mit Playmobil, liefen durch die Stadt oder lasen Comics in der Bibliothek. Sie war mein Halt. Mit ihr konnte ich lachen und Kind sein, und immer, wenn sie mit einem anderen Mädchen ihre Zeit verbrachte, dann war ich eifersüchtig und eingeschnappt. Ich wollte sie nicht teilen, hatte so unglaubliche Angst sie zu verlieren.

Irgendwann Ende der neunten Klasse, bevor ich das erste Mal in die Psychiatrie kam, wurde ich ihr endgültig zuviel. Ich konnte es nicht ertragen, dass sie auch andere Menschen in ihrem Leben hatte, fand die Vorstellung schrecklich, dass sie vielleicht irgendjemanden mehr mögen könnte als mich. Ich ließ ihr keinen Freiraum und wurde böse, sobald ein anderer Name fiel. Sie fing an, mich zu meiden.

Parallel dazu hatten meine Eltern endlich beschlossen, aus dem alten Bauernhaus aus- und wieder in die Stadt zu ziehen. Ich erinnere mich daran, wie mein Stiefvater die Wohnung renovierte. Er machte dabei einen auf Spießer und treu sorgenden Familienvater. Als wir einzogen, waren alle Nachbarn von uns begeistert, es kam mir vor, wie in einem schlechten Kitschroman, in den man uns aus Versehen gesteckt hatte.

Obwohl meine Schwester nicht mehr zu Hause wohnte, half sie bei der Renovierung und auch beim Umzug. Meine Mutter liebte meine Schwester abgöttisch, und ich spürte jeden Tag aufs Neue, wie sehr sie sie vermisste und was für ein undankbarer und schwieriger Ersatz ich an ihrer Stelle war.

Dennoch zählten die kommenden Jahre, wenn es auch die brutalsten und schrecklichsten waren, zu meinen wertvollsten und schönsten Erinnerungen. Ich hatte eine Chance, meine Mutter wirklich kennen zu lernen. Ich lernte sie schätzen, achten und lieben. Und manchmal wünsche ich mir heute, ich könnte die Zeit genau dahin zurückdrehen, wünsche mich oft auf ihren Balkon zurück, denke oft an diese Wohnung, die der letzte, feige Streich meines Stiefvaters gegen meine Mutter war.

Denn Udo war unfähig, je etwas für das funktionierende System einer Familie zu tun, da er sich nie in der Lage sah, arbeiten zu gehen. Um dennoch einen finanziellen Beitrag leisten zu können, war er immer auf das Wohlwollen seiner Eltern angewiesen. Er zerstörte das letzte bisschen Familienselbstverständlichkeit, in dem er sich selbst als großen Patriarch sah. Er lebte ein Paradoxon mit „seiner" spießigen, neuen Sofagarnitur und „seiner" Einbauküche.

Mein Stiefvater pflegte eine absolute Penetranz, mit der er mich und meine Mutter zum Putzen, Kochen, Waschen, Bügeln abbefahl. Er saß dabei auf seinem Sofa, besoffen, seine Gasknarre in der Hand. In den Zeiten der Streitereien mit Blumgarten hatte er sich irgendwann diese Knarre zugelegt. Er kam sich damit so wahnsinnig wichtig vor und glaubte, dass sie das alles entscheidende, letzte Argument wäre. Wenn wir zu laut lachten oder redeten, hob er die Hand, deutete einen Schlag an oder zückte seine Waffe. Kein Nachbar sollte je ein schlechtes Wort über uns sagen können. Hier sollte alles anders werden. Mein Stiefvater war auf einmal so mächtig, ja übermächtig und seine blanke Anwesenheit machte mir Angst. Meine Mutter wurde immer stiller und alles, was von ihr kam, war ein nonverbaler Hilferuf, sie doch zu beschützen.

Wir hatten nicht beschlossen, dass Bauernhaus zu verlassen, wir sind gekündigt worden. Die unregelmäßigen Mietzahlungen, die Schlägereien, die mein Stiefvater in der Kneipe mit dem Cousin des Vermieters anfing, der Gestank aus dem Haus, der Zustand von uns Kindern … Es lief eine Gerichtsverhandlung und mein Stiefvater wusste, dass er und meine Mutter diese Verhandlung verlieren würden. Also sollte jetzt alles anders werden, und er würde uns schon beibringen, wie man Ordnung zu halten hatte. Es gab Listen, an die wir uns halten mussten, und da meine Mutter nie in der Lage war ihren Teil zu erledigen, erledigte ich ihren Teil aus Angst vor den Konsequenzen mit.

Als wir einzogen, sagte meine Mutter mir, ich dürfte selber bestimmen, wie ich die Möbel in meinem Zimmer stehen haben wollte, und als ich ihr und Udo am Abend ganz stolz zeigen wollte, wie ich es eingerichtet hatte, kam ich leider nicht mehr dazu. Mein Stiefvater rannte in mein Zimmer und fegte alle Bücher aus den Regalen, riss die Schränke auf und schmiss die Wäsche raus, er stieß die Möbel um und schrie: „Undankbare Rotzgöre! Bist noch nicht einmal in der Lage, die Sachen richtig hinzustellen, die ich dir gekauft habe."

Er räumte alles um, trat mich durchs Zimmer, schmiss die Möbel umher und schaute immer mit diesen zornig kalten Augen zu mir. Ich saß zitternd in der Mitte des Raumes, hatte Angst und fühlte mich nicht zu Hause.

Irgendwann, nachdem er alles verwüstet hatte, ging er und schrie mich nur an „Räum das jetzt verdammt noch mal auf!"

Wo war Mama in diesem Moment? Warum kam sie nicht? Die Rollen hatten sich lange schon vertauscht. Ich war ihre schützende Mauer und ich selbst stand schutzlos da. Ich lauschte lange in die Stille, das kleine Kind in mir war hilflos, wartete auf seine Mama, die es aufnimmt und beschützt, doch niemand kam. Irgendwann siegte die große Cécile. Ich stand auf und begann aufzuräumen, was er verwüstet hatte.

Es war weit nach Mitternacht, bis ich ins Bett kam. Ich traute mich nicht eher das Licht auszumachen, bis alles ordentlich verstaut war. Ich war total verwirrt, weil ich nicht wusste, ob ich die Möbel so hinstellen durfte, wie ich wollte, oder ob es in all dem Chaos, das er hinterlassen hatte, eine Botschaft gab, ein System, das ich begreifen musste. Ich hatte Angst.

Doch irgendwann ging auch diese Nacht vorbei. Am nächsten Morgen war – natürlich – alles vergessen, und wir spielten in kitschiger Freude: „Hurra!!! Wir leben in der Stadt!!!"

Das Leben in der Stadt war eine neue Situation und ich wagte einen Neuanfang. Ich lernte neue Leute kennen und fing an zu rauchen. Gelandet in einer Gruppe von Jugendlichen, die alle gut und gerne drei bis fünf Jahre älter waren als ich, fing ich an Alkohol zu trinken. Ich konnte verdammt viel trinken. Dadurch erlangte ich einen Coolness-Status, den ich vorher nie hatte. Doch parallel dazu ging unter meinen Füßen der Boden auf, denn so sehr ich auch versuchte, der Realität zu entfliehen, war die Realität doch Wirklichkeit und jeden Tag, wenn ich nach der Schule den Schlüssel im Schloss drehte, holte sie mich immer wieder aufs Neue ein.

Es war immer wieder das gleiche Bild: Meine Mutter lag im Bett und schlief, meine Mutter saß im Wohnzimmer, trank und weinte. Es gab nur diese Szenerie, keine andere. Erstens: Sie trank. Zweitens: Sie weinte. Drittens: Sie schlief. Irgendwie war sie verschwunden, und in all diesem lief irgendwo dieser Psychopath, mein Stiefvater, umher, der irgendwann anfing, seine Gasknarre in seiner Unterhose zu tragen und sich damit unglaublich wichtig vorkam. Die Schreie meiner Mutter hatten keinen Rhythmus mehr und permanent lief man wie eine scheue Katze mit eingezogenem Schwanz durch die Wohnung. Man musste die Ohren angelegen, weil jede Situation den Ofen zum explodieren bringen könnte.

Eines Tages wurde mir bewusst, dass es mehr wurde als nur Schreie. Mir fielen die blauen Flecken am Körper meiner Mutter auf, mir wurde bewusst, dass sie immer schwächer wurde, und ich merkte, dass ich der Situation gegenüber geradezu ohnmächtig wurde. Ich fand keinen Weg heraus, und ich war auch nicht besonders clever in Lösungsstrategien, da es für mich mein Leben lang immer nur zwei Varianten gab: Aushalten oder flüchten. Ich entschied mich mal wieder für Flucht. Diesmal geprägt von dem Zorn, den ich gegen mich hatte und dem Gefühl, in einer unwirklichen Wirklichkeit zu stehen. Ich fing ich an, mir die Arme aufzuschneiden. Ich fing an, mir brennende Zigaretten an den Armen auszudrücken und ich schlug meinen Kopf vor die Wand, bis er aufplatzte. Unfähig die Wahrheit zu sagen, erfand ich imaginäre Gegner, die mir nachts auflauerten und mich zusammenschlugen.

Siebtes Kapitel

In der Kinder- und Jugendpsychiatrie wurde mir bewusst, dass ich da raus musste. Ich war fünfzehn Jahre alt und würde meinen sechzehnten Geburtstag in der Psychiatrie verbringen. Ich kämpfte einen inneren Kampf, fühlte auf meiner linken Schulter einen riesigen Berg aus Verantwortungsbewusstsein und Schuldgefühlen gegenüber meiner Mutter und Ängsten um sie, und auf der rechten den verlockenden Ruf der Freiheit.

Ich klammerte mich mal wieder an Beziehungen fest, in der Hoffnung eine Hand zu finden, die mich dort herausziehen würde. Ich erdrückte sie alle. Mit meinem verzweifelten Verlangen, ein Zuhause zu haben, voll zu sein, als Mensch, so wie ich war, akzeptiert zu werden, brachte ich jede Beziehung, die unter der zarten Blüte des jugendlichen Leichtsinns stand, zum Zerbrechen.

Ich versuchte in der Psychiatrie meine Schule weiterzumachen und bemerkte zum ersten Mal, dass mir ein großes Paket an Allgemeinwissen fehlte. Ich verkroch mich für einige Zeit in mein Schneckenhaus, kam mir dumm und ungebildet vor und hielt es nicht für angebracht, den Mund aufzumachen. Nach langen Gesprächen kam ich gemeinsam mit den Therapeuten zu dem Entschluss, dass es besser wäre, wenn ich die zehnte Klasse wiederholen würde. Ich hörte auf, Bewerbungen zu schreiben und war mit dieser Lösung zufrieden.

In mir wuchs der Wunsch, meinen Zauberbrunnen zu finden, einen Ort, in den ich hineinspringen konnte, und die Welt auf der anderen Seite wäre schön.

Immer wieder träumte ich davon, aufzuwachen und mit meinen Taschen zu Hause zu stehen, meine Mutter hatte wieder ihre Schönheit, wie ich sie nur noch von Fotos kannte, und ihr Geist war so wach, wie ich es in meiner vollgestaubten Erinnerung hatte. Und dieser gottverdammte Psychopath war endlich verschwunden. Doch ich wurde immer wieder wach, in dieser weißen Krankenhausbettwäsche der Psychiatrie, hörte die Geräusche der Schwestern auf dem Flur, und musste einsehen, dass es keinen Zauberbrunnen gab. Ich musste mich damit abfinden, dass die Zeit tickte und dass ich jeden Tag Abschied nehmen musste von meiner Mutter. In mir tobte das kleine Kind, wild und zornig. Ich hörte nicht auf, meinen Kopf gegen die Wand zu schlagen, schnitt weiterhin an meinen Armen und trug deshalb auch im Sommer lange Pullover, um die Narben zu verdecken.

Umso schlechter es mir ging, umso größer wurde der Wunsch in mir, eine richtige Mutter zu haben, die sich um mich kümmerte. Der Wunsch nach ihr fütterte die Liebe zu ihr und gleichzeitig die Wut, die ich gegen sie empfand. Bei jedem Schlag, den ich mir zusetzte, wusste ich, dass er gleichzeitig meiner Mutter galt. Ich wusste, dass ich mit jedem Gramm, das ich verlor, die Falten in ihrem Gesicht tiefer graben würde. Und dennoch war es für mich die einzige Sprache, die einzige Chance zu erkennen, ein Mensch zu sein in all dem Wahnsinn. Wenn ich das panikartige Pochen meines Blutes in den Ohren hörte, wusste ich, dass es mich gab. Ich sah in dem Zerschneiden meines Körpers die einzige Chance eines Dialoges mit mir.

Ich konnte schöne Kleider tragen, meinen Wochenend-Ausgang nutzen, um auf Feten zu gehen. Ich denke, irgendetwas in mir wusste auch damals, dass ich ein attraktives Mädchen war, dies war ein Joker, ein Trumpf, um in Kontakt mit anderen Menschen zukommen. Ich konnte so laut lachen, dass ganze Räume in ihren Gesprächen verstummten und nach einer Weile mit mir lachten. Doch dies war nur ein Piepen in meinen Ohren, ein Streicheln auf meiner Wange. Doch es schaffte nicht, die Mauer zu durchbrechen. Nur der Schnitt an meinen Armen, der Schlag meines Kopfes gegen die Wand, die glühende Zigarette in meinem Unterarm, indianische Muster mit dem Cutter-Messer in mein Bein geritzt, dann spürte ich mich. Ich wusste dann erst, dass ich am Leben war. Gleichzeitig heulte ich dicke Tränen, denn mir wurde bewusst, dass niemals sich eine Hand nach mir ausstrecken würde. Dies war die gottverdammte Realität, eine Moral, die von reichen, dickbäuchigen Göttern geschrieben wurde. Wenn deine Krippe in einem gottverdammten Kuhstall steht, werden sie dich bestenfalls ans Kreuz nageln, aber rausholen tut dich da keiner.

Ich erinnere mich daran, dass ich nach dem Schneiden meinen Körper so gerne an die Wände drückte. In mir kochte heiß mein Blut, heiß waren meine Wangen, die Kehle pochte leer geschrien, und die Kühle der Wand ließ mich langsam wieder eintauchen in die Welt, in der ich zu funktionieren hatte. Ich musste die Klingen verstecken, ich musste das Blut wegwischen, ich musste meine Wäsche in die Maschine schmeißen, ich musste aufstehen. Keiner durfte etwas merken, und in dem Moment, wo ich mein Zimmer verließ, musste ich lächeln.

Irgendwo lief mein Weg zwischen den Welten. Ich kann nicht beschreiben, welchen Weg ich damals gehen wollte, konnte, sollte. Ich weiß nur, dass ich damals jeden Tag darauf wartete, dass es, verdammt noch mal, endlich aufhört. Doch es hörte nicht auf.

Als ich damals in die Kinder- und Jugendpsychiatrie eingewiesen wurde, hieß die Diagnose über meinen Seelenzustand Borderline

(BPS)[3]. Ich konnte mit diesem Begriff damals überhaupt nichts anfangen. Eine Ärztin versuchte es mir mit dem „Schwarz-Weiß-Syndrom" zu erklären, unfähig die einzelnen Grauabstufungen zwischen schwarz und weiß (gleichbedeutend für gut und böse oder kalt und heiß) zu erkennen. Auch das half mir nicht weiter.

Heute kann ich die Diagnose annehmen und verstehen. Dieser krankhafte Bindungswunsch, gepaart mit Angst vor echter Nähe, war keine „Laune", sondern Teil des Krankheitsbildes. Ein Krankheitsbild, das heute häufiger als „Begleiterscheinung" eines Lebens in einem dysfunktionalen Elternhaus unter Jugendlichen und jungen Erwachsenen diagnostiziert wird. Teil der Persönlichkeitsstörung ist auch eine absolute Leere und das verlorengegangene Selbstempfinden. Um diese Leere zu füllen und um mich selbst wieder spüren zu können, habe ich mich damals immer wieder selbst verletzt oder abgemagert. Ich hatte damals das Gefühl, mir beweisen zu müssen, am Leben zu sein, um am Leben teilhaben zu können.

Rückblickend kann ich es als einen dieser besagten Glücksmomente bezeichnen, dass die Lehrer damals so früh auf mich und mein Verhalten aufmerksam wurden. Denn mit dem frühzeitigen Erkennen der Persönlichkeitsstörung Borderline und einem – parallel dazu stattfindenden – Prozess der Auseinandersetzung mit mir selbst, konnte ich in einem Zeitraum von fünf bis sieben Jahren lernen, mich auf anderen Wegen wahrzunehmen und diese, meine Wahrnehmung, anzuerkennen sowie für meine Bedürfnisse einzustehen.

---

[3] Laut Hautzinger (Herausgeber) 2002 in „Klinische Psychologie", Weinheim Belz PVU: „…ist die Bezeichnung für eine Persönlichkeitsstörung, die durch Impulsivität und Instabilität in zwischenmenschlichen Beziehungen, Stimmung und Selbstbild gekennzeichnet ist"

Heute habe ich eine große Achtung vor dem Leben und empfinde Stolz über den Weg, den ich bis heute gegangen bin. Ich kann meine Wünsche und Bedürfnisse formulieren und für sie eintreten. Meinem Körper verdanke ich sehr viel, ist er doch diesen ganzen Weg mit mir gegangen, ich würde ihn heute nicht mehr absichtlich verletzen.

~ ~ ~

Wenn ich an den Wochenenden zu meiner Mutter nach Hause kam, saß ich manchmal stundenlang mit ihr auf dem Balkon. Wir redeten über so vieles und die Zeit schien stillzustehen.

Sie akzeptierte, dass ich rauchte und nahm mich ganz an, so wie ich war. Nie habe ich mehr Liebe von ihr gespürt, wie in dieser Zeit.

Ich erinnere mich an den Sommerwind, der die Blüten der Geranien kitzelnd über meine Fußsohlen streifen ließ, und ich vergesse nie ihre Blumenkästen, die sie so liebte, leuchtend in allen Farben, Kräuter duftend wie in „Tausend und einer Nacht". Wir sprachen wie zwei Freundinnen, bogen uns vor Lachen, steckten uns Oreganoblätter oder Schnittlauchhalme in den Mund, legten den Kopf in den Nacken und starrten in den Sommerhimmel. Manchmal saßen wir auch nur ganz still, jede mit einer Katze auf dem Schoß, die Hand im weichen Fell vergraben. Dann gab es keine Worte und nichts war wichtig.

Wir sprachen über die Sterne, über Energie, über die Kraft der Steine, über göttliche Vorhersehung. Ich konnte sie reden lassen und musste sie nicht korrigieren, nicht eingreifen, ich konnte ganz in ihre Welt eintauchen, weil sie sie mir erklärte. In dieser Zeit habe ich so viel von ihr gelernt.

Ich wünschte, ich könnte diese Momente zurückholen.

In Alkohol und Drogen, in der Flucht in den Schmerz und in meine andere Welt sehe ich viele Augenblicke nur noch verschwommen. Ich kann mich nur an wenige der Gespräche erinnern. Das ist eine Nachwirkung des „scheinweltigen" Lebens. So viel ist irgendwo in mir verschwunden. Noch heute wünsche ich mir oft, ich hätte diese Zeit bewusster wahrgenommen, wünsche mir manchmal, ich wäre klarer gewesen damals und hätte nicht alles verdrängt.

Und wenn ich mit ihr so dasaß und sie neben mir saß, so klein, so schwach, so hilflos, da hätte ich so gerne ihre Hand genommen. Immer wieder habe ich mir gewünscht, sie wäre einfach mit mir fortgerannt.

Dennoch gab es so viele ungesagte Worte und viel zu viele Worte, die ich hätte runterschlucken müssen. Manchmal habe ich sie angeschrien, respektlos beleidigt, habe in meinem pubertierenden Kopf zu oft diese Grenze missachtet, den Respekt vor ihr verloren. Wenn sie vor mir stand, mit ihren leeren, glasigen Augen, dieser schlaffen Körperhaltung, diesen müden Gesten und Bewegungen, dann brach der Zorn aus mir heraus. Ich wollte sie so nicht sehen, wollte nicht, dass das meine Mutter war. Ich versuchte sie mir zurückzudenken, wollte sie mit Gewalt zurückholen und trieb sie doch selber voran in dieser Spirale. Ich hatte nicht die Kraft, sie zu halten, und in mir war dieses Gefühl, dass es falsch war, wie es war. Ich wollte so nicht behandelt werden. Ich habe ihr viel zu oft meinen Zorn entgegen geschrien.

Ich kann die Zeit nicht zurückdrehen, kann diese Momente nicht wiederholen, in denen ich mit ihr abends auf ihrem Balkon saß. Ich spüre den Sommerwind noch auf meinen Wangen. Ich wollte immer größer sein, schneller, besser, etwas Besonderes, wollte mich herauskämpfen aus diesem Dreck, habe mich ihr manchmal überlegen gefühlt. Rückblickend wünschte ich, ich hätte ihr einfach nur zugehört.

Noch heute, viele Jahre nach ihrem Tod, höre ich manchmal meine Mutter leise weinen.

Durch meinen Aufenthalt in der Kinder- und Jugendpsychiatrie wurde meine Akte beim Jugendamt wieder aufgeschlagen, und die zuständige Sachbearbeiterin kämpfte hart um mein Vertrauen. Sie verstand meinen Zwiespalt: auf der einen Seite meinen Wunsch zu fliehen, auf der anderen Seite das Gefühl, meine Mutter nicht alleine lassen zu können und zu wollen.

Während meines Aufenthaltes in der Psychiatrie gab es mehrere Eltern-Kind-Psychologen-Gespräche. Meist kam in diesen außer meinem Stiefvater keiner zu Wort. Er hielt endlose Predigten darüber, wie schlecht ich schon immer den Haushalt geführt hätte, dass ich nur Belastung, faul und unnütz wäre. Er ignorierte gnadenlos die Versuche der Psychologin, ihn darauf aufmerksam zu machen, dass ich gerade mal fünfzehn Jahre alt war, und dass sein Anforderungskatalog, den er an mich stellte, doch ein wenig zu hoch gesteckt wäre.

Meine Mutter stand immer auf seiner Seite. Es wäre jawohl nicht zu viel verlangt, dass Kinder im Haushalt helfen würden und was das denn solle. Ich wäre jawohl alt genug, um mich selber um mein Leben zu kümmern. Sie hätte es ja auch nicht leicht gehabt. Doch meine Mutter hatte eine andere Art, sie war schlauer und manchmal versuchte sie ihren Ehemann zu beruhigen. Schließlich schien sie langsam zu verstehen, wie absurd all das war.

Meine Mutter war, rückblickend betrachtet, eine typische Co-Abhängige, die selbst alkohol- und medikamentenabhängig war. Der Schutz ihres kranken Ehepartners hatte immer Vorrang. Der Mann, mit dem sie sich entschieden hatte, den Rest ihres Lebens zu verbringen, wurde von ihr beschützt, wie ein Küken von seiner Glucke. Auch wenn sie, aufgrund ihres eigenen Suchtverhaltens, nicht mehr in der Lage war als Ehefrau und Mutter zu funktionieren, so funktionierte einwandfrei der Schutzmechanismus, mit dem sie ihren Partner verteidigte.

Ich erinnere mich noch an eine der Sitzungen. In der Sitzung davor wollte mein Stiefvater auf mich losgehen, deswegen waren jetzt neben den Psychologen noch zwei Krankenpfleger anwesend, die im Zweifelsfalle eingreifen sollten. Mein Stiefvater hatte immer den gleichen Text, den er ausdauernd wie bei einem Riss in einer Schallplatte abspulte. Seine Kernaussagen waren, dass wir aus dem Bauernhaus rausgeflogen wären, weil ich so laut war und nie Ordnung gehalten hätte, ich hätte alles im Dreck versinken lassen und durch mich hätte es immer nur Ärger gegeben.

Die Psychologin schaute meine Mutter an und fragte: „Ist Ihnen bewusst, dass die Kritik Ihres Mannes eigentlich Ihnen gilt? Es ist Ihre Aufgabe, sich um den Haushalt zu kümmern, aber er scheint sich nicht zu trauen, von Ihnen irgendetwas einzufordern."

Mein Stiefvater rastete total aus, beschimpfte die Psychologin aufs Übelste, wollte auf sie losgehen, nannte das Ganze einen Sauladen und sie eine Küchenpsychologin und kam von da an zu keinem der Gespräche mehr.

Dieses Gespräch wurde damals auf Video aufgezeichnet, und ich musste es mir nicht nur mit meiner Psychologin noch einmal angucken, auch die Dame vom Jugendamt saß dabei. Genau wie in dem Gespräch und in allen Gesprächen, die ich mit meinem Stiefvater führte, zog ich die Knie vor den Bauch, rollte mich zusammen und heulte Gott erbärmlich.

Meine Mutter kam weiterhin zu den Gesprächen, und manchmal, ganz vorsichtig, deutete sie an, dass ihr Mann brutal wäre. Manchmal, ganz zaghaft, formulierte sie, dass es wahrscheinlich Gift für mich und meine Entwicklung wäre, dass ich dort leben würde. Doch immer wieder sah meine Mutter den Grund für meinen Absturz in den Ereignissen während meines Aufenthaltes beim Zirkus. Was sie nicht wahrhaben wollte, was sie vielleicht auch nicht begreifen wollte, war, dass ich einfach nur weg wollte. Ich wollte fliehen und ich habe dabei meinen Körper als Wegzehrung hergegeben.

Meine Mutter sah das anders. Gebrandmarkt von ihrer eigenen Geschichte, sah sie dies als Grund für alles. Sie vergaß, wo und wie wir lebten. Sie vergaß den Psychopathen. Für meine Mutter war der sexuelle Missbrauch der Grund für alles. Sie erwähnte es immer wieder, weinte Gott erbärmlich, dass man ihrem Kind so etwas angetan hatte. Sie wollte nicht hören, dass das hier und jetzt schlimmer war, dass die tägliche Angst vor gewalttätigen oder sexuellen Übergriffen von ihrem Mann weitaus brutaler waren, und dass ich immer noch jede Nacht wach würde und dachte, er stünde neben mir. Für sie war all das Projektion. Das Kind wusste nicht, was es sagte und dass wäre ja auch selbstverständlich, denn so was könne man ja auch gar nicht verarbeiten.

Das Kind wusste aber ganz genau, was es sagte.

Ich flüchtete in meine Welt, suchte die Liebe, ohne zu wissen, was Liebe ist, wollte raus, weg, wollte frei sein.

Eine meiner Lieben hieß Florian. Ich lernte ihn an irgendeinem Abend im Spätsommer kennen, bevor ich in die Psychiatrie kam. Meine neugewonnenen Freunde und ich saßen damals oft auf den Stufen vor der Videothek in unserem Viertel, und an irgendeinem dieser Abende war er da. Ich liebte ihn heimlich. Fühlte mich verloren in seinen tiefen blauen Augen, fand in ihm eine nie gekannte Schönheit. Er erschien mir so rein und stark. Aus seinen Blicken schoss pure Lebensfreude und er hatte einen kleinen Schalk im Nacken sitzen Er besaß die Verrücktheit eines Teenagers und doch hatte er einen unbeschreiblich tiefen Weitblick. Ich stand also an diesem Spätsommerabend vor ihm und er erkannte mich. Es war dunkel, als ich ihn das erste Mal sah. Er machte Scherze, genau wie alle anderen auch. Ich hatte einen langen Pulli an, und es war mir zum Reflex geworden, dass ich die Bündchen des Pullis immer in den Handflächen hielt. Schutz vor dummen Fragen. Die Kirchenuhr schlug zehn, und ich musste gehen.

„Ich geh ein Stück mit dir", sagte Florian.

Als die anderen nicht mehr in Sichtweite waren, alberte er und brachte mich zum Lachen. Ich musste so sehr lachen, dass ich Tränen in den Augen hatte. Der Weg war kurz, und an diesem Abend war es mir, als schwebte ich den Weg entlang, und die Zeit lief viel zu schnell in diesem Moment. Als wir vor meiner Tür standen, wollte er mir die Hand geben. Er streckte seine aus. Vorsichtig griff er nach meinem Unterarm, ganz leicht schob er den Pulli zurück.

„Warum tust du das?", fragte er mich.

Doch ich sah nur zu Boden und schwieg. Dann gab er mir einen Zettel mit seiner Telefonnummer und ging. Ich sah in ihm einen Helden, er war das Zeichen, der entscheidende Wendepunkt, mit ihm würde alles anders werden. Ich liebte ihn vom ersten Augenblick an, schrieb ihm endlos lange Briefe, telefonierte stundenlang mit ihm und wünschte mir so oft, er würde kommen und mich holen.

Parallel dazu war einer meiner liebsten Freunde, Lutz, der auch Florians Freund war, in mich verliebt. Meine Mutter liebte Lutz heiß und innig. Für sie waren wir das absolute Traumpaar. Es war eine hübsch aussehende Geschichte und sie machte vieles einfach. Es war doppelte Bestätigung, es war das Gefühl, heiß und begehrt zu sein. Es fühlte sich verrückt an, wild und frei.

Ich spielte ein gewagtes Spiel, zwei gute Freunde gegeneinander und ich in der Mitte. Ich hoffte, dass die Geschichte nie auffliegen würde, dass ich aus der Psychiatrie entlassen, und dann mit Florian zusammen sein würde. Heimlich rief ich ihn nachts vom Stationstelefon aus an. Manchmal spielten wir Bonny und Clyde. Diese Welt war unwirklich, in ihr gab es keine Regeln, und ich versuchte mich vorwärts zu hangeln, mein Lügenschloss aufrecht zu erhalten. Spielte mit dem Vertrauen von Menschen, die es gut mit mir meinten, hasste mich dafür und trug doch das Gefühl in mir, dass es richtig war, dass ich das verdient hatte. In mir wuchs die Wut, dass ich draufgezahlt hatte in meinem Leben. Ich wollte keine Markenpullis oder Levisjeans, ich wollte geliebt werden, von jedem, um jeden Preis.

Kurz bevor ich aus der Psychiatrie entlassen werden sollte, beschlossen meine Mutter und ich, wie mit den Psychologen besprochen, dass ich in das Mansardenzimmer außerhalb der Wohnung meiner Eltern ziehen sollte.

Als ich am Wochenende nach Hause kam, um meine Sachen zu packen, rief Florian an. Mein Zimmer war leer geräumt, alle Kisten hatte ich nach oben getragen. Ich lehnte an der kalten Heizung und starrte das Telefon an.

„Ich habe mich neu verliebt. Diesmal richtig, ehrlich und aufrichtig. Ich habe keinen Bock mehr auf deine Lügen und auch keinen Bock mehr auf dich!"

Direkter Schlag in die Magengrube, vorübergehende Bewusstlosigkeit, diese unerträgliche Stille. Was hatte er gesagt?

Zweihundertmillionen Mal versuchte ich ihn zurückzurufen, aber er hatte den Hörer daneben gelegt. Ich krallte meine Fingernägel in meine Wangen, ich zog mir Hautfetzen vom Gesicht, ich schlug mit dem Kopf immer wieder an die Heizung, und spürte, wie die Rillen in meinen Hinterkopf einschlugen, ich spürte, wie langsam der Schwindel in meinen Kopf stieg. Mir war alles egal.

Ich robbte mich ins Bad. Irgendeine Stimme in mir warnte mich. Ich stand ganz kurz vor der Entlassung, und meine Eltern würden gleich nach Hause kommen. Ich fand einen alten Rasier, den ich auseinander baute und mir die Arme aufschnitt. Die Schnitte gingen tiefer. Es war mir egal. Ich sah, wie das Blut aus meinen Armen schoss und pulsierend im Rhythmus meines Herzens, sich in immer schwächer werdenden neuen Schüben, seinen Weg hinab auf die weißen Kacheln des Badezimmers suchte. Ich schrieb Florians Namen auf die Kacheln, bis mir schließlich schwindelig wurde und der Raum sich drehte und verschwand. Alles wurde schwarz.

Als ich wach wurde hörte ich die Stimme meines Stiefvaters: „Nehmen Sie es nicht so ernst, die wollte nur wieder Aufmerksamkeit erregen."

Ich kotzte von der Bahre herunter. In diesem klinisch reinen Notaufnahmezimmer verteilte sich eine braune giftige Masse auf dem Boden. „Warum haben Sie mich nicht einfach sterben lassen?", schrie ich in Richtung des Arztes.

Mein Stiefvater lächelte von oben auf mich herab. „Dafür hast du falsch geschnitten, Cécile, mit der Ader musst du schneiden, nicht gegen die Ader. Du hast nur zuviel Blut verloren und mal wieder zu wenig gegessen. Dein Leben war nie ernsthaft in Gefahr."

Diese widerliche Stimme, dieses herabschätzende, von oben herab Gesprochene. Dieses Aufgeilen an meinem Elend und dieser widerliche Arzt lobte ihn auch noch dafür, dass er einen vernünftigen Umgang damit gefunden hätte.

„Lassen Sie mich doch einfach sterben!", kreischte ich, hing dabei halb von meiner Bahre herunter, so als wollte ich meiner eigenen Kotze hinterher, hatte dabei diesen widerlichen Geschmack im Mund, war heiser und hätte so gerne weiter geweint, doch ich konnte es schon lange nicht mehr. Ich hatte keine Tränen mehr. Ich wünschte mir in diesem Moment nur, dass die Tür aufging und Florian herein kommen würde, ich wünschte mir, ich könnte sein Gesicht sehen. Ich wusste aber gleichzeitig, dass er in diesem Moment an alles andere dachte, aber nicht an mich.

Wir waren doch Kinder, und sollten wir als Kinder nicht die Leichtigkeit haben, die Liebe ziehen zu lassen? Ist es nicht normal, dass unsere ersten Lieben ungefähr genauso enthusiastisch sind, wie unsere ersten Sportarten. Vielleicht hat man Glück und man findet die richtige – einmal Basketball, immer Basketball – aber in den meisten Fällen schwimmen wir vier Monate, golfen drei Wochen, spielen eine Saison Fußball oder reiten zwei Jahre, bis wir dann aber merken, dass Basketball doch schon immer das richtige für uns war.

Doch diese Gedanken waren damals mehr als fern. Ich dachte nur an Florian, dachte nicht an meine eigenen Lügen, an mein eigenes Vertun, dachte nicht daran, wie oft ich ihn im letzten Jahr mit seinen zarten sechzehn Jahren nachts angerufen hatte mit dem Wind des offenen Fensters im Hörer, „Ich werde springen, Florian ...", die Angst in seiner Stimme.

Wie oft habe ich die Liebe von ihm erpresst, mit dem Druckmittel des Suizides. All dies blieb meinen Gedankengängen fern.

Mein apathischer Blick folgte der Spur meiner Kotze, klägliche Schluchzlaute drangen gepresst aus meiner Kehle. Und irgendwann stand der Zivildienstleistende der Psychiatrie vor meiner Bahre.

„Es geht nach Hause", dachte ich.

Das Bett wurde durch das Klinikum gerollt, durch den Gang, unterirdisch mit der Psychiatrie verbunden. Ich sah die Lampen auf den Fluren an mir vorbeiziehen. Halogenkaltes Grün schlug mir entgegen. Es war mir, als wenn alle Lichter, alle Wände, jeder Lichtschalter auf meinem Weg sich vor Lachen bogen. Und alle zeigten mit knochigen, alten Fingern auf mich. Mir war so kalt. Ich fühlte mich nirgendwo mehr zu Hause, und glaubte an nichts mehr, sondern dachte nur noch an das tiefe Schwarz in mir.

Mein Aufenthalt in der Psychiatrie wurde um einen Monat verlängert. Florian habe ich nie wieder gesehen.

~ ~ ~

Der Einzug ins Mansardenzimmer war ein Abkehren von allen Regeln und Normen, die es in einem normalen Familienleben gibt. Ich musste nicht mehr durch den elterlichen Flur, vorbei am Schlafzimmer, um in mein Zimmer zu gelangen, sondern ich konnte kommen und gehen, wann immer ich wollte.

Ich fing an zu kiffen, hing mit vielen Leuten auf vielen Partys herum, und war irgendwie immer dabei und doch nirgends. Ich gab Geld für Gras aus, dass ich nicht hatte, schnorrte mich durch und entfloh der Welt, die mir so grau in grau erschien.

Ich ertrank Florian in viel zu viel Alkohol und tröstete mich schnell mit einer neuen Liebe. Sönke war zwei Jahre älter als ich und hatte braune, wuschelige Locken und auch aus seinem Gesicht blitzten lebenslustige, stahlblaue Augen. Er lebte in einem gut situierten Elternhaus, mit einer Mutter, die sich meiner annahm, Essen, alles und so viel ich wollte. Anziehen, was immer ich wollte. Duschen, wann immer ich wollte. Ich verbrachte die meiste Zeit bei ihnen. Meine Mutter fragte gar nicht mehr, wo ich war.

Manchmal, wenn ich zuviel gekifft und gesoffen hatte, dann war der Zauberbrunnen wieder da. Dann hörte ich nur noch das Lachen um mich herum. Mein Mund klebte zusammen, meine Augen brannten, aber ich lächelte. Angetörnt und abgeschossen spürte ich nichts mehr, konnte über all den Scheiß lachen. Ich war doch dabei, hier, auf dieser Party, auf welcher eigentlich, und wo? Ich konnte lachen, bis mir der Bauch weh tat und Tränen aus meinen Augen schossen. Wir kletterten nachts heimlich in den botanischen Garten, lagen die ganze Nacht lang zwischen afrikanischen Blumen und asiatischen Bäumen und wir hörten das Plätschern des Brunnens um uns. Im Törn war alles gigantisch, alles war witzig, alles war gut, wir waren alle Freunde.

Ich war nicht treu, und ich glaubte wieder, dass dies mein Recht sei. Ich genoss die Anerkennung, das sanfte Streicheln an meinem Bein. Ich labte mich in dem Schmerz der anderen, die mich nicht haben konnten, weil ich immer wieder zurückging, zu dem einen, und ich wurde wie eine räudige, schnurrende Katze, sobald eine andere Frau in Sicht war. Ich habe überall mein Revier markiert und mir selbst die Krone auf gesetzt. Als Ende des Sommers der Fahrstuhl wieder runterfuhr, und ich langsam wieder auf den Boden der Tatsachen zurück kam, habe ich mir diese Krone aber auch selber wieder abgeschlagen.

Achtes Kapitel

Der Sommer ging zu Ende, und für mich begann der zweite Versuch, die zehnte Klasse zu machen. Ich konnte nicht schlafen in der Nacht vor meinen ersten Schultag.

Im Zeitraffer sah ich wieder die Kinder, wie sie um mich standen, wie sie mich schubsten, hänselten, mit dem Finger auf mich zeigten. Ich sah den Kreis wieder um mich, in dem ich hin und her geschubst wurde. Ich sah wie sie zu ihren Nasen griffen, wie ich in der Turnhalle stand und keiner mich in seine Mannschaft wählen wollte. Ja, sie waren jetzt alle in der Oberstufe, ich würde sie nie wiedersehen. Schlafgeränderte Augen und eine zittrige Stimme waren so ziemlich alles, was ich an meinem ersten Schultag dabei hatte.

Doch der erste Schultag war anders, als die anderen zuvor, weil eine neue, starke Cécile das Klassenzimmer betrat. Ich hatte meine heile Welt gefunden. Meine Familie, in der alles richtig war.

Ich kam fast gar nicht mehr nach Hause, weil es kein Zuhause mehr war und ich eingefangen war in dieser neuen, heilen Welt einer neuen Beziehung, in der alles so anders war. Wir wurden morgens geweckt, und es gab frische Brötchen auf dem Frühstückstisch, wir wurden nach der Schule gefragt, wie es gewesen ist. Ich hatte ein neues Selbstbewusstsein.

Immer wenn ich in dieser Zeit mein Elternhaus betrat, schlug jedoch die Realität in großen Wellen unbarmherzig auf mich ein. Meine Mutter wurde immer dünner, ihr Gesicht immer eingefallener. Sie wusste oft nicht, welchen Tag wir hatten und wie spät es war. Sie war weg. Oft trug sie nur noch ihren blauen Bademantel, duschte sich nicht, zog sich nicht an, kämmte nicht ihr Haar. Sie hielt sich an den

Wänden fest, wenn sie durch die Wohnung ging und merkte nicht, dass ich seit Tagen nicht zu Hause war.

Ich wollte da nicht mehr sein. Nach kurzer Zeit verließ ich dann wieder die Wohnung, manchmal mit frischer Wäsche, manchmal ohne irgendwas. Ich schwang mich auf mein Fahrrad und fuhr irgendwo hin, irgendwo wo die anderen waren, wo es etwas zu kiffen gab, wo ich saufen konnte, wo ich lachen und herumalbern konnte, da wo niemand fragte, was richtig oder falsch war.

Eines Abends kam ich mit Sönke nach Hause, denn wir wollten eigentlich nur schnell etwas holen ... Wir betraten die Wohnung und der ganze Flur lag voll mit blutigen Glassplittern. Mein Stiefvater kam mir entgegen. Sein Arm blutete.

„Deine Mutter ist weg", sagte er.

Er sagte es mit einer Mischung aus Vorwurf und Genugtuung, so als hätte er sein Leben lang darauf gewartet, dass sie endlich aus seinem Leben verschwände. „Sie hat mich im Wohnzimmer eingeschlossen und ist abgehauen."

Erst jetzt ging mein Blick zur Wohnzimmertür und ich verstand, dass das Blut und die Scherben daher kamen, dass er mit der Faust das Glas der Tür zerschlagen hatte, um den auf der anderen Seite steckenden Schlüssel umzudrehen.

„Wo ist sie denn hin?", fragte ich, aber ich bekam keine Antwort.

Ich merkte, wie in meinem Stiefvater diese Klappe fiel. Ich hatte mich schon wieder ein Stück zu weit vorgewagt, in seine Welt, in der er die Regeln bestimmte. Nur er alleine. Ich sah den Zorn und eine geballte Ladung Aggression, die nur darauf wartete, sich entladen zu dürfen. Er sah Sönke nicht, der hinter mir stand. Er holte nur Luft und setzte an ... ein nicht enden wollender Monolog, der so viele

Dinge beinhaltete, die ich nicht verstand und ganz viele kurze Sätze, die wie Speerstiche auf mich eindonnerten: „Du bist an allem Schuld … Du machst so viel Kummer … Dein Aufenthalt in der Psychiatrie hat deiner Mutter den letzten Nerv geraubt … wenn es dich nicht gäbe, würden wir eine entspannte Ehe führen … nur wegen dir ist deine Mutter weg …"

Er redete und redete, und die Worte rasten in mein Ohr, schlugen in meinem Magen, rissen mir die Beine weg. Irgendwann lag ich vor ihm auf dem Boden, auch ich hatte Sönke mittlerweile völlig vergessen, ich lag auf dem Boden und schrie und weinte, dass er aufhören sollte, dass mir alles Leid tun würde, dass ich losgehen und Mama suchen würde, vielleicht sagte ich auch manchmal: „Das ist nicht wahr."

Worte können so unbeschreiblich mächtig sein, und vor allem aus seinem Mund, mit diesem Zorn in den Augen, mit dieser unglaublichen Kälte in seiner Stimme und der nicht enden wollenden Demütigung. Ich dachte früher immer, das bringt mich um. Wenn ich auf dem Boden lag und weinte und irgendwann nur benommen „Bitte, Udo hör auf", stammelte, dann lachte er, und sagte, ich solle nicht so eine Show machen, und ob er die Tür aufmachen sollte, damit auch die Nachbarn hören konnten, was ich hier sprach.

Ich weiß bis heute nicht, was schlimmer war, seine Demütigungen oder seine Schläge.

Irgendwann fiel mir Sönke wieder ein und ich suchte seinen Blick. Sein Blick war leer, verängstigt, verzweifelt. Sicher hatte er manchmal darüber nachgedacht, warum ich in der Psychiatrie gewesen war, sicher war ihm schon aufgefallen, dass ich nicht gerne nach Hause gehen wollte, und oft hatte er sich sicher gefragt, woher diese Wut in mir kam, aber das …

Er war doch ein Kind, genau wie ich. Seine pseudo-erwachsene Welt, in der er cool als Hiphopper mit gesackten Hosen locker durchs Leben lief, mit der Fluppe im Mund, Oberstufenschüler, volljährig, das klatschte gerade wie ein nasser Lappen vor seine Füße, denn es half ihm nicht. Er verstand nicht, was dort passierte. Warum seine Freundin hysterisch schreiend und Rotz und Wasser heulend auf dem Boden lag, wo dieser volltrunkene Asoziale ihr unzusammenhängende und völlig absurde Phrasen an den Kopf knallte.

In der Welt meines Freundes hatte es so etwas nie gegeben. Bei ihm zu Hause wurde nie geschrien, geschweige denn, dass man sich je beleidigt hätte. Man hatte Respekt voreinander, man redete miteinander. Konflikte waren dazu da, um sich näherzukommen, in seiner Welt. Begriff er jetzt, warum ich immer wegrannte, wenn er anderer Meinung war als ich? Begriff er irgendwas? Er guckte zur Tür. Ich traute mich nicht zu bewegen.

Ich wollte wegrennen, seine Hand nehmen, bis ans Ende der Welt rennen. Mein Stiefvater erkannte meinen Blick.

„Du gehst nirgendwo hin, und dein Typ verschwindet jetzt, wir sind hier doch kein Puff ..."

Die Tür ging auf und wieder zu, und mein Freund war weg. Kein Umdrehen, kein Lächeln, kein „du schaffst das schon", einfach weg.

Ich saß in meinem Zimmer und lauschte auf die Stille im Haus. Irgendwann mitten in der Nacht hörte ich, wie das Telefon klingelte, kurz darauf verließ mein Stiefvater das Haus. Er setzte sich ins Auto. Eine Stunde später kam er mit meiner Mutter zurück. Ich erfuhr nie, wo sie war und es wurde nie wieder über die zerschlagene Tür gesprochen.

Ich zählte in dieser Nacht die Holzstückchen in der Raufasertapete, ich zählte die Fugen im Dielenfußboden, ich musste wach bleiben, denn ich hatte so Angst, dass er hochkommen würde.

Sönke und ich taten so, als wenn nichts gewesen wäre. Die Brutalität mit der mein Stiefvater meiner Mutter zusetzte wurde härter. Ich konnte nicht zu Hause sein und auch nicht weglaufen. Ich ging öfter dazwischen, fing mir viel zu oft selber viel zu viel ein, und glaubte dabei immer, ich könnte in den sicheren Hafen rennen.

Dieser Junge sollte mich retten. Er musste mich doch verstehen. Auch wenn ich nur dasaß, apathisch zusammengekauert, kein Wort von mir gebend, mich hin- und herschaukelnd, leise wimmernd, wie Schüttelfrost im Hochsommer. Er musste mich doch verstehen, wir liebten uns doch ...

Natürlich hielt die Liebe nicht lange ... Sie war zu eng, zu intensiv, und ich wollte zu oft zu viel, und das immer wieder. Und vielleicht hätte ich merken müssen, dass die Treffen mit Freunden, bei denen ich leider nicht dabei sein konnte, immer häufiger wurden.

Und natürlich habe ich nicht verstanden, warum er mich verlassen hat.

~ ~ ~

Ich lief wieder zwischen den Welten. Hatte auf irgendwelchen Partys irgendwelche Leute kennen gelernt, die mir neue Leute vorstellten und die neue Partys gaben. Ich schwamm im Rausch, schaffte es irgendwie zur Schule zu gehen, schaffte es für ein, zwei Monate eine Mädchenfreundschaft zu führen, die mir die Chance gab, nicht zu Hause pennen zu müssen. Irgendwie ging das Leben weiter. Ich schnitt wieder an meinen Armen herum, drückte Kippen an meinen Beinen aus, kiffte, soff und versuchte zu verschwinden.

Aber ich war immer noch da, und ich ging nicht weg und auch der Scheißkerl war noch da und er schlug weiterhin meine Mutter. Ich konnte nicht leben mit dieser Schuld und wusste doch keinen Weg zu helfen.

Manchmal dachte ich an meinen Vater in Berlin, manchmal an meine Schwester, die bei ihrem Vater lebte und endlich Frieden hatte, doch ich war davon überzeugt, dass mir niemand helfen würde, hatte sich die Einsamkeit schon so vergiftend tief in mich eingesogen, dass ich nicht mehr in der Lage war um Hilfe zu bitten. Ich litt leise und schwieg.

Meine Mutter kam ins Krankenhaus. Sie schwor ihn zu verlassen. Meine Schwester und ich hielten ihre Adresse geheim, sagten niemandem, wo sie war. Sie bekam Medikamente, die die starken Krämpfe des Alkoholentzuges abfangen sollten. Irgendwann jedoch saß der Scheißkerl an ihrem Krankenbett und nahm sie mit nach Hause. Ich weiß nicht, wie viele unzählige Male sich dieses Spiel wiederholte. Bis er sie irgendwann nicht mehr mit nach Hause nehmen konnte.

Ich weiß noch, wie er an ihrem Bett saß kurz vor ihrem Tod ... Ich stand ganz still und hielt ihre Hand, wollte ihr Kraft geben auf ihrer letzten Reise, wollte ihr sagen, dass alles gut werden würde, dass sie sich nicht umdrehen müsste. Wir würden alle zurecht kommen. Ich wollte danke sagen und dass ich sie liebe, und dieser Wichser hielt ihre Hand und heulte tatsächlich wie ein kleines Baby: „Marlies, nein, bitte nicht, verlass uns nicht, wir brauchen dich ..."

Noch heute spüre ich diese wütende Welle, die in mir zerbrach:

Fresse halten!!! Du!!!! brauchst sie!!! Kein anderer hatte je eine Chance,
sie zu brauchen, weil du immer da standest, bereit, dir den Weg zu ihr im
Zweifelsfall frei zu prügeln. Du Riesenbaby, der immer auf ihren Arm wollte
und alles getan hat, damit ihre Kinder am ausgestreckten Arm verhungern.
Wir haben unsere Mutter krank gemacht? Wichser!!! Schau dich doch an,
schau dich doch an ... Wer hat sie krank gemacht??? Zwei Kinder, die von
Kleinkindbeinen an versucht haben, ihren Weg zu gehen, oder dieser gestran-
dete Psychopath, der in seinem ganzem Leben nicht in der Lage war, länger als
eine Woche am Stück zu arbeiten? Wer hat sie krank gemacht??? Zwei Kinder,
die schon vor Jahren beschlossen haben ihren eigenen Weg zu gehen, um von
außen unterstützend mitwirken zu können, oder dieses Mamasöhnchen, was
alles in blinder Wut zerstört hat, dass auch nur im Ansatz die Liebe seiner
Frau schmälern könnte? Sag, du Wichser, wie vielen Katzen hast du heimlich
den Hals umgedreht, die angeblich alle weggelaufen sind, weil du es nicht
ertragen konntest, dass sie ruhig schnurrend auf dem Schoß meiner Mutter
lagen und beide glücklich waren?

Ich saß alleine mit meinen Gedanken und musste die Wut runterschlucken.

Ich versuchte in der Schule aufzuholen, was in zehn Jahren in D-Zug-
Geschwindigkeit an mir vorbeigerauscht war, und es gab einige
Fächer, in denen mir das sogar sehr gut gelang.

Nach einem Monat stellte man fest, dass ich eine katastrophale Sehschwäche hatte, das war bis dahin niemandem aufgefallen, und ich
hatte auch nie darüber nachgedacht, dass es ja kaum sein konnte, dass
alle Kinder von ihren Nachbarn abschrieben, so wie ich es tat, wenn
sie etwas an der Tafel nicht lesen konnten. Im Nachhinein, war das
nicht verwunderlich mit der Sehschwäche, denn schließlich waren
meine Eltern beide Brillenträger. Aber anscheinend war das bis dahin,

noch niemandem aufgefallen, dass ich absolut nicht scharf gucken konnte und ab einer Entfernung von einem Meter alles für mich verschwamm.

Mit der Brille wurde die Schule leichter, auch wenn mein Ego lange brauchte, sich daran zu gewöhnen, da eine Brille auf der Sexappeal-Liste bei Frauen nie besonders weit oben stand. Ich probierte unterschiedliche Styles aus, um mich ins Rennen zu werfen, ich war nach wie vor auf der Suche nach dem Prinzen auf dem weißen Pferd, der bereit war, mich mit auf sein Schloss zu nehmen, und ich war bereit, alles dafür zu geben.

~ ~ ~

Nachdem ich versucht hatte einzusehen, dass auch mein letzter Freund nicht zurückkommen würde und ich in letzter Konsequenz doch zu feige war, mir endgültig das Leben zu nehmen, ging es weiter.

Ich weiß nicht mehr warum, aber ich lief damals einige Zeit an Krücken, es wurde langsam Herbst, und doch waren die Abende noch lang und warm genug, um sie draußen zu verbringen.

Wir waren seit einer Woche von unserer Klassenfahrt zurück, und ich glaube, dass es, trotz allem, die Mutter meines letzten Freundes war, die mir diese Klassenfahrt bezahlt hatte.

Vor dem Rathaus unserer Stadt trafen sich die Skater. Sie zeigten Tricks auf ihren Brettern, und irgendeines von den Mädels mit denen ich damals zu tun hatte, war in irgendjemanden von diesen Jungs verliebt. Also fingen wir an, dort abzuhängen. Wir schnorrten uns Kippen und zogen an den Joints, die rum gingen.

Einer der Skater war Jan. Jan sollte mein Leben verändern, aber das wusste ich damals noch nicht.

Ganz im Gegenteil, in den sechs Wochen des Spätsommers, in denen wir fast jeden Tag auf dem Rathausplatz verbrachten, nahm ich gar keine Notiz von ihm. Nicht aus böser Absicht, ganz ohne Hintergedanken, ich sah ihn einfach nicht. Er war verliebt in mich. Außer mir, wussten das jedoch alle.

Das Mädchen, mit dem ich damals für einige Zeit eine enge Freundschaft aufbaute, hieß Steffi. Steffi lebte mit ihrer Mutter in einer kleinen Wohnung in der Innenstadt. Die beiden hatten ein schwieriges Verhältnis miteinander und Steffis Strategie, damit umzugehen, war meiner sehr ähnlich: Flucht. Das verband uns, und machte uns zu Schwestern. Wir rauchten Joints, lachten und heulten zusammen. Wir verfluchten unsere Welt und ertranken in unserem Selbstmitleid. Aber auf der Bühne des größten Opfers war kein Platz für zwei, und somit hielt unsere Freundschaft nicht besonders lange. Aber die kurze Zeit, die wir miteinander verbrachten, war sehr intensiv. Wir schmusten mit anderen Jungs um die Wette, suchten dabei den rettenden Prinzen, hatten beide schon oft Sex gehabt und fanden in körperlicher Liebe eine Erfüllung. Wir wechselten und tauschten oft die Partner, manchmal heimlich, manchmal offensichtlich, wir knutschten selber ein bisschen miteinander rum und machten gegenseitig an uns andere sexuelle Erfahrungen.

Irgendwann fanden wir, dass wir uns gegenseitig die Show stahlen. Wir fingen an uns zu zerfleischen, rissen eine riesige Kluft zwischen uns und befohlen unseren Freunden, sich zu entscheiden. Wer zwischen uns stand, litt. In endloser Predigermanier ratterten wir dann, eine vor den anderen, die schlechten Seiten der anderen runter. Wir ließen kein gutes Haar aneinander. Vielleicht waren wir uns zu ähnlich.

An einem Abend im Herbst kam ich abends zu Steffi. Ich ging auf Krücken. Ein Freund von uns war auch da, Tobi. Ich fragte sie, was heute Abend starten würde und wo wir hingehen würden. Tobi sagte: „Jan hat sturmfrei und gibt ne kleine Party, ich hab ihn vorhin in der Stadt getroffen, er hat uns eingeladen. Und …", Tobi zog bedeutungsschwanger an seiner Zigarette, grinste mich an, während er den Rauch inhalierte und ihn, viel zu langsam, in weißen Ringen aufsteigen ließ, „… er hat mehrmals betont, dass ich dich mitbringen soll."

„Mich??? Jan? Ich kenn den gar nicht, wer ist das?"

Steffi starrte mich völlig fassungslos an. „Wie bitte, du kennst Jan nicht … das ist der Typ, bei dem du seit Wochen ohne Ende Kippen schnorrst."

Na toll, das half mir weiter.

„Och Steffi, ich schnorr bei jedem Kippen, das hat doch nichts zu sagen." Letztendlich war es egal, ob es der Kaiser von China war oder ein Berber von der Strasse, der Typ gab eine Party, und es gab eine Chance auf Rausch, auf Leben, auf sorglos sein.

Wir kamen da an, und alle hatten Spaß, es war zwar eine kleine Party, aber es war gemütlich. Irgendwann hatte irgendjemand Bock auf Wasserpfeife, aber Jan hatte keine. Ich hatte eine, nur die war zu Hause.

„Dann holen wir die halt …", sagte Jan und grinste mich an.

Die anderen blieben einfach auf der Party, Jan nahm mich auf seine Fahrradstange und wir fuhren lachend und grölend durch den Park zu mir. Ich nahm ihn mit in mein Mansardenzimmer und bat ihn leise zu sein im Treppenhaus. Wir holten die Wasserpfeife und fuhren zurück.

Steffi, Tobi und ich schliefen in der Nacht da, und ich glaube, ich schlief sogar in Jans Bett. Von da an verbrachten wir fast jeden Tag miteinander, wir trafen uns immer und überall, und ich fing an, mich in ihn zu verlieben. Er überschüttete mich mit Geschenken, wir rauchten viel zu viele Joints, und irgendwann, als ich nachts glaubte in meiner eigenen Kotze zu ersticken, hörte ich auf Alkohol zu trinken. Seitdem habe ich nie wieder Alkohol getrunken.

Jan bekam sehr früh mit, dass bei mir etwas nicht stimmte. Auch wenn ich nicht viel mit ihm über mein Elternhaus sprach, realisierte er die Narben an meinen Armen, und er bekam mit, dass ich seit über einem Jahr alle zwei Wochen zum Jugendamt ging.

Jan war vier Jahre älter als ich, und das ließ ihn auch so manches mehr verstehen. Ich war sechzehn, er war zwanzig. Sein Freundeskreis war cool und alle waren irgendwie musikalisch, kreativ.

In der Kinder- und Jugendpsychiatrie hatte ich mit anderen Jugendlichen eine Band gegründet, schon nach kurzer Zeit löste Jan den Gitarristen ab.

Jan lernte meine Mutter – sie war damals noch nicht im Krankenhaus – und meinen Stiefvater kennen, und es fiel ihm schwer, sich eine Meinung von den beiden zu bilden. Manchmal waren sie die vorbildlichen, besorgten Eltern, die Sonntags zum Brunch einluden, manchmal war mein Stiefvater der brutale Schläger und meine Mutter eine völlig geistig Verwirrte, die nur unzusammenhängendes Zeug sprach und sich seit Tagen nicht gewaschen hatte.

Ich glaube, ganz am Anfang mochte Jan meinen Stiefvater sogar lieber, weil dieser sich besser verstellen konnte, was meine Mutter aufgrund ihres immer stärker werdenden Alkoholkonsums schon lange nicht mehr konnte.

Eines Tages wollten Jan und ich die beiden besuchen, oder vielleicht wollte ich auch nur mal wieder zu Hause schlafen, ich weiß es nicht mehr ... Wir standen in der Küche und redeten, und irgendwann gingen wir auf den Balkon eine Zigarette rauchen. Ich ging zurück in die Küche, um mir ein Glas Wasser zu holen. Mama und Udo schliefen. Wir waren leise, um sie nicht zu wecken.

Auf einmal stand mein Stiefvater in der Küche. Er war besoffen, er war auf Medikamenten, er war irgendwo in seinem Film. Seine Augen waren mit so unglaublich viel brutalem Hass gefüllt, dass nur sein Anblick mich schon fast aus dem Gleichgewicht brachte. Er stand in Unterhose vor mir.

„Was tust du da?"

Ich hielt das Wasserglas in der Hand, es war völlig offensichtlich, was ich tat, ich hatte mir aus dem Wasserhahn ein Glas Wasser einlaufen lassen. „Ich nehme mir einen Schluck zu trinken."

Ich weiß bis heute nicht, was an dieser Antwort falsch war, aber er kam auf mich zu, nahm mir das Glas aus der Hand, ließ es in den Abfluss fallen, zog meinen Kopf an den Haaren zurück, presste seinen fetten stinkenden Körper an mich und hatte einen Ständer.

„Es wird Zeit, dass dir mal wieder ein paar Manieren eingevögelt werden ..."

Dann ging alles verdammt schnell. Jan trat meinen Stiefvater zur Seite, riss meine Hand mit sich, rannte mit mir zur Tür, rannte und rannte und rannte, wir sprangen in sein Auto. Jans Augen starrten stur auf die Straße, seine Lippen waren vor Zorn gekräuselt, sein Atem hetzte, und ich glaube, er hätte töten können in diesem Moment.

Er fuhr zum Jugendamt, raste mit mir die Treppen hoch, schrie auf der Treppe: „Welche Tür, welche Sachbearbeiterin?", und trat ohne zu klopfen ein. Er ignorierte, dass in dem Zimmer gerade eine Besprechung stattfand, ignorierte die irritierten Blicke, zeigte nur mit dem Finger auf mich und sagte: „Diese Frau geht NIE WIEDER nach Hause, und ich gehe hier erst weg, wenn Sie das unterschrieben haben."

Es entstand bürokratische Hektik, und ich sehe mich immer noch auf dem Flur sitzen, völlig stumm, unfähig was zu sagen, blind, das Blut rauschte in meinen Ohren. Ich habe immer noch diesen widerlichen Geruch von meinem ungewaschenen, verschwitzten, nach Alkohol stinkenden Stiefvater in der Nase. Was war mit meiner Mutter? Ich konnte sie nicht alleine lassen. Jan hatte seinen Arm um mich gelegt. Vielleicht weinte ich, und er tröstete mich, ich weiß es heute nicht mehr. Irgendjemand rief Jans Mutter an, da Jan noch zu Hause lebte, musste sie die Vormundschaft für mich übernehmen, übergangsweise, bis ein Betreuer für mich gefunden wurde.

Jan war der Ritter auf dem weißen Pferd, er hatte mit der Lanze den Drachen getötet und die Prinzessin gerettet, jetzt würde alles gut werden.

Aber nichts wurde gut, und nichts wurde besser ...

Ich konnte nicht loslassen, ich musste Tag und Nacht an meine Mutter denken, hatte Schuldgefühle, wurde ständig krank. Als wir mit der Polizei in die Wohnung fuhren, um meine Sachen zu holen, war meine Mutter alleine. Sie war am ganzen Körper grün und blau geschlagen. Sie hatte meinen Stiefvater in die geschlossene Psychiatrie einweisen lassen. Sie bat mich, zurückzukommen, sie wollte nicht alleine sein. Sie schwor, dass der Typ nie wieder kommen würde. Aber ich konnte ihr nicht glauben. Ich wollte ihr nicht mehr glauben.

Ich packte meine Sachen in winzige Kisten und ging. Ich nahm soviel mit, wie in den Kofferraum eines kleinen verrosteten Mazdas, Jans Auto, passte. Woher sollte ich auch wissen, dass ich nie wieder eine Chance bekam, den Rest zu mir zu holen.

Meine Mutter schöpfte einige Zeit später wieder neue Kraft, gewann neue Freunde, mir schien es, als wenn sie langsam wieder zu sich selbst fände, und ein paar Wochen ging es bergauf. Dann kamen die Wellen wieder, den Bergen folgten Täler, sie rief mich dreimal am Tag an, um mich immer wieder das gleiche zu fragen und erinnerte sich nicht mehr daran, zuvor schon angerufen zu haben. Sie war einsam. Sie rauchte Kette und trank im Akkord. Irgendwann hielt sie das Alleinsein nicht mehr aus und holte ihren Mann aus der Psychiatrie zurück.

Sie torkelte stetig dem Abgrund entgegen, und viele Male stand mir Jan stützend zur Seite, wenn ich einen Versuch startete, meine Mutter da raus zu holen. Aus der Klinik, in die sie jetzt immer öfter kam, da die Schläge meines Stiefvaters immer brutaler wurden. Doch die Brutalität meines Stiefvaters reichte nicht, und war letztendlich nur das eine, das sie zerstörte. Auf der anderen Seite hatte die Leberzirrhose meiner Mutter das Endstadium erreicht.

Irgendwann in dieser Zeit gab es dieses Gespräch mit dem Arzt auf dem Flur des Krankenhauses, in dem er uns sagte, es gäbe kein vor und kein zurück. Der Körper meiner Mutter war durch Alkohol, Medikamente und chronische Unterernährung so geschwächt, dass er einen Entzug nicht überleben würde. Weiterhin würde die Leber immer mehr verfetten und vernarben, und schließlich in absehbarer Zeit – er sprach damals von zwei, drei Jahren – würde sie daran sterben.

Was für einen Sinn hatte mein Leben also? Hatte meine Flucht? Hatte meine neu gewonnene Freiheit? Vom Jugendamt bekam ich eine Betreuerin zugeteilt und mit ihr meine erste Wohnung. Der Abstand, der somit zu Jan entstand, machte mich einsam. Ich drehte mich in meinem grauen Gedanken-Karussell und sah die Sonne hinter den Wolken nicht mehr. Ich fing an Jan zu betrügen, denn ich brauchte einfach mehr, immer mehr. Ich wollte geliebt und gestreichelt werden, brauchte Anerkennung und Liebe, ja, ganz viel Liebe. Gleichzeitig ging der Boden auf, und ich konnte auf den schwarzen Abgrund blicken. Ich hörte auf zu essen. Meine Arme hatten keine Chance mehr abzuheilen, und wollte Jan mit mir reden, schrie ich ihn an.

Er fing an, meine Mutter zu hassen, wollte mit ihr und meinem Stiefvater nichts mehr zu tun haben, er wollte, dass es aufhört. Er hatte mich da doch rausgeholt. Er hatte mir doch alles ermöglicht. Jetzt sollte ich bitte endlich loslassen.

Jan ging langsam und über mehrere Jahre. Er hat es oft versucht. Auch für seine vier Jahre, die er älter war als ich, war er zu jung, um all das zu verstehen, zu begreifen, fassen zu können und zu wollen. Er wollte nur, dass diese Situation aufhörte, und weil es nicht aufhörte, ging er langsam.

Er kiffte in gigantischen Mengen, wechselte seinen Freundeskreis. Er wurde ein neuer, cooler Jan, und wir sprachen kaum noch miteinander, lachten kaum noch miteinander, fickten dann und wann noch miteinander, und niemand konnte ihm vorwerfen mich fallen gelassen zu haben. Er wollte das alles nicht mehr hören. Wenn ich irgendetwas über meine Mutter oder meinen Stiefvater sagte, verließ er den Raum oder hielt sich die Ohren zu. Für ihn war das aus und vorbei. Sollten

sie sich doch gegenseitig umbringen, er hatte da keine „Verträge"
mehr mit.

Ich wurde jeden Tag dünner.

Irgendwann stand Jan vor mir und sagte: „Noch ein Kilo weniger,
und ich trenn mich von dir ..."

In einer Rehabilitationsklinik in der Lüneburger Heide versuchte ich
zu begreifen, dass es nur ein Leben gab, das ich retten konnte, mein
eigenes.

Ich lernte mich endlich kennen, entdeckte, dass mehr in mir steckte als Hilflosigkeit und Traurigkeit und Armut. Ich begann Stolz auf
meine Stärken zu entwickeln, malte mir die Finger wund und brachte
in schrillen Farben nie zugelassene Gefühle auf das Papier. Meine
Texte nahmen Formen an und waren endlich auch für andere ver-
ständlich. Ich lernte neue Menschen kennen und entwickelte ein
neues Vertrauen in mich.

Nach der Kur zog ich um in eine WG. Das Alleinsein hatte damit
endlich ein Ende, und ich konnte mich mit einbringen in eine Allge-
meinheit und konnte Teil sein von etwas. Ich fing an, als Aushilfskraft
in einem Antiquariat zu jobben und wurde von einem der Kunden zu
Fotoaufnahmen eingeladen. Ich war so stolz. Die Fotos retteten mich,
gaben mir ein Stück Selbstvertrauen, stärkten mich. Als der Sommer
kam, fing ich an, als Kinderbetreuerin für die Stadt zu arbeiteten, ich
arbeitete mit beim Ferienprogramm und war eine sehr beliebte
Betreuerin. Es schien langsam aufwärts zu gehen mit mir.

Doch parallel dazu verlor meine Mutter immer mehr ihrer Energie,
und der letzte Willen Lebenskraft, den sie in sich trug, wurde, wortwörtlich, von meinem Stiefvater zerschlagen.

Auch wenn ich versuchte sie, herüber zu holen in mein neues Wunderland, erreichte ich sie nicht mehr. Im Sommer 1998 beschloss sie, mit meiner Schwester, ihrer Freundin und mir, endlich meinen Stiefvater zu verlassen. Wir hatten eine Frauen-WG entdeckt, in der sie erstmal leben konnte. Meine Schwester war im Urlaub zu der Zeit und ich saß bei mir zu Hause. Es war ein Montagabend, und ich wartete darauf, dass meine Mutter anrief, damit ich sie abholen und in die WG bringen konnte.

Der Anruf kam.

Aber es war nicht meine Mutter, die anrief, es war nicht der Beginn einer neuen Zeit.

Es war das Ende.

Mein Stiefvater sagte langsam, traurig vielleicht und ganz einsam: „Marlies liegt im Krankenhaus, sie ist ins Koma gefallen. Sie wird es wahrscheinlich nicht überleben."

Ganz langsam sackte die Kraft aus meinen Beinen, ich rutschte an der Wand herunter, starrte lange geradeaus. Ich hatte doch gerade noch gelacht. Weit, weit entfernt hörte ich jemanden meinen Namen rufen. Mein Blick war starr auf das Treppengeländer gerichtet, welches langsam flackernd vor mir tanzte.

Das durfte es nicht gewesen sein.

Aber das war es.

Ich konnte keine Fragen mehr stellen, nicht mehr retten, kein Schrei würde nützen, wann würde ich je erfahren, warum sie sich so aufgegeben und verloren hat.

Unbeschreibliche Stille schrie lauter als Lärm in meinen Ohren. Wie lange saß ich da? Wer half mir auf? In wessen Auto fuhr ich zu ihr?

Ich taumelte schließlich durch die Gänge des Klinikums, roch das Nichts des Krankenhauses, spürte die sterile Leere, in der alles verschwand. Stundenlang wartete ich vor der Intensivstation, bis ich eingelassen wurde.

Und dann sah ich sie und erkannte sie nicht mehr.

Als ich damals an ihrem Bett stand, begleitet von dem monotonen Piepen ihres Herzschlag-Überprüfungs-Gerätes, da war sie bereits gegangen. Unter diesem weißen Haar, der eingefallenen Haut, der Vaseline in den Augen, piep, piep, piep … Ich konnte sie nicht berühren, hatte keinen Bezug zu diesem „Etwas", das dort steril, klinisch rein, auf den Tod vorbereitet wurde. Ich habe mit meinen Fingern Muster auf ihrem Laken gezogen und konnte nicht sprechen. Unwirkliche Wirklichkeit schlug mit dem Vorschlaghammer auf mich ein, und wenn ich ehrlich bin, ich wäre am liebsten fortgerannt. Ich stand da, vor ihrem Bett und starrte auf den einzigen Fleck Wand zwischen all den Geräten hinter ihrem Kopf und bat sie, sich zu entscheiden, ob sie leben oder sterben möchte.

Noch in derselben Nacht ist sie gestorben.

Ich war 19 Jahre alt, und sie ist 45 geworden.

Szenenwechsel

Ich schaue in den Spiegel,
der alte Celluloidfilm knistert,
der Pianomann
sitzt schon lange an der Bar.
Es sind Deine Augen,
in die ich schaue
und Dein Mund,
der meine Worte spricht.
Es kommen keine Streicher
und der Bass setzt nicht ein.
Diese Szene
tausendfach
immer wieder
wiederholt.
Es ist Dein Gesicht,
das ich trage,
Dein Lachen.
Ich höre es in mir
und setze mich
zum Pianomann an die Bar.
Die alten Szenen
werden neu vertont.

Epilog

Heute, über zehn Jahre später, habe ich endlich meinen Frieden mit ihr gefunden. Ich kann in den Spiegel schauen und habe keine Angst mehr, dass ich ihr Gesicht in meinem finde.

Seit mehreren Jahren ehrenamtlicher Arbeit als Suchtkrankenhelferin und Leiterin einer Selbsthilfegruppe für erwachsene Kinder suchtkranker Eltern, habe ich gelernt, mehr zu verstehen. Ich kann heute anerkennen, dass Alkoholismus eine Krankheit ist. Heute begreife und verstehe ich, dass weder ich noch meine Schwester Schuld waren an der Situation meiner Mutter und ihres Ehemannes.

Eingebrannte Verhaltensmuster, devote Daseinsformen sowie angepasste Menschlichkeit sind in den letzten Jahren zugunsten meiner Persönlichkeit gewichen, und ich habe gelernt zu verstehen, wo sie herkamen. Vieles ist noch wackelig und jedes „Nein", das ich sage, kostet mich nach wie vor unglaublich viel Kraft, vor jedem „Ich will" muss ich immer noch meinen ganzen Mut zusammennehmen, und mit schwitzenden Händen kämpfe ich mich durch Situationen, in denen andere übergriffig über mich verfügen möchten.

In vielen Jahren der Auseinandersetzung mit mir und meiner Geschichte, habe ich vieles verstanden und durch das Verstehen die Fähigkeit zum Verändern entwickelt. Die Idee, dieses Buch zu schreiben, ist stark von dem Bedürfnis geprägt, dieses „Randthema" mehr in den Mittelpunkt des öffentlichen Lebens zu rücken. Statistisch gesehen kommt jedes sechste Kind aus einem suchtkranken, dysfunktionalen Elternhaus und muss ein Leben lang mit dem Verlust der geborgenen Kindheit leben. Dieses Buch ist für all diese Kinder und Jugendlichen und für alle erwachsenen Kinder suchtkranker Eltern.

Ich wünsche mir, dass es dem einen oder anderen Mut macht, auszubrechen aus dem „Käfig der Sucht" der Eltern und frei und selbstbestimmt zu leben. Es ist ein langer, schwerer Weg, aber er lohnt sich und jeder Meilenstein macht stärker, größer und gesünder.

Ein Kind, das in einem dysfunktionalen Elternhaus groß geworden ist, verfügt über gigantische Kräfte und phänomenale Fähigkeiten, und ich möchte Mut machen, diese Kräfte positiv zu nutzen.

Ich danke meinem Mann, der mir immer wieder den Spiegel vor das Gesicht hält, mich daran erinnert, dass ich nicht allein für die Welt verantwortlich bin, und zu mir steht, wenn ich es selbst nicht tue. Ich danke ihm dafür, dass er mit mir ein ganz normales Leben führt, nicht so, wie ich es mir in meiner Kindheit – kitschig und verblümt – immer ausgemalt habe, sondern real und echt und wunderschön. Ich freue mich auf die Geburt unseres Kindes im Mai dieses Jahres, und bin mir sicher, dass wir gute Eltern sein werden.

Ich danke ihm, für jeden Tag.

Vieles von dem, was ich erlebt habe, klingt noch lange in mir nach. Doch es wird besser, jeden Tag.

Hinweis:

Zum Schutze der im Buch erwähnten Personen, wurden alle Namen geändert.

Es gab in meinem Leben immer wieder Menschen, die mir - wie kleine Engel - begegnet sind und mich an entscheidenden Punkten in meinem Leben begleitet und unterstützt haben, all diesen Menschen möchte ich danken.

Mein besonderer Dank gilt meinem Mann, meinem Vater und meinem Schwiegervater.

Mein Dank gilt auch Dr. Thomas Maurer, der mich ermutigt hat, dieses Buch weiter und zu Ende zu schreiben, Markus König, der die ersten schwierigen Schritte der Verlagssuche gemeinsam mit mir gegangen ist und viele Seiten dieses Buches mit mir überarbeitet hat und - hier darf man gerne Schmunzeln - meinem Kater Jimmy Hendrix für jedes Schnurren, jeden Tag.

Die Autorin

Cécile Koch wurde vor 30 Jahren in Göttingen geboren. Bis zu ihrem 25. Lebensjahr lebte sie in der niedersächsischen Universitätsstadt, bevor sie unter anderem nach Hamburg und München umzog. Gegenwärtig lebt und schreibt sie in einer kleinen Stadt in Bayern. Hier arbeitet sie als selbstständige Fotografin.

Cécile Koch ist seit 2006 verheiratet.

Seit 1996 stellt sie sich mit ihrem Geschriebenen der Kritik der Öffentlichkeit: So hat sie bis 2004 in ihrer Heimatstadt Göttingen halbjährlich, gemeinsam mit anderen jungen Schriftstellern, Lesungen ihrer eigenen Texte gehalten. Dieser Tradition blieb sie auch in ihren nächsten Wohnorten Hildesheim, Hamburg und Pinneberg treu. Ihre Gedichte wurden mehrfach im „Jahrbuch für das neue Gedicht", Brentano Verlag, veröffentlicht.

Das Thema „Erwachsene Kinder von suchtkranken Eltern" ist für Cécile Koch mehr als selbst erlebte Geschichte. Sie sieht es als ihre Aufgabe an, aus den eigenen Erlebnissen Kraft zu schöpfen und ihre Erfahrungen an ihre Mitmenschen weiterzugeben. Seit Anfang 2008 arbeitet sie ehrenamtlich in dem Münchner „Club 29", einer Einrichtung zur Rehabilitation von Suchtkranken. Basierend auf sowohl hauptamtlich professioneller als auch ehrenamtlich ausgebildeter Arbeit wird Suchtkranken und deren Angehörigen hier sogenannte „niederschwellige Hilfe" in der Alltagsbewältigung angeboten.

Cécile Koch leitet seit Anfang 2008 eine Selbsthilfegruppe für erwachsene Kinder von suchtkranken Eltern. Außerdem führt sie Präventionsprojekte an Schulen durch.

Der Anspruch nach einem verantwortlichen Umgang mit der eigenen Geschichte und den damit verbundenen Erfahrungen schlägt sich deutlich in „Wessen Moral?" nieder.

Die Lektüre soll jungen Menschen Mut machen und Verständnis- sowie Verarbeitungsprozesse anregen.

Eines kommt dabei nicht zu kurz: die Unterhaltung.

Unser gesamtes Verlagsprogramm
finden Sie unter:

www.acabus-verlag.de

ACABUS | Verlag